# 국제영문계약의 전략적 이해

## Strategic Understanding of International Contracts

# 국제영문계약의 전략적 이해

## 최선집

# strategic understanding of international contracts

이지출판

# 국제영문계약의 이해와 전략

이 책이 발간된 데에는 두 가지 사연이 있다. 첫째는 2001년부터 시작된 국세청 국제거래조사관 양성과정과의 인연이고, 다른 하나는 중견기업, 그중에서도 월드클래스 300 기업과의 인연이다.

먼저, 전자와 관련하여서는 2001년부터 시작된 국제거래조사관 양성 프로그램을 국세청의 요청으로 직접 만들고 미국 국제거래 관련 판례를 수집하여 강의하면서 국제계약에 관한 강의가 필요하다는 것을 절감하였다. 국제계약서를 한 번도 본 적이 없는 사람에게 국제계약서가 문제가 된 국제거래 조세 관련 판례를 가르치는 일이 본말이 전도된 것이라는 생각이 들었기 때문이다. 그렇게 시작된 강의가 이미 10여 년을 지났다.

후자와 관련하여서는 2015년부터 한국중견기업연합회 일을 맡게 되면서 기업들로부터 해외 진출에 관련된 국제계약 관련 자문을 받은 일이다. 이 과정에서 체계적인 교재 정도는 아니더라도 기본적인 것은 해결할 수 있는 정도의 도움이 되는 책자가 있었으면 하는 생각을 하게 되었다. 정부가 선정한 월드클래스 300 기업이라고 하더라도, 설령 그 기업이 중견기업이라고 하더라도, 전문적인 법무참모를 두고 있지 못하고, 그렇다고 외부 전문가의 도움을 쉽게 받을 수도 없어 내부 직원의 역량에 의지하여 임기응변식으로 대처하고 있다는 것을 기업을 방문하면서 체감하였기 때문이다. 이렇게 하여 한 달에 한 번 기업 경영자들에게 국제영문계약에 관한 강의를 한 지도 벌써 2년째 접어들고 있다.

이러한 연유로 이 책을 집필하면서 이 두 가지 인연을 모두 반영하려고 하였다. 즉 전자의 경우에는 국제거래를 할 때 출발점이 되는 것이 계약서이므로 그 계약서를 기반으로 거래 사실 관계를 파악해야 하는 조사관 입장에서 거래구조를 알아야 되고, 나아가서는 계약대로 이행이 되었는지 또는 그 계약이 어떤 문제로 인하여 어떻게 계약이 변경되고 발전되었는지 등에 관한 모든 것이 관심사항이다.

왜냐하면 모든 단계마다 조세 이슈가 생길 수 있으므로 계약서에 관한 정확한 이해가 필수적이기 때문이다. 후자는 전자와는 달리 국제계약을 체결함에 있어서 또는 체결을 위한 협상을 함에 있어서 어떤 점에 유의하여야 하는지에 관한 전략적인 측면이 보다 잘 정리되어야 한다는 생각이다.

외국기업의 국내 소득 창출활동은 물론 국내기업의 해외 소득 창출활동에 관하여서도 합리적이고도 공정한 과세가 이루어져야 하고, 이를 위하여서는 국제계약에 대한 이해가 무엇보다 중요하다.

현재 우리 기업은 심각한 수요 부족에 직면하고 있다. 국내시장만으로는 규모가 협소하여 우리 국민의 생활 수준을 끌어올리는 데 한계가 있고, 더구나 언제 다가올지 모르는 일이지만 통일을 대비해서 가장 좋은 방법은 기업이 성장 · 발전하는 것이다. 기업의 성장 · 발전이 없으면 4대보험을 비롯한 모든 사회적 비용을 충당할 수 없다. 기업의 성장 · 발전 없이는 앞날의 희망을 얘기할 수 없다. 기업들의 성장 · 발전이 일자리 제공의 원천으로 인간 존엄성의 보루이자 한편으로는 미래를 위한 통일의 기반이다. 이처럼 중요한 우리 기업활동을 조금이라도 도울 수 있다면 보람이 아닐 수 없다.

우리 한국 기업들이 글로벌 무대에서 제대로 성장하기 위하여는 모든 것에 있어서 치밀한 전략이 필요하다.

이 두 가지 목표를 충족시키기 위하여 이 책을 집필하였지만, 과연 얼마나 그 목적을 달성할 수 있을 것인지는 현재로서는 잘 알 수 없다. 그러나 저자의 바람은 이 두 가지 목적이 적절히 조화를 이루어서 소기의 성과를 이루었으면 하는 것이다. 시간의 촉박함 때문에 미처 반영하지 못한 부분도 있다. 향후 부족한 부분을 독자 여러분의 충고와 조언을 받아들여 계속 보완해 나갈 생각이다.

2017년 6월

최 선 집

# 제1장
# 영문계약서의 기초지식

# I. 국제거래와 계약서

## 1. 국제거래에 계약서가 필요한 이유

모든 거래에는 리스크가 따른다. 국내거래든 국제거래든 리스크 없는 거래는 없다. 이익을 얻으려면 위험을 감수하여야 한다. 국제간 거래에는 국내거래에 비하여 리스크가 훨씬 더 크다.

각 당사자 국가의 법제도가 다르고, 결제통화가 외국통화이고, 계약상 의무이행지가 외국인 점 등 제도적 · 물리적 이유에서뿐만 아니라 각 계약당사자의 언어, 문화, 상관습 등 가치관이 상이하여 더 큰 리스크가 생긴다.[1]

---

**1** 예컨대 수출거래의 경우, 국내거래의 일반적 리스크 이외에 거래상대방이 외국에 있고, 상품도 수출되어 외국에서 사용되므로 이로 인한 리스크가 있다. 우선 상대방에 대한 정보가 제한적이다. 협상시에는 사업이 순조로웠으나, 물품인도시에는 도산할지도 모르는데, 이에 관한 정보가 쉽게 들어오지 않는다. 생산공장 인도조건으로 인도하기로 하였지만, 상대방의 차가 오지 않을 가능성도 있다. 대금지불기일에 대금이 지불되지 아니할 가능성도 있다. 이 경우 대금을 받기 위하여 소송을 외국에서 제기할 수 있지만, 어느 지역 법원에 제기할 것인가, 변호사는 어떻게 하며 보수는 얼마나 지불할 것인가, 승소하더라도 회수는 가능할 것인가 하는 여러 가지 문제가 따른다. 원재료가 국내에서는 사용 가능한데 상대국에서는 사용이 금지된 경우도 있어 외국에서 수입이 되지 못할 수도 있다. 제품 결함을 이유로 거래상대방이나 사용자가 외국에서 소송을 제기하여 올 가능성도 있다.

## 2. 계약서의 역할

계약 협상과정은 계약당사자간에 이익과 리스크를 합리적으로 배분하는 과정이다. 결국 계약이란 '더 많은 이익, 더 적은 리스크'라는 목적을 가지고 이루어지는 계약당사자간의 약속이다. 이익은 자신이 더 많이 가지고, 리스크는 상대방이 더 많이 부담하게 하려면 그 과정이 어디 쉬운 일이겠는가? 이러한 과정을 거쳐 만들어진 결과물이 계약서이다. 그러므로 계약서는 이익과 리스크가 고정되게 하는 역할을 한다. 이익과 리스크의 고정화가 계약서의 목적이다.[2]

## 3. 계약서 작성자는 계약협상 담당자가 작성하여야 하는 것

계약서가 이익과 리스크의 고정화, 즉 이익 향유와 리스크 부담을 정한 결과물이므로 이 과정을 가장 잘 이해하는 사람이 작성하는 것이 바람직하다. 협상과정에 참여하지 아니하고 이들로부터 협상내용을 전달해 받아 이를 문서화하는 하는 것만큼 위험한 일은 없다. 영미계 기업에서는 이러한 계약서의 중요성을 인식하여 협상과정에 반드시 변호사가 참여한다.

그러나 우리나라의 경우에는 변호사가 협상장에 참석하는 일은 드물다. 이렇게 되면 비즈니스 내용을 정확히 파악할 수 없는 법률가가 작성 또는 검토한 계약서가 되어 위험하기 짝이 없다. 가장 바람직한 것은 상대방으로부터 계약서 초안이 제시되기 전에 변호사에게 위임하든가 아니면 적어도 상담을 받아 두는 것이다.

계약서 작성과정에서의 변호사 역할은 두 가지이다. 하나는 '지키기는 쉽고 파기하기는 어려운' 계약서를 작성하는 것이고, 다른 하나는 리스크를 고정화하기 위하여는 리스크를 찾아내어 이에 대비하는 역할이다.

**2** 앞에서 든 수출거래의 경우 리스크 최소화 방안을 구체적으로 보면 다음과 같다. 상대방이 수령(受領)을 하지 않는 경우에 대비하여, 상대방의 협력 없이도 인도를 완료시킬 수 있는 조건으로 하는 방안을 강구한다. 예컨대 인도조건을 국제무역기준(Incoterms)의 CIF(cost, insurance and freight, 운임, 보험료 지불조건)나 CFR(cost and freight, 운임지불조건)로 해 두면 상대방의 협력 없이도 상품을 스스로 주선한 선박에 선적하여 인도를 완료할 수 있다. 대금 미지급의 리스크에 대비하여, 신용력 있는 제3자의 보증으로 이를 경감할 수 있다. 더 나아가 그 지불보증을 원재료 발주나 상품제조 개시 전에 이를 받아두는 것이다. 예를 들면, 결제수단을 은행발행 신용장(Letter of Credit)으로 하여 신용장의 수령기한을 대상상품의 제조시기 혹은 원재료 발주시기 전으로 하는 것이다. 인도조건이 CIF 혹은 CFR이고, 이같은 신용장을 받아두면, 상품을 수출자 스스로 수배한 배에 선적함으로써 신용장으로 대금 전액을 수령할 수 있다.

하지만 인도조건이 FOB(본선인도조건)이면 상품인도를 자기완결적으로 할 수 없으므로 신용장으로써도 대금회수의 리스크가 남는다. 또한 상품 클레임 발생의 위험을 경감하기 위하여는, 먼저 상품의 구격을 명확히 정하고 규격에 합치하는 것만을 일정기간 보증하고 그 이외에는 일체 보증하지 않는 것이다. 또한 보증의 적용 제외요건도 명확히 규정하여 둔다. 이것에 의하여 규격에 맞는 상품을 납품함으로써 리스크를 경감한다. 그 외에도 의문이 생길 수 있는 사항에 관해서는 가능한 한 계약서에 상세히 규정한다. 계약의 해석에 관한 준거법을 정하고 분쟁이 생길 경우 해결수단을 합의하여 둔다. 나라를 달리하는 국제거래에서는 공통된 상관습이 없고, 지역에 따라 상관습이 다르므로 일방은 당연하다고 생각하는 것도 다른 일방은 전혀 다른 인식을 가지고 있는 경우가 허다하므로 분쟁발생 여지가 많다.

마지막으로 거래상대방에 대한 조사 부족과 국별 리스크(country risk)에도 주의하여야 한다. 예를 들면 수입된 물건의 하자발견으로 대금지급을 유보하고 수출업자가 있는 현지로 날아가 현장조사를 하려다가, 상대방이 대금지급을 못 받자 사기죄로 고소해 놓아서, 현지 공항에서 사기죄로 체포되는 경우도 있을 수 있다. 吉川達夫 編著, 國際ビジネス法務, 第2版, p.3

## 4. 기타

### 1) 미국식 계약과 영국식 계약

이에 관하여는 어느 쪽이든 상관이 없으나 영국식 계약의 경우 주어가 생략되는 경우가 많고, 쉼표를 그다지 많이 사용하지 않는 것이 특징이다. 중요한 것은 준거법이 그 나라의 법률인 경우 현지 변호사가 작성한 계약서 양식을 존중하는 것이 바람직하다.

### 2) 계약서에 사용되는 용어의 정의

국제거래에서는 용어의 정의가 아주 중요하다. 이를 계약서의 첫머리에 넣는 방안, 별지에 넣는 방안, 그리고 각 조문에 넣는 방안이 있으나, 정의된 용어의 수 등을 고려하여 정하는 것이 바람직하다. 한번 정의된 용어를 다른 의미로 사용하는 일이 없도록 하여야 함은 물론이다.

### 3) 계약서와 저작권 문제

기존에 사용된 계약서를 이용하는 것은 저작권의 문제는 없는가? 그러나 실제로는 문제가 되지 않는다. 왜냐하면 계약서의 표현은 논리적인 것이 많고, 누가 작성하더라도 동일한 표현이 될 가능성이 많아서, 이러한 표현이 저작권이 보호하는 사상, 감정의 창작적 표현이라고 할 수 있는지 의문이기 때문이다. 이러한 계약서는 여러 회사들이 관여하여 조금씩 수정되면서 작성된 것이어서 원저작권자를 확정하기도 어렵다. 그러나 기업비밀에 해당하는 부분이 있는 경우에는 부정경쟁방지법 위반의 가능성이 있을 수 있다.[3]

---

**3** 牧野和夫, やさしくわかる英文契約書, p.33

# II. 영문계약서가 성립하기 위한 법적 요건

## 1. 계약서가 법적으로 유효하기 위하여는 아래와 같은 4가지 요건이 충족되어야 한다.

### 1) Agreement(계약당사자간의 합의)

이는 청약자(請約者)의 청약(Offer)이 있고, 낙약자(諾約者)의 승낙 (Acceptance)이 합치하여 Agreement에 이른다.

### 2) Consideration(대가관계)의 존재

약인(約因)으로도 번역하는 것으로 계약당사자의 의무가 서로 대가관계가 있어야 한다는 것이다. 예를 들면, 상품수출의 경우 대금지급의무와 상품인도의무가 서로 대가관계에 있다.

### 3) Legal Capacity(계약 체결능력)

미성년자나 대표 권한이 없는 자에 의한 서명은 그 당사자에 대하여 구속력이 없다.

### 4) No Defense(항변사유의 부존재)

계약의 무효나 취소를 가져오는 항변사유가 존재하지 아니하여야 한다. 사기, 협박, 공서양속 위반 등이 이에 해당한다.

## 2. 어느 나라의 법률에 의해 계약을 해석할 것인가?

계약 해석시 어느 나라 법률의 기준으로 할 것인가 하는 문제를 준거법(Governing law) 문제라고 한다. 이는 분쟁 발생시 어느 나라의 법원에서 재판을 받을 것인가 하는 문제인 재판관할권(jurisdiction) 문제와는 별개이다. 준거법에 관한 국제적인 표준은 정하여진 바가 없다. 계약 자유의 원칙에 따라 당사자간에 정하기 나름이다.

# III. 국제거래의 협상과 계약서

## 1. 표준약관

상품구매의 경우 상품의 수량, 가격 등 기본적인 사항이 합의되면 상대방이 이면에 계약조건이 자세히 적힌 주문서를 송부하여 오는 경우가 많다. 상대방은 매매 표준약관이라면서 거래처 모두가 동일한 조건으로 거래하고 있다고 양해를 구한다면서 말이다. 이 경우 어떻게 대응하여야 할 것인가?

한마디로 계약 체결이 급하다거나 혹은 상대방이 표준약관이라고 말한다고 하여 안이하게 받아들여서는 안 된다. 표준약관이란 상대방이 말하는 표준일 뿐이지, 자신에게는 유리한 조건일 수가 없다. 오히려 상대방에게 일방적으로 유리한 조건을 많이 담고 있으므로, 당연히 다른 거래 상대방들이 모두 수락했을 리가 없고, 또한 업계에 통용되고 있을 리도 없다. 원래 거래에 일반적이라든가 표준이라든가 하는 것이 있을 가능성이 극히 낮다.

왜냐하면 거래조건이라는 것이 상품의 수급상황, 당사자의 경제상황, 당사자간의 역학관계에 따라 천차만별이기 때문이다. 결론적으로 표준약관이라고 제시하더라도 충분히 검토하여 불리한 조건, 특히 감내하기 힘든 조건이면 수정을 요구하여야 한다.

## 2. Term Sheet의 활용

일회성의 거래, 이른바 Spot Transaction인 매매, 비밀유지계약 등의 단순한 계약이 아닌, 계속적 매매계약, 대리점 계약, 라이선스, 업무제휴 등 계속적 혹은 복잡한 거래를 목적으로 하는 계약의 경우에는 먼저 Term Sheet라는 계약조건의 골자만을 적은 제안서를 상대방에게 보내어 이에 관한 협상만을 먼저 시작하는 것이 효율적이다. 이에 관하여는 후술한다.

그런 다음 어느 정도 중간적 합의에 도달한 경우에는 그 중간적 합의사항을 확인하기 위하여 의향서(Letter of Intent, LOI)나 각서(MOU, Memorandum of Understanding) 등을 체결하는 경우가 많다.

## 3. 계약서 초안 작성(Drafting)

Term sheet로 대부분의 조건이 합의에 도달한 경우, 계약서 초안이 작성된다. 이 경우 가능하면 계약서 작성의 주도권을 자신이 가져야 한다. 비록 모국어를 영어로 하는 상대방이더라도 그에게 초안 작성의 주도권을 주어서는 안 된다. 계약서 작성의 주도권을 쥔다는 것은 계약협상의 주도권을 갖는 것이다. 초안이 작성되어 상대방에게 제시되는 경우, 상대방이 수정을 요구하면 이러한 수정안을 제시하는 이유를 상대방이 설명하여야 하고, 세세한 부분에 대하여는 눈감아 줄 것을 기대하게 된다.

그러나 초안 작성권을 상대방에게 넘기면 이러한 지위가 역전된다. 계약서 초안은 기존에 작성되었던 다른 계약서[4]를 모방할 수 있으나 조인(調印)된 계약서가 여러 차례 협상에 의하여 수정된 것이므로 반드시 유리하다고 할 수 없으므로 이를 기초로 초안을 작성하는 것은 자기에게 유리하게 작성할 수도 있는 기회를 버리는 것과 같다. 가장 좋은 초안은 협상 초기에 최초로 제시된 것이라고 할 수 있다.

## 4. 변호사의 조력

### 1) 외국 변호사 선임

국제거래 경험이 적은 경우, 직접 외국 변호사의 도움을 받으려고 나서는 것은 바람직하지 않다. 우선 예탁금을 요구하는 경우가 많고 이 경우에도 서비스다운 서비스를 받기 전에 이를 다 소진하는 경우도 많다. 따라서 국내 변호사 등을 통하여 외국 변호사와 접촉하는 것이 바람직하다.

그리하여 변호사가 업무를 개시하기 이전에 위임업무의 범위와 스케줄, 그리고 비용과 변호사 보수 등을 면밀히 조사하여 위임하는 게 바람직하다. 위임하고 있는 중에도 기대한 업무가 순조롭게 진행되고 있는지, 변호사 보수가 어느 정도 발생하고 있는지 등을 수시로 점검하여야 한다. 변호사가 제대로 업무를 수행하고 있는지를 비전문가인 의뢰인이 판단하는 것은 쉬운 일이 아니므로 국내 변호사가 이를 도와주는 것이 요구된다. 전문가를 비전문가가 감독 내지 평가하는 일이

---

**4** 계약서 초안 작성에는 기존에 작성된 문례(文例)를 이용하는 것이 보통인데, 당면한 거래와 가장 가까운 계약서의 문례를 찾아 활용한다. 이러한 계약서 문례는 인터넷 사이트를 참조하면 유용하다. Findlaw라는 사이트가 있다. http://www.findlaw.com

어디 쉽겠는가?

## 2) 변호사의 보수

국제거래업무를 담당하는 변호사의 경우 보수청구는 업무에 사용된 시간당 청구(time charge) 방식이 보통이다. 이러한 시간에는 전화, 회의, 송부한 자료의 검토, 판례조사에 투여된 시간도 포함된다. 경우에 따라서는 식사시간도 업무내용을 이야기하면서 하는 경우 이에 포함된다. 긴급히 야간 혹은 휴일에 작업을 하는 경우에는 평소 시간당 청구 금액보다 많은 보수를 청구한다.

따라서 새로운 업무를 위임하는 경우에는 의뢰하는 업무의 범위 및 내용을 설명하여 사전에 견적을 받아 두는 게 필요하다. 그러나 견적액의 범위 내에서 일이 마무리되는 경우가 거의 없다. 견적에 도달하는 경우 연락을 하여 달라고 하여 그 후 발생하는 비용에 대하여 예상되는 업무를 재견적하여 진행하는 경우가 바람직하다. 그러나 이 또한 범위를 넘기기가 일쑤이다. 그 대안으로 보수상한을 정하기도 하지만, 그 실효성은 그다지 크지 않다. 그 상한에 이르렀다고 하여 변호사가 무료로 일을 해 주지 않는다.

## 3) 효율적인 변호사 기용방법

일반적으로 미국 변호사의 경우 우리나라 변호사에 비하여 서비스 정신이 왕성하다. 심야나 휴일 작업도 마다하지 않고, 사무실 이용도 열심히 권하고, 식사자리에 나와 달라고 부탁하면 마다하지 않는다. 식당을 잡아 준다든가 택시나 비행기의 예약을 도와 준다든가 하는 서비스도 기꺼이 한다. 그러나 명심하여야 한다. 이러한 경우 모두 프리

미엄을 붙여서 나중에 청구될 가능성이 높다는 사실을. 회의실 사용료와 택시 등 여행 대리점의 비용도 포함해서 말이다.

효율적으로 변호사를 기용하는 방법은 의뢰인 자신이 변호사에게 맡기는 업무에 대하여 상세한 준비를 하여야 하는 것이다. 의뢰하는 업무의 범위와 내용을 명확히 하고, 변호사에게 기대하는 업무의 성과를 확실히 이해하여 이를 기초로 의뢰하는 것이다. 저자의 경험으로는 외국 의뢰인이 자신들의 궁금한 점을 자세히 적어 어떤 견해를 변호사가 취하는지만을 묻기 위하여 찾아오는 경우도 있었다.

이를 위하여 의뢰인이 거래내용을 충분히 숙지하고 거래의 개요, 리스크의 분석과 대응책, 상대방과의 타협점 등을 어느 정도 설정하고, 이러한 조건들을 변호사에게 제시하면서 조언을 구하는 것이 가장 바람직하다. 단지 계약서를 내놓으면서 "문제점이 없는지를 검토하여 달라" 하는 것은 경우에 따라 다를 수 있지만, "변호사에게 돈벌이를 시켜 주려고 왔다고 광고하는 것이나 다름없다"라는 미국 변호사의 말이 생각난다.

# IV. 국제거래계약서와 세무조사

먼저, 세무조사의 출발점은 계약서로부터 출발한다. 그러므로 조사 시 가장 먼저 납세자에게 제출을 요청하는 문서가 계약서이다. 이 계약서를 출발점으로 하여 여러 가지 문서들이 만들어지게 된다고 할 수 있다. 둘째로, 과세당국으로서는 계약서의 문안 자체를 이해하기 위하여 비즈니스 구조를 잘 아는 사람을 찾아내는 일이 대단히 중요하다. 이는 대체로 변호사가 아닌 경우가 많다.

과세문제를 생각할 경우, 과세당국으로서는 이러한 사람에 대한 면담이 필요하다.[5] 셋째로, 계약서상 이익과 리스크 부담이 계약당사자 간에 균형이 이루어졌는지도 검토사항이다. 특수관계자 사이에는 이러한 문제에 대한 접근이 반드시 필요하다. 비특수관계자 사이에서도 양자간의 불균형이 심하다면 기부금, 접대비 등 이슈가 생길 여지가 있다. 더 나아가 이면(裏面)계약의 존재를 의심받을 수도 있다. 넷째로, 계약서의 기재대로 권리, 의무가 이행되었는지도 과세당국의 검토사항이다. 권리의 포기 혹은 채무면제가 이루어진 경우가 없는지를 확인하여야 한다. 설령 변제가 이행되었다고 하더라도 이행지체가 있는 경우 등에도 과세문제가 생길 수 있다.

---

**5** 경우에 따라서는 이들이 법정에서 증인으로 역할을 하여야 할 경우도 있다. 과세당국으로서는 증인의 특정을 계약서 검토단계에서부터 고려하려 할 것이다.

# 제2장
## 국제거래에 있어서의
## 영문계약서

# I. 국제계약에서의 영문계약

## 1. 영문계약서상 영어는 법률영어이다

국제거래 협상에 있어서 영어가 공용어로서 정착되어 있다. 전 세계 논문 중 90% 이상이 영어로 되어 있다는 점 이외에도 국제간 비즈니스에서 영어는 사실상 공용어이다. 이는 19세기에는 영국이 세계무역을 지배하고, 그 이후부터 오늘날까지 국제무역에서 미국의 역할이 워낙 커서 이러한 현상이 언어에도 영향을 미친 것이라고 할 수 있다.

그러나 영어가 사용된다고 하여 계약서에 사용되는 영어가 일반 영어와 전적으로 동일하다고 생각하여서는 아니 된다. 마치 우리말의 경우, 일반적인 의미의 악의(惡意)가 법률용어로서의 악의와는 전혀 다르듯이 말이다.[6]

영문계약서에 사용되는 영어는 법률영어이다. 따라서 이에 대한 별도의 학습이 필요하다. 이에 더하여 법률영어이므로 영미법리에 대한 사전지식도 어느 정도 필요하다.

---

**6** 일반적인 의미로는 '타인에게 해를 가하려는 마음'으로 사용되나, 법률용어로는 '어떤 사실을 알고 있는 것'을 의미한다.

법률영어의 특징은 다음과 같다.

"Legalese"이라고 불릴 정도로 일반인들이 보기에도 쉽게 이해가 되지 않는 영어가 많이 사용되고 있다. 이는 다음과 같은 네 가지 특징이 있기 때문이다.

첫째, 일상영어가 계약서에서는 독특한 의미를 가지고 있기 때문이다.

shall : 미래를 의미하는 경우는 없고, 법적 강제력 있는 의무를 표시한다.

shall not : ~하여서는 아니 된다는 금지를 표시. "must"는 거의 사용하지 않는다.

will : "shall"보다 강제력이 약한 의무를 표시한다.

may : ~할 권리를 가진다는 의미. 법적으로 강제할 수 있는 강한 권리를 의미한다. 법적 강제력 있는 권리까지를 의미하지 아니하는 경우는 이 대신에 "is entitled to~"로 표현하여야 한다.

may not : 금지를 나타내는 표현이지만 "~할 권리는 없다"라는 의미도 가지고 있다. "can"은 거의 사용되지 않는다.

이외에도 provided, subject to, including but not limited to, execute, term, without prejudice 등의 의미가 일상적인 의미와는 거리가 먼 의미로 사용된다.

둘째로, 라틴어를 많이 사용하기 때문이다.

bona fide = good faith, inter alia = among others, mutatis mutandis = the necessary changes having been made, pro rata = in proportion, pari passu = with an equal step, on equal footing 등이다. 이외에도 많은 라틴어가 사용된다.

셋째로, 동의어를 중복하여 사용한다.

예를 들면 Terms and conditions 혹은 "This Agreement is made and entered…by and between…"이다.

마지막으로 지시어를 빈번하게 사용하는 것도 법률영어를 이해하는 데 어려움을 주는 원인 중의 하나이다.

The parties hereto = The parties to this Agreement, 기타 herein, hereinafter 등에서 here는 본 계약(this agreement) 혹은 본 조(this article)를 가리킨다. 반대로 therein, thereafter는 본 계약서 이외의 문서 등을 가리킨다.

## 2. 문서의 표제(表題)에 속지 말아야 한다

우리나라에서는 편지형식으로 작성된 문서에 서명하여 계약을 체결하는 관습은 없으나, 영미계에서는 "Dear Sirs"로 시작하여 "Sincerely yours"로 끝나는 문서에 당사자의 권리의무에 관한 사항을 기재하여 양 당사자가 서명하여 계약을 맺는 관습이 있기 때문에 "Letter Agreement"라는 형식으로 간단한 계약이나 이미 체결된 계약을 변경하는 경우에 자주 사용된다. 따라서 서면에 서명하는 경우에는 그 형식에 현혹되지 말고 그 내용이 계약으로 권리의무가 생길 수 있다는 점을 명심하여야 한다.

의사록이 작성되어 서명하는 경우에도 동일한 주의가 요구된다. Minutes of Meeting 혹은 Memorandum이 작성되는 경우는 회사의 M&A, 합작회사 설립 등 중요한 계약협상의 경우이다. 회의 종료 후 회의에서 합의한 내용이나 합의에 이르게 된 경위 혹은 미결사항을 확인하는 내용이다. 이러한 회의록이 작성되어 서명을 하게 되면 그 제목이 회의록이든 메모든 합의내용을 기재한 계약서로서 효과가 생길 여지가 있다. 또한 향후 협상이 이 회의록에 의하여 제한을 받게 될 여지가 있다. 이러한 경우를 대비하여 회의록에 기재된 내용을 확인하고 사실과 다를 경우 신속한 대응을 하여야 한다.

예비적 합의서가 작성되는 경우에도 동일한 주의가 요구된다. 아직 정식계약이 체결되기 전에 현단계에서 합의에 이른 내용을 적은 문서가 편지 형식으로 작성되면 의향서(Letter of Intent), 각서 형식으로 작성되면 이른바 양해각서(Memorandum of Understanding)가 된다. 표제가 Letter 이건 Memorandum이건 간에 문제가 되는 것은 그 내용이다. 권리의무에 관한 사항이 기재되어 있고, 그 기재내용에 대하여 각 당사자에게 법적 구속력을 부여하는 합의가 인정되면 정식 계약서와 조금도 다를 바 없다.[7]

아울러 법적 구속력을 배제하려는 경우, 법적 효력배제조항(No Legal Effect Clause)을 넣어두는 것이 바람직하다. 혹은 이사회승인을 조건으로 한다는 규정을 두는 경우도 권장된다.[8]

---

**7** Texaco, Inc. V. Pennzoil Co., 728 SW 2d 768 (1987)사건에서는 Memorandum of Agreement의 법적 구속력이 인정되어 텍사스가 111억 달러의 배상금을 지급하라는 판결이 선고되었다. 종종 MOU에서 준거법으로 텍사스주법이 규정되는 이유는 이런 배경도 있다.

**8** "This Memorandum of Understanding … is not legally binding and create no legal obligation on either party."

## 3. 영문계약서의 구성

우선 표제와 표제이외의 부분으로 나눌 수 있고, 표제(title) 혹은 제목 이외의 부분은 머리말(premises), 본문(operative part), 서명(signature), 첨부 서류(attachment, etc.) 부분으로 나누어 볼 수 있다. 머리말 부분에는 계약일자, 당사자 및 본점 소재지, 법인설립준거법 등을 적는다.

영문계약서는 그 내용면에서는 하나의 문장으로 연결되어 있다고 볼 수 있다. 즉 "본 계약(THIS AGREEMENT)은 계약당사자가 서명함으로 써(IN WITNESS WHEREOF) 계약서 본문 각 조항에 규정된 합의내용을 증명한다(WITNESSTH)"라는 한 문장을 염두에 두고 작성된다.

Whereas Clause(Recital)는 원래 당사자간에 계약의 유효한 성립을 위하여는, 약인(consideration)을 교환, 즉 상호 대가 제공의 필요가 있기 때문에 당사자가 어떠한 약인을 교환하였는가를 표시하기 위한 것이라고 한다. 현재로서는 당사자가 계약 체결에 이른 동기나 경위, 목적 등을 기재하고 있다. 계약 체결에 이른 동기나 경위가 계약당사자의 의사해석으로서 중요한 화해계약(Settlement Agreement) 등에서는 이 조항의 내용이 상당히 길다.

전통적인 의미가 아닌 현재에서도 이 조항의 역할은 여전히 크다. 당사자의 의사해석이 애매한 경우 법원이 이 조항의 내용을 참조하게 되고, 과세당국에서도 당사자의 의사와는 다른 해석을 하게 되는 경우가 있을 수 있으므로 정확한 기술이 여전히 중요하다.

이 조항에 기재된 내용이 허위 혹은 극단적으로 과장된 내용일 경우에는 소송으로 발전되어 손해배상문제가 생길 여지가 있다.

# DISTRIBUTORSHIP AGREEMENT

THIS AGREEMENT, made and entered into ···.


## WITNESSTH :

WHEREAS,

WHEREAS,

NOW, THEREFORE, in a consideration of the mutual covenants and agreement set forth herein, the parties agree as follow:

Article 1.

Article 2.

---

(중략)


Article 32.
IN WITNESSTH WHEREOF, the parties hereto have caused this Agreement to be executed by their duly authorized representatives as of the date first above written.


ABC Inc.   XYZ Co.

# II. 영미계약법의 기본전제

## 1. 영미국가의 계약을 보는 시각

영미국가의 사람들은 계약을 'Divorce Document'(이혼서류) 혹은 'Doomsday Scenario'(운명의 날)라고 부른다. 좋던 사이가 돌이킬 수 없는 사이로 발전하여 재판까지 갈 경우를 대비한 시나리오를 계약에 담는다.

그러나 우리는 계약을 맺는 사이이면 신뢰할 수 있는 사이라고 생각한다. 그리고 사이가 악화되더라도 쌍방이 협의하여 그 곤란한 상황을 극복할 수 있을 것으로 생각한다. 그래서 계약서 말미에 '별도 협의조항'이라는 것을 두어 쌍방이 문제가 생기는 경우 신의에 따라 성실하게 협의한다고 종종 규정한다. 하지만 성실히 협의하여도 문제가 해결되지 아니하는 경우에는 어떻게 할 것인가에 대한 대비가 있어야 한다. 더구나 계약에 관한 다른 견해를 가지고 있는 사람들끼리의 계약이라면 어떤 시각으로 계약을 보아야 할까?

## 2. 계약서는 소송에 있어서의 최상의 증거

선진국에서의 재판은 거의 모두 증거재판주의이다. 증거의 질이라는 점에서 당사자의 서명이 있는 계약서는 소송에 있어서 최상의 증거이다.

계약 체결을 위하여 협상을 시작하였지만 이것이 체결에 이르기까지 무사히 간다는 보장도 없다. 그리하여 영미계 사람들은 협상과정에 있어서도, 레터(Letter), 의사록, 예비적 합의(Letter of Intent, Memorandum of Understanding) 등의 형태로 당사자 서명이 들어가는 문서를 부지런히 생산해 낸다. 이러한 문서도 계약서 작성 이전의 단계에 있을 수 있는 '소송 위험(risk)에 대비한 증거 만들기'의 측면이 있다는 점을 명심하여야 한다. 서양인들의 비즈니스 협상에 있어서의 위험관리(risk management)에 대한 준비성을 우리도 배워야 할 것이다.

## 3. 계약의 구속성 – 계약은 반드시 지켜져야 한다

법률을 전공하지 아니한 사람도 한 번쯤 들어봄 직한 격언이 있다. "Pacta Sunt servanda"라는 격언이다. '약속은 지켜져야 한다'는 의미이다. 우리 민법에는 상대방에게 계약불이행의 책임을 지우게 하기 위하여는 '채무자의 책임으로 돌릴 수 있는 사유', 이른바 귀책사유의 존재가 필요하다. 그러나 영미법에는 이러한 개념이 없다.

대신 "Act of God"이라고 불리는 당사자의 관리·지배범위를 넘는 사유나 상황, 예를 들면 지진, 태풍, 테러, 전쟁 등을 가리킨다. 이에 해당하는 행위를 영미계약서에는 상세히 열거한다. 이같이 합의한 행위 이외에는 합의한 이상 반드시 이행하여야 한다. 계약에 정한 어떠한 의무도 어떠한 상황이 되어도 반드시 이행하여야 한다.

오직 계약의 구속에서 벗어날 수 있는 방법은 손해배상을 하는 방법뿐이다. 손해배상은 금전배상이 원칙이므로 계약상 의무를 이행하지 않으려면 금전배상을 각오하면 된다.

# III. 영미계약법의 개요

영문계약이라고 하는 것은 단순히 영어로 쓰인 계약서에 지나지 않는다고 생각하면 오산이다. 한글 계약서가 단지 한글로 합의한 내용을 적은 것이고, 한국의 계약법과는 아무런 관련이 없다고 생각하는 것이 잘못이듯 말이다. 오히려 형식적인 면은 물론이고 각 조항의 법률적 의미에 관하여서도, 그 근저에는 영미계약법의 사고방식이 면면이 흐르고 있음에 유의하여야 한다.

영미법은 대륙법에 대립되는 개념으로 사용되고 있는데, 대륙법이 조문형식으로 된 법전을 제정하여 법전에 적힌 조문에 근거하여 분쟁을 해결하는 데 반하여, 영미법은 법전을 만들지 않고 과거의 판례, 관습을 참고로 하여 현실의 분쟁을 해결하는 법체계를 말한다.

## 1. 영미법의 기원 – Common law와 Equity Law

현재 영미법의 기원은 12세기경부터 Common law가 생기고 14세기에 이르러 이를 보완하는 기능을 하게 되는 Equity law로 이루어지는 영국의 민사법이다.[9] 당시는 국왕 아래 재판소가 있어서 분쟁이 생기면 사람들은 재판소에서 서로 자기 나름의 주장을 하면, 재판관이

---

**9** Kevin M. Clermont, Principle of Civil Procedure, Thomson, pp.9~21

판결을 내리는 방식으로 분쟁을 해결해 왔다. 같은 재판소가 내리는 판결인 만큼 과거에 내려진 판결이 있으면 이와 동일하지 아니하면 승복을 하지 않으므로 재판소도 차차 선례에 따라 판결을 하게 된 것이다. 이것이 Common law이다.

그러나 14세기에 이르러 Common law를 다루는 사건들이 많이 생겨나게 되고 이는 국왕의 이름으로 하는 재판소 이외에 별도의 재판소를 생기게 하고, Common law의 경직성과 형평성에 불평불만을 가진 사람들이 이렇게 생긴 재판소에 재판을 청구함에 따라 이 재판소가 내린 판결의 집적체(集積體)가 Equity law가 되었다. 이를 형평법(衡平法)으로 부르게 된 것이다. 이와 같은 두 가지 형태로 존재하던 재판소는 19세기 중반경에 이르러 통합되었다.

영미법 체계는 이처럼 Common law와 Equity law로 이루어져 있지만, 계약법의 기본은 Common law이다. 그러나 Common law의 엄격성으로 인하여 그 유연성을 보완하는 역할을 Equity law가 담당하고 있다.

## 2. 약인(約因) 없으면 법적 강제력이 없다

보통 약속에는 강제력이 없는 경우가 대부분이다. 그러나 이러한 약속에 법적 강제력을 부여하면 어떻게 될까? 약속을 지키지 아니한 사람에게 반대 당사자가 법원에 소송을 제기하여 승소판결을 얻으면 약속한 내용을 상대방에게 강제하는 방법(예를 들면 손해배상금 지불)으로 말이다. 이러한 효과를 '법적으로 강제력'이 있다고 한다. 이러한 법적 강제력이 있는 약속이 바로 계약이다. 이러한 계약이 성립하려면 우리나라와 같은 대륙법계 국가에서는 청약(請約)과 승낙(承諾)이 있으면 바로 계약이 성립한다. 즉 당사자간의 의사합치로 인하여 바로 계약이 성립한다.

그러나 영미계약법은 당사자간의 합의만으로는 계약이 성립하지 않고 약인(約因)의 교환이 필요하다. 여기서 약인(consideration)이란 용어는 고려하다(consider)라는 동사에서 파생된 명사이기는 하나 통상적인 의미와는 전혀 다른 의미로 사용된다. 계약당사자의 일방이 타방에게 제공하는 금전 등의 물건, 약속, 행위 등을 광범위하게 가리킨다. 한마디로 말하면 대가(代價) 혹은 대가관계라고 말할 수 있으나 반드시 금전 등에 국한되는 것은 아니다. 장래에 어떻게 행동하겠다고 하는 것도 약인에 해당한다. 즉 한마디로 계약당사자간에 서로 희생하는 것이 있어야 한다는 것을 요구한다.

후술하겠지만, 많은 영문계약서에 이러한 용어가 등장하는 것은 바로 이 같은 이유이다.

NOW THEREFORE, in consideration of the mutual covenants and agreements set forth herein, the parties agree as follows:

이 의미는 "계약에서는 당사자간에 서로 약인(consideration)의 교환이 되었으며, 따라서 법적으로 강제가능하다"라는 의미로 사용되고 있다.


## 3. 중요한 계약은 반드시 서면으로 하여야 효력이 있다
  - 사기방지법(詐欺防止法)


우리나라는 의사합치만 있으면 계약이 성립한다. 즉 서면계약이 아닌 구두계약도 유효하게 성립한다. 그러나 영미계약법에서는 일정한 계약의 경우에는 반드시 서면으로 계약을 하여야 한다. 이러한 내용을 규정한 법률이 사기방지법(Statute of Fraud)이다. 영국에서 입법화된 법률이지만 미국에서도 이 법률을 광범위하게 적용하고 있다. 중요한 계약은 서면으로 하라는 기본 생각에는 차이가 없어서이기 때문이다.

이 법의 적용을 받는 계약으로는 부동산 관련 계약, 계약 체결 이후 1년 이내 종료하지 아니하는 계약, 보증계약, 500달러 이상의 상품매매계약 등이다. 다액의 금전이 걸려 있거나 계약기간이 길면 이 법이 적용된다고 생각하면 된다.

서면으로 하지 않으면 당사자 사이에 '그렇게 이야기했다' '이야기하지 않았다' 등으로 문제가 생기고, 계약내용 자체에 들어가기 전에 계약 성립을 두고 다투게 된다. 그러나 서면으로 계약을 하면 분쟁 발생의 억제와 조기해결이 가능하게 되는 면이 있다.

## 4. 계약서 이외에는 증거로 인정되지 않는다
### - 구두증거배제(口頭證據排除)법칙

이 원칙도 우리나라에는 없는 법원칙일 뿐만 아니라, 우리로서는 놓치기 쉬운 것이다. 영미계약법에서는 계약당사자 사이에 최종적으로 완전한(final and complete) 계약서가 작성된 경우, 계약 체결 전 협상과정에서 당사자간에 합의한 사항에 관한 증거(구두증거든 서면증거든 모두 포함)에 의하여 최종 계약서의 내용을 뒤엎지 못한다는 것이다. 이를 구두증거배제법이라고 한다. Parol Evidence Rule이다. 여기서 Parol은 구두(口頭) 혹은 구술(口述)이라는 의미이지만, 구술 증거뿐만 아니라 서면증거도 포함한다. 결론적으로 최종 계약서 이전의 모든 증거를 고려하지 않는다는 것이다.

영문계약서 말미에 "This Agreement constitutes the entire agreement" 라고 하는 조항을 둔다. 완전합의조항(Entire Agreement Clause)이라고 불리는데, 이는 이 같은 법리를 염두에 두고 만들어지는 조항이다.

'협상 시 그토록 명확히 협상을 하였고 상대방이 그 점을 명확히 이해하였고 별도로 메모까지 하여 주었는데, 최종 계약서에 빠져 있더라도 괜찮겠지' 라고 생각하면 구제받을 길이 없다.

## 5. 과세상 고려

대가관계, 즉 약인이 존재하지 아니하여 이행할 의무가 없음에도 이행한 경우 과세상 어떤 효과가 생길 것인가? 이는 마치 무효인 계약을 이행한 경우와 동일한 것이다.

문서로 작성하지 아니하여 사기방지법에 의하여 계약 자체가 성립하지 아니한 경우도 위와 동일한 선상에서 검토하여야 한다.

구두증거배제법칙에 의하면, 최종 계약서상의 의무와 권리 이외에는 존재하지 않는다. 그럼에도 최종 계약서와 다른 이행을 하거나 변제제공을 받게 되면 과세상 효과는 의무 없는 변제를 한 것이거나 권리 없이 수령한 경우에 해당하게 되어 기부금, 접대비 등의 이슈와 함께 수령자에게는 자산수증익 혹은 증여 등의 이슈가 있을 수 있다.

# 제3장

# 영문계약서는 왜 필요한가?

## - 기업의 해외 진출

# 들어가기

국내기업이 내국기업과 거래를 하는 경우에는 굳이 영문계약서를 작성할 필요가 없을 것이다. 내국기업이 국내시장에서만 사업활동을 하는 경우에는 영문으로 굳이 계약서를 작성할 이유가 거의 없을 것이다. 그러나 기업이 해외로 진출하게 되면 어떠한 사업형태든 상대방이 있게 마련이고 그들과의 계약이 필수적이다. 여기서 영문계약서의 존재의의가 나타나는 셈이다.

따라서 이 책에서 다루게 될 영문계약서도 이 같은 기업의 해외진출 형태에 따라 내용이 달라지게 된다.

우리나라는 부존자원(賦存資源)이 부족하고 국내시장 규모도 작아서, 그것도 고령화, 출산율의 저하 등으로 그마저도 점점 축소되고 있다. 그리하여 국내기업은 규모의 대소나 업종을 가리지 않고 해외시장 진출을 하지 않을 수 없는 상황이 되었다. 최근의 실업률을 감안하면 우리 젊은이들에게 양질의 일자리를 제공하기 위하여는 국내기업의 해외시장 진출이 필수적이라고 할 정도이다.

해외진출 형태는 해외에서의 사업활동 전개에 수반하는 진출 형태가 있고, 해외에서의 사업거점 구축에 수반하는 진출 형태가 있다. 전자에는 크게 제품수출과 기술이전으로 나누어 볼 수 있고, 그 이외에도 현지 생산·판매활동, R&D활동, 원재료조달활동, 사업제휴, 자본제휴활동도 있다. 후자인 사업거점 구축과 관련된 진출 형태에는 현지 사무소와 지점, 현지 법인 설립 혹은 사업매수,[10] 자본참가 혹은 합작회사 설립, 지역총괄회사 혹은 국제총괄회사의 설립 등으로 나누어 볼 수 있을 것이다.

---

**10** 국제적 사업매수는 아래와 같은 목적 아래 이루어진다. 기업의 해외진출 시기를 일거에 앞당긴다. 기존사업의 재구축에 의한 경쟁력 강화를 위한 산속한 효과를 얻기 위한 것일 수도 있다. 자사의 경영자원의 한계를 넘어 신규사업의 진출을 도모하기 위한 것일 수도 있다. Core business(핵심사업)을 일단 더 강화하기 위하여도 사업매수를 하게 된다. 특정국가의 시장점유율을 일거에 올리기 위하여도 필요하다. 특정국가 혹은 경제블록에서 신속한 시장 리더십을 쥐기 위하여도 채용된다. 또한 기술혁신에 의한 사업 다각화는 신속한 사업매수에 의하는 방법이 가장 좋다고 여겨지고 있다.

# I. 해외에서의 사업활동 전개에 따른 진출 형태

현대는 기술혁신의 시대이다. IOT(사물인터넷)로 일컬어지는 4차 산업혁명의 시대이다.[11] 제품의 수명은 극단적으로 짧아지고 있다. 이러한 시대적 상황에서 아무리 우수한 기업이라도 매번 신제품을 출시한다는 것이 사실상 불가능하다. 기업은 연구 · 개발에 의하여 얻어진 지적재산을 적극적으로 활용하여야 한다.

지적재산 · 기술의 동향을 조사하여 자사(自社)의 지적재산 · 기술의 강점과 약점, 그리고 시장수요를 고려하여 어떤 지적재산을 기초로 제품화하고, 어떤 지적재산 · 기술은 라이선스의 대상으로 하고, 이것도 지역마다 어떤 사업전략으로 가져갈 것인지를 결정하여야 한다. 그러나 이는 어느 극단적인 전략보다는 시장 상황과 기술분야의 상황에 따라 유연하게 전략을 수립할 필요가 있을 것이다.

유의하여 할 점은 제품판매에서 라이선스 이행으로 가는 타이밍 문제이다. 라이선스의 목적은 자사기술의 기반 위에 타사제품을 얹어놓게 하여 타사의 대체기술 개발 의욕을 사전에 차단하는 것이다. 이러한 라이선싱 활동이 지연되면 타사의 대체기술이 완성되는 순간에는 치열한 가격경쟁을 피할 수 없게 된다. 따라서 시장 상황이나 타사 기술개발 동향을 고려하여 결정하는 전략적 판단이 필요하다.[12]

---

**11** 최선집 칼럼, 독일에서 불붙고 있는 4차산업혁명, www.Chosun.com

## 1. 기술이전을 위한 활동

기술이전은 지적재산의 특성에서 대상으로 되는 허락기술의 범위를 제조, 사용, 판매로 구분하여 실시기간, 실시지역 등을 제한할 수 있다. 이를 활용하여 제품판매에 의한 사업수익과 기술이전에 의한 라이선스 수익 모두를 최대화하는 방향으로 할 수 있다. 타사에 라이선스를 함으로써 기술시장에서의 리더십을 유지할 수 있고, 이로 인하여 제품 판매활동도 활발해지는 선순환을 유지할 수 있다. 국제간의 기술이전, 기술도입은 필연적으로 국제성을 띠게 되므로 복잡하고 정치(精緻)한 계약관계가 될 수밖에 없다.

Licensor에게 국제적 기술이전은 i) 연구개발비 회수와 재투자, ii) 해외시장 진출의 교두보 확보, iii) 해외제품시장의 확대,[13] iv) 해외합작사업의 기반 마련, v) 해외 자회사의 기술이전, vi) 글로벌 기술전략의 수단(개량기술의 교환을 통한 공동개발관계, 개량기술의 grant-back,[14] sublicense에 의한 license network 관계, cross-license 관계 등), vii) 국제표준화를 위한 수단, viii) 지적재산권의 범세계적 활용[15] 등과 같은 사업전략과 관계가 있다.

---

**12** 보통은 자사제품의 시장이 크게 늘어나게 되면 타사에서는 이 시장에 진입하려는 의욕도 크게 된다. 이 경우 타사는 라이선스나 대체기술 개발을 병행하여 검토하게 된다. 井原 宏, グローバル企業法, 東信堂, p.4

**13** 판매네트워크가 확립되지 아니하여 제품을 가지고 있더라고 시장 접근이 용이하지 아니하거나 비관세 혹은 관세장벽으로 제품 침투가 용이하지 아니한 경우, 라이선시 수가 증가하므로 궁극적으로 제품시장의 확대로 연결된다.

**14** 기술 공여를 하는 경우, 기술 공여를 받은 측(라이선시, licensee)가 당해 기술의 개량에 의하여 구축한 특허 등의 지적재산을, 기술을 공여한 측(라이선서, licensor)에 양도시키는 계약을 말한다.

위와 같은 사업전략은 기술이전계약 혹은 기술도입계약을 체결하는 경우, 그 계약서의 내용 중에 반영되도록 최선의 노력을 해야 할 것이다.

## 2. 제품수출 · 판매를 위한 활동

제품수출을 위하여 초기단계에서 시장개척을 위하여 동원하는 방법은 대리점(Agent)[16]이나 판매점(Distributor)[17]을 두는 방안이다. 해외시장에 직접 수출하는 방법도 생각할 수 있으나, 적어도 초기단계에서는 현지 사정에 밝은 현지 상인의 영업망을 이용하는 것이 효율적이다. 물론 현지 법인에 의한 영업활동이 시작된 이후에도 에이전트나 디스트리뷰터를 활용할 필요도 있음은 부인할 수 없다.

그리고 초기단계에서 제품을 수출하는 기업이 어떠한 마케팅 전략을 가지고 가느냐 하는 것은 여러 가지 선택지가 있다.

i) 현지 판매법인의 현지 진출계획이 전혀 없는 경우부터, ii) 현지

---

**15** 라이선스는 대상 지적재산권을 능력, 수량, 제품, 용도, 지역 등에 따라 세분화하여 허락할 수 있으므로, licensor(지적재산권자)가 각국혹은 지역에서의 시장수요에 맞추어 혹은 자사의 마케팅 정책에 따라 이러한 지적재산권의 특성을 활용하면, 그 가치를 극대화할 수 있다.

**16** 대리인(Agent, 상법상 대리상)은 본인(principal)으로부터 판매 등 상거래에 관한 대리권을 부여받은 자이고, 매매계약은 본인과 최종 수요자 간에 성립한다. 대리인은 그 대가로서 일정율의 커미션을 보수로 받는다. 판매대금 지불자는 고객인 최종 수요자이다. 재고에 대한 위험부담은 본인인 매도자가 진다.

**17** 판매점 혹은 판매상(Distributor)은 매도자의 대리인이 아니고, 매도자로부터 통상의 매매계약에 기하여 자기의 계산과 위험으로 제품을 구매하여 최종 수요자인 고객에게 판매하는 자이다. 따라서 판매상의 대가는 매매대금이고, 대금의 지불자도 판매점이며, 제품재고의 리스크 부담도 판매점이 진다. 프랜차이즈는 판매점의 특수한 형태로 이해된다. 江頭憲治郎, 商取引法, 第5版, p.255

법인설립이 영업전략으로 예정되어 있지만 병행적으로 현지 에이전트나 디스트리뷰터를 아울러 사용하여 그들의 영업망도 활용하는 방안이 있고, iii) 이 같은 에이전트나 디스트리뷰터를 아예 현지 법인의 지배하에 두는 방안도 있을 수 있고, iv) 디스트리뷰터를 합작회사의 파트너로 받아들여 아예 합작회사를 설립하는 방안도 있고, v) 현지 판매법인이 디스트리뷰터를 매수하게 하고 기존의 에이전트는 현지 판매법인의 산하로 들어오게 하는 전략도 있을 수 있다.[18]

위 방안은 단기적으로 수출법인과 이해가 일치하지만 장기적으로 이해관계가 상반되는 경우가 많다. 그러한 점에서 에이전트나 디스트리뷰터를 두려고 하는 경우, 그 계약서에 장기적인 계획을 염두에 두고 이를 반영하도록 고려하여야 한다.

수출품의 제조기업이 판매점을 기용하게 되면 많은 이점[19]도 있으나, 그 이면에는 또한 약점도 있게 마련이다. 그러한 점을 신중히 고려하여 약점은 최대한 줄이고 이점은 최대한 살리는 방향으로 계약서에 충분히 반영하여야 할 것이다.

---

**18** 이 중 iii)~v) 방안이 글로벌화를 지향하는 기업의 선택가능한 방안이라고 할 수 있다. Ibid, p.8
**19** 이점으로서는, 제조기업은 판매망을 둘 필요가 없어 판매채널을 간략히 할 수 있고, 판매점이 직접 제조사로부터 제품을 구입하므로 재고기간을 단축하고 재고량도 줄일 수 있는 가능성이 있어 재고비용을 줄이고, 판매점은 현지에 수선, 정비 등의 서비스를 할 수 있는 설비를 갖추게 되므로 제조사로서는 유통비용을 줄일 수 있다. 판매점은 수익으로서 구입가격 차이를 가져갈 수 있으므로 구매자에 대한 가격결정권을 갖는다는 점에서 판매전략 수립이 가능하다.
그러나 이러한 이점은 제조사의 약점으로서도 작용할 수 있다. 제품가격에 대한 통제권이 상실되고, 고객과의 관계를 발전시킬 기회가 없어지게 되어 판매점에 의존할 수밖에 없는 상태가 되며, 고객을 통한 시장에 대한 접촉이 없어지고, 시장동향에 대한 반응이 제때 이루어질 수 없는 점 등이 약점으로 나타나게 된다.

## 3. 현지 생산·판매를 위한 활동

기업 해외진출의 발전과정은 해외판매, 해외생산, 해외연구개발로 발전하게 되는 게 보통이다. 해외판매가 일정규모에 도달하면 해외에서의 생산이 구체적인 사업전략이 된다.

해외생산활동에 착수하기 위하여는, i) 해외에 100% 출자 현지 법인을 설립하고 모회사로부터 필요한 기술이전을 받는 경우, ii) 해외에서 현지기업 혹은 제3국의 기업과 합작회사를 설립하고 기술을 이전하는 경우, iii) 현지 기업을 매수하는 경우가 있을 수 있다. i), ii) 방법은 실제 생산활동에 도달하기까지 장기간을 필요로 하지만, iii) 방법은 한순간에 현지생산을 가능케 한다. 물론 이 방법에도 현지 기업 전체를 매수할 수 있지만, 일부 사업만을 매수하는 것도 생각해 볼 수 있다.

어떠한 경우든지 이렇게 해외에 설립된 회사가 단지 모회사의 현지 생산공장으로 자리매김할 수도 있지만,[20] 현지 법인이 그 제품을 현지 시장에 판매하고, 더 나아가 해외로의 판매활동도 하는 과정으로 발전할 수 있게 된다. 그러나 현지 법인이 독자적으로 판매망을 구축하고 해외시장에서의 판매활동도 하려면 상당한 시간이 소요된다. 그리하여 단기적으로 모회사나 공동사업자가 현지 자회사 혹은 합작회사의 판매활동을 지원할 수밖에 없다. 이 경우 지원의 형태로는, i) 현지 법인이 모회사 공동출자회사에 제품을 판매하고 이를 매수한 모회사, 혹은 공동출자회사가 자신들의 판매망을 이용하여 판매활동을 하는 방

---

**20** 이 경우는 뒤에서 보는 바와 같이 모회사 또는 공동사업자가 현지 법인에서 생산된 모든 제품을 사주는 모양이 된다.

안, ii) 자회사, 합작회사가 모회사, 출자회사로부터 판매대리권을 부여받아 판매촉진 지원책으로 실질적으로 모회사, 공동출자회사의 판매망을 이용하는 방안이 있을 수 있다.[21]

## 4. 연구개발(R&D)을 위한 활동

사업에 있어서 상류(upstream)의 사업활동에 해당하는 것으로서의 해외진출은 해외에 연구개발 거점을 설치하는 것이다. 이는 해외에 적합한 이른바 맞춤형 제품개발, 국내 기술자 및 연구자 부족과 인건비 상승으로 인한 해외 기술자 및 개발자 채용 필요성, 해외에서 기술정보의 부족, 해외생산·판매거점으로부터의 요청 등으로 이러한 해외 연구개발 거점이 필요하다. 이러한 분야에서의 해외기업과의 제휴는 계약에 의한 연구개발의 위탁과 공동개발연구, 라이선스에 의한 기술이전과 공동연구개발, 합작회사에 의한 공동연구개발 등 다양한 형태가 있을 수 있다.

## 5. 원재료 조달을 위한 활동

원재료를 어디서 어떻게 조달할 것인가 하는 문제는 모회사의 본국에서의 생산활동의 중요한 문제일 뿐만이 아니라 현지 생산에 필요한 문제이기도 하다. 어떤 경우든 가격경쟁력과 직결된다.
원재료, 부품, 반제품 등을 다양한 곳으로부터 싸게 안정적으로 조달하지 아니하면 기업의 경쟁력이 훼손되므로 모회사, 해외 자회사,

---

**21** Ibid, p.10

관련 회사 등을 통하여 로컬 시장, 글로벌 시장 등 가리지 않고 조달할
필요가 있다. 그리고 이는 충분한 시간을 두고, 원재료 시장이 공급자
시장인지 수요자 시장인지 경향을 파악하여야 하고, 장기간 공급계약
이 필요한 것인지 여부, 제품시장의 동향을 고려한 수요 예측 등을 고
려한 결정이어야 한다.

## 6. 사업제휴, 자본제휴를 위한 활동

첨단산업분야를 중심으로 하는 기술혁신의 환경 아래에서 기업들은
자사 경영자원의 한계를 타기업과의 제휴를 통하여 보완해 나가면서
선택과 집중에 의한 경쟁력을 강화하지 아니하면 살아남을 수 없다.
혁신적인 기술개발이나 국제표준화를 지향하는 기업은 어떤 경우에는
경쟁자이거나 다수의 기업들과도 제휴한다.[22]

이러한 사업제휴 관계는 점차 복잡화해지고, 그 수를 헤아리기 힘들
만큼 불어나고 있다. 그 형태도 공동연구개발, 소수자본 참가, 라이선
스와 기술개발, 생산위탁, 합작회사(Joint Venture) 등 다양하기 이를 데
없다. 이 중에서 국제합작회사를 예를 들면, 국적을 달리하는 공동사
업자가 국경을 초월하여 공동사업을 계획하고 공동사업체를 운영하는
것이다.[23]

---

**22** 최근 기업간의 제휴에 관하여는 최선집 칼럼, 일본차 부품회사들이 독일 차 회사에 납품하
는 비결, www.chosun.com

**23** 국제적 합작회사(international joint venture)는 다음과 같은 사업전략과 관계가 있다. 해외시장에
의 진출과 사업거점의 구축, 현지 기업에의 기술이전의 촉진, 현지 기업에 의한 현지 자원
의 유효한 활용, 외자도입 인센티브의 향수와 현지 경제에의 공헌, 리스크의 글로벌 분산
과 공동경영에 의한 사업, 글로벌화의 수단과 글로벌 기업경영 등이다. Ibid. p.12

# Ⅱ. 해외 진출에 따르는 법률문제

우선 해외 마케팅 활동에 따른 문제로는, 상세한 부분까지는 언급하지 않더라도 적어도 품질보증(warranty), 제조물책임, 경쟁제한과 부정경쟁의 문제[24]가 있다는 정도는 인식하고 있어야 한다. 상대방의 용인 아래 굳이 체결된 계약이라도 이러한 문제를 제대로 인식하지 못하고 계약을 이행하게 되면 의외의 낭패를 볼 수 있기 때문이다.

해외 생산활동에 관련된 법률문제로는, 국내 생산활동과 마찬가지로, 환경, 안전, 고용부문에 관한 관련국 법률의 상세한 규제를 받게 된다.

마지막으로 해외 사업체의 관리운영에 수반하는 법률문제로는, 기업의 지배구조(corporate governance), 투자자를 비롯한 노조, 정부기관, 소비자 등에 대한 기업정보 개시와 설명 책임, 그리고 준법경영 등으로 불리기도 하는 컴플라이언스(compliance) 문제이다.[25] 이는 법령 혹은 자율행동기준 등의 준수 혹은 그를 위한 기업 내의 체제정비를 의미한다.

---

**24** 최선집 칼럼, 일본의 경쟁력이었던 담합이 이제는 경제의 해악으로 등 www.chosun.com
**25** 최선집 칼럼, 중국인 사장의 뇌물혐의 조사하던 영국인의 2년간 구금당한 사연.
www.chosun.com

# Ⅲ. 소괄

이와 같은 사업활동은 필연적으로 자사 이외의 기업과의 계약을 통하여 이루어지게 된다. 후술하는 바와 같이 단편적이나 이러한 활동에 관계되는 계약서의 예를 살펴보겠지만, 큰 그림으로는 항상 이러한 사업활동의 궁극적 목표와 예상경과를 머릿속에 넣고 협상에 임하고, 이를 또한 계약서에 잘 반영한다는 자세가 필요하다.

또한 해외진출에 따라 발생하게 되는 법률관계도 그 출발점은 계약서이므로, 현지의 법률전문가와 상의하여 현지의 강행법규에 위반되지는 않는지 여부를 점검하여야 한다.

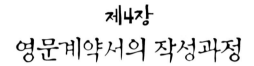

제4장
영문계약서의 작성과정

# 1. 협상전략의 수립

## 1) 계약이 수행하여야 할 구체적 목표의 확인

영문계약서뿐만 아니라 모든 계약서는 이익과 리스크의 고정화가 그 목적이라고 할 수 있다. 상세히 들어가면 이를 위하여 계약서는 다음과 같은 4가지 기능을 하여야 한다. 즉 거래목적의 달성(이는 '예견가능성의 촉진'을 위한 것이다), 거래에 부수하는 위험의 합리적 배분, 신속하고도 효과적인 분쟁처리, 절세이다. 영문계약서 작성시에 이 같은 기능을 달성하기 위하여 구체적으로 어떻게 하여야 할 것인가?

### (1) 거래목적

이에는 직접적 목적(예를 들면 라이선스 취득)과 장기적 혹은 전사(全社)적인 전략적 목적(예를 들면 이렇게 취득한 기술로 신산업에 참여하려는 계획)이 결합되어 있을 수 있다. 후자인 전사적인 장기적 목적은 기업비밀에 해당되는 부분도 있을 수 있고, 전체적인 모습이 드러나지 아니하는 경우도 많고, 협상 관계자 전원에게 알려져 있지 아니한 경우도 많다. 아무튼 협상시에는 직접적 목적 이외에 이 같은 전략적 목적도 염두에 두어야 한다.

## (2) 관계자 전원에 의한 거래목적의 확인과 공유

경영진, 영업부문 관계자, 법무부문 관계자 등이 거래목적을 공유하여야 한다. 그렇지 아니하면 직접 거래목적은 달성할 수 있지만 전사적 · 장기적 목적을 놓칠 수 있다.[26]

## 2) 계약내용의 검토 : Business Planning

이는 이미 확정된 거래목적이 계약 내용에 충실히 반영되었는지를 검토하는 단계이다. 확인된 거래목적을 국제계약의 어느 조항에, 어떤 형태로 규정할 것인가를 검토하는 것으로, 다음과 같은 유의해야 할 점들이 있다.

i) 이 거래에 적용되는 국제적 상관습이 존재하는지

ii) 상관습이 존재하는 경우, 관습에 의존하고 계약 중에는 포함시키지 않을 것인지, 아니면 그 국제적 상관습과 다른 내용을 계약서에 반영할 것인지

iii) 국제적 상관습이 존재하지 아니하는 경우, 그 계약에 적용되는 법률을 상정하고 그 준거법에 어느 정도 의존할 수 있을 것인지

iv) 준거법의 적용 결과와 다른 내용을 계약서에 반영할 것인지

---

**26** 동경 힐튼사건에서 도큐(東急)와 힐튼호텔 간의 경영위탁계약사건에서, 도큐의 전략적 목표는 일본항공과의 제휴강화이었는데, 힐튼호텔과의 경영위탁계약 후 힐튼이 일본항공과의 경쟁관계에 있는 T.W.A.항공사에 합병되고, 결국 T.W.A.에 경영위탁이 이루어지게 되었다. 도큐로서는 계약서에 상대방의 동의 없이는 제3자에게 경영위탁이 이루어지지 않도록 할 수 있었음에도 이를 하지 못하여 전략적 목표를 달성할 수 없었다. 土井輝生, 國際取引法基本判例, p.120. 岩崎一生, 英文契約書, p.12
일단 이러한 경우를 염두에 두고 동의없이 제3자에의 양도는 불가하다고 주장하면서 상대방의 태도를 보면서 결정하는 대응책도 가능했다. 이러한 대응책에 대한 일반론으로서는 柏木昇, 契約締結前의法律 practice로서의 豫防法學 (下), NBL, No.244, p.35

v) 준거법이 명확하지 아니하고 준거법에 의존할 수 없는 부분은 계약 중에 규정할 것인지

vi) 거래목적을 달성하기 위하여 필요한 실시 절차는 무엇인지

## 3) 리스크 대책 : Risk Planning

기본적으로 거래에 따르는 위험은 거래의 종류와 실시되는 상황에 따라 다양하다. 거래의 실체를 상세히 검토하면 어느 정도 리스크 예상이 가능하지만, 이는 당해 회사나 조력을 주는 변호사의 과거 경험에 기하여 축적된 노하우에 의존하는 부분이 많다.[27]

이러한 점을 감안하여 자사의 경험을 관계한 사원의 개인적인 경험으로 그치지 않도록 회사의 우하우로써 조직적으로 축적해 나가도록 하는 시스템을 구축, 운용하여야 할 것이다.

## 4) 계약분쟁대책 : Dispute Resolution Planning

분쟁이 생기지 않는다는 보장이 없으므로 미리 계약서에 분쟁 발생시 이를 처리하기 위한 수단을 규정하는 게 바람직하다. 소송에 의할 것인지 아니면 소송 이외의 국제상사중재에 의할 것인지 규정해 둘 필요가 있다. 그러나 거래 실태에서 보아 분쟁발생 여지가 거의 없고, 발생하더라도 당사자간의 협의로 해결될 수 있는 경우에는 미리 계약서에 반영하지 아니하고 발생시에 대응하는 것으로 하는 방안도 있을 수 있다.

---

**27** 1984년 로스앤젤레스 올림픽 방영권 협상시 일본 방송사들은 소련과 동유럽 국가들의 보이콧이 있을 것을 예상하지 못하고 이를 계약서에 반영하지 못하여 감액청구가 불가하였다. 그러나 미국 방송사들은 참가국의 감소로 인한 시청률 저하의 경우에 대비하여 감액규정을 두었다.

### 5) 절세대책 : Tax Planning

국제계약에 적용되는 조세법의 관점에서 그 계약 내용에는 과세상 불리한 취급을 받을 가능성이 없는지를 반드시 점검하여야 한다. 예를 들면, 영국이나 미국에서 노하우의 라이선스 계약에 있어서 사용료가 양도소득(Capital gains)으로 취급되는가 아니면, 통상소득(ordinary income)으로 취급되는가는 계약 내용에 따라 달라질 수 있으므로 세율이 낮은 양도소득으로 과세되기 위하여는 어떤 내용으로 규정되어야 할 것인지 검토가 필요하다.

## 2. 계약서 초안 작성

이른바 드래프팅(Drafting) 과정이다. 이미 기술한 바대로 협상의 주도권을 갖는다는 의미에서 중요하다. 그 외에도 협상의 사전준비 작업으로서 의미가 있고, 새로운 제안을 하는 것이 협상 결렬로 연결되지 않을까 부담스러운 상황에서도 당초 제안하였던 내용을 철회하는 것은 좋은 대안이다.

## 3. 계약의 협상

### 1) 구두에 의한 협상

협상 초기부터 협상안을 상호 교환하는 경우도 없지는 않으나, 보통은 구두로 먼저 상대방의 의향을 타진하고 뒤이어 협상안을 제시하고, 다시 구두에 의한 협상을 계속하는 경우가 많다. 이처럼 계약 협상에서는 구두에 의한 경우가 적지 아니하고 중요한 비중을 차지한다.

### (1) 협상의사록

구두에 의한 협상·교섭이 행해진 경우, 실시 직후에 협상의사록 (minutes)를 작성하여 당사자 쌍방의 확인을 받아두는 것이 바람직하다. 협상의사록을 작성함으로써 협상과정이 정리되고, 협상의 공전(空轉)이나 중복을 방지하여 효율적인 교섭이 실시될 수 있다.

### (2) 협상내용의 확인통지

협상의사록에 관하여 당사자 사이에 이를 확인할 시간적 여유가 없거나, 또는 협상이 새로운 내용에 관하여 당사자 쌍방의 의견이 일치하지 아니하여 협상의사록이 작성될 수 없는 경우에는 상대방에 대하여, "당사는 협상 성과를 이와 같이 이해하고 있다"고 하는 확인통지를 일방적으로 보내는 것이 차선책이다.

## 2) 예비적 합의서 작성

간단한 협상에서는 작성되지 않지만, 복잡한 협상 또는 중요한 협상에서는 협상이 어느 정도 무르익은 단계에서 협상 당사자가 사내의 의결기관(예를 들면 이사회)이나 관계 정부기관, 금융기관 등으로부터 사전협의 혹은 내락을 받을 필요가 있기 때문에 예비적 합의서를 작성하는 일이 있다. 예비적 합의서로는 Memorandum of Agreement, Heads of Agreement, Letter of Intent 등의 명칭으로도 불린다. 이 같은 문서가 작성되었지만 결국 협상이 불발되어 계약서 작성까지는 이르지 않은 경우, 그 법적 효력이 문제되는 경우가 많다.

### 3) 협상과정에서의 문서

계약의 교섭은 최종적으로는 계약서에 작성, 서명이 목표이지만, 교섭과정에서도 협상의사록, 확인서, 예비적 합의서 등 다양한 문서가 작성되고 당사자간에 교환되는 일이 적지 않다. 이러한 문서도 계약서에 여러 가지 관계를 갖고 있으므로 계약서 작성이라고 하는 관점에서 무시할 수 없다.

계약 교섭이 타결되어 계약서가 작성된 경우라도 협상과정에서 작성된 문서가 자동적으로 실효되는 일은 없고, 후일 계약서와 관계를 갖는 경우가 있으므로 주의를 요한다. 또한 계약 내용에 불명료한 점이 판명되어 계약서의 해석으로도 명확히 되지 아니하는 경우, 이러한 문서가 불명료한 점을 명확히 하는 데 이용되는 경우도 있다.

### 4) 관련되는 기존 문서, 서류의 총점검

계약 교섭이 최종단계에 접어들어 계약서 내용이 최종적으로 확인되는 시점에, 교섭 대상이 된 국제거래에 관하여 당사자간에 교환된 모든 문서나 관련하여 작성된 서류의 총점검이 필요하다. 총점검은 계약 교섭 과정에서 행해진 당사자간의 합의나 양해된 사항이 계약서의 최종본에 빠짐없이 편입되었는가, 특히 자사에 필요한 사항이 빠진 것은 없는지 확인하고, 만일 누락된 경우에는 계약서를 수정할 필요가 있다. 이러한 작업은 협상 성립의 안도감에 사로잡혀 놓치기 쉬운 점이므로 특히 유의하여야 한다.

### 5) 최종 계약서의 확정, 서명

통상 영문계약서 작성과정은 계약서면에 양 당사자가 서명 날인함으로써 완료되지만, 다음과 같은 점에 주의할 필요가 있다.

### (1) 계약방식의 확인

계약에 적용되는 법률이 요구하는 요건을 충족하는 계약서는 특정의 법적 효과가 인정되는 경우가 있다. 예를 들면 계약서를 공증인에 의한 인증을 얻어 공정증서로 작성한 경우, 그 계약서에 증명력 및 집행력에 특별한 효과가 생긴다. 마찬가지로 영미계약법에서도 계약서를 날인증서(Deed)로 한 경우 특정의 법적 효과가 생긴다. 따라서 이와 같은 특정한 법적 효과를 기대하는 경우는 계약에 적용되는 법률이 요구하는 요건을 확인하고 그 방식을 충족하는 계약서를 작성하지 않으면 안 된다.

### (2) 계약 체결권자의 확인

계약이 유효하게 성립하기 위한 요건은 계약에 적용되는 법률, 즉 준거법에 따라 다르지만 어떤 법률에서도 공통하는 요건의 하나는, 계약은 그 계약을 체결할 권한을 가진 자의 사이에서 체결되어야만 한다는 것이다.

이러한 의미에서 계약서에 서명 날인하는 자는 계약 체결 권한을 가진 자이어야만 하는데, 이 점의 확인이 중요하다. 자연인의 경우에는 본인 자신 또는 그 대리인이고, 법인인 경우에는 법인을 대표하는 권한을 가진 자 또는 그 법인의 대리인이다.

## 4. Letter of Intent

의향서, 예비적 합의서, 가합의서(█合意書)라고 부른다. 이는 우선 당사자 사이에 합의한 사항만이라도 문서화하자는 각서(memorandum)와 더불어 협상 초기단계에 작성되는 문서이다.

합의한 사항이 문서 내에 있는 경우에는 다른 Agreement와 다르지 않기 때문에 주의를 요한다. 그러나 합의 내용이 있다고 하더라도 당사자의 의사가 어디까지나 최종적인 정식계약을 염두에 둔 예비적인 것이라면 구속력이 없을 수 있다.

협상을 하여 합의에 이르른 경우라도 문서작성에 시간이 걸리는 경우, 나중에 작성하여 상대방에 송부하는 방안도 있을 수 있다.

## 5. Term Sheet

일방 당사자가 제안하는 협상용 계약조건을 상대에게 제시하는 문서를 말한다. 이는 개요 형식으로 중요한 내용만 기재하게 된다. 이는 반드시 작성해야 할 필요는 없지만 영어가 모국어가 아닌 한국 사람들로서는 명확한 의사전달을 위하여 적극 활용하는 편이 좋다. 이것은 상대방에 제시하여야 할 의무는 없지만 상대방이 이를 명확히 이해하기 위하여 효과가 있다. Term Sheet는 정식 계약서가 아니므로 정식 계약서 체결 시까지는 구속력이 없음을 명시하는 것이 안전하다.

This Term Sheet is intended solely as a basis for further discussion and is not intended to be and does not constitute a legally binding obligation until formal agreement covering the proposed transaction in this Term Sheet is executed and the delivered by the parties except as provided in the paragraphs entitled "Confidentiality."

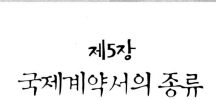

제5장
국제계약서의 종류

## 1. 국제계약의 정의와 분류

국제계약이란 당사자의 국적, 주된 영업소, 계약 체결지, 이행지 등 계약에 관한 제요소가 국경을 넘어 2개국 이상에 걸쳐 있는 등 대상거래에 섭외적(涉外的)·국제적 요소를 포함하는 계약으로 글로벌한 기업활동을 뒷받침하고 있는 계약이다. 또한 국내 거래에서 체결된 계약과 마찬가지로 각각 거래에 따라 개별적으로 작성된 것이므로 그 내용도 다양하다. 이러한 계약을 법적 성질에 따라 나누어서 분류하면 매매계약, 임대차계약, 라이선스 계약, 도급계약, 합작계약, 고용계약, 대리점계약, 운송계약 등으로 분류할 수 있다. 한편, 계약의 체결 주체별로도 나눌 수 있다.

국제계약에는 영문으로 작성되는 계약이 많지만, 영문으로 작성되었는지 여부는 국제성에는 영향이 없고, 영문 이외의 계약도 위와 같은 섭외적 요소가 포함되면 국제계약이 된다.

## 2. 제품매매에 관한 계약

### (1) 매매계약

여기에는 일회에 한하는 계약인가, 계속적인 계약인가에 따라 스폿

매매계약(Spot Sale and Purchase Agreement)와 장기 매매계약(Long Term Sale and Purchase Agreement)으로 분류할 수 있다. 장기에 걸친 계약에서는 그 거래에 관한 일반적 혹은 기본적 거래조건을 기재한 계약을 체결하는 일도 있다.

이러한 계약을 기본계약(Basic Sale and Purchase Agreement또는 Master Sale and Purchase Agreement)이라고 부르고, 그 조건 아래서 행하여지는 개개의 매매에 관한 계약은 개별매매계약(Individual Sale and Purchase Agreement)이라고 부른다. 스폿매매계약이나 개별매매계약에 관하여는 양 당사자가 서명·기명 날인하는 정규 계약서를 대신하여, 기업마다 획일적으로 작성된 주문서(Purchase Order) 또는 주문요청서(Sale Note 또는 Order Acknowledgement)의 방식으로 거래가 이루어지는 것이 일반적이다. 더구나 최근에는 인터넷을 이용한 거래가 점차 늘어나고 있다.

## (2) 판매대리점 계약

제조회사가 해외에서 자사 브랜드 제품의 판매를 시작하려고 하는 경우, 자사에서 판매망을 구축하는 경우도 있지만 현지 시장에 관하여 경험과 지식이 있는 현지 사업자를 기용하거나 종합상사 등 기업에게 현지에서의 판매활동을 하게 하는 것도 일반적이다.

이 경우 이러한 사업자 등과의 사이에 체결되는 계약이 판매점계약(Distributorship Agreement) 또는 판매대리점계약(Agency Agreement)이다. 이론상으로는 후술하는 바와 같이 구별되지만 실무상으로는 판매대리점 계약이라는 명칭을 붙여도 판매점계약으로서 실체를 구비하고 있는 것이 적지 아니하므로, 계약 이름만으로 판단하는 것은 적절하지 아니하고, 계약마다 매도인과 판매상, 대리점과의 관계를 어떻게 할 것인가 등을 충분히 검토할 필요가 있다.

한편, 판매점 또는 대리점에 독점적 권리를 보유한 경우는 독점적 판매점계약(Sole and Exclusive Distributorship Agreement) 또는 독점적 대리점계약(Sole and Exclusive Agency Agreement, 총대리점 계약이라고도 불린다)이라고 불리고, 매도인은 판매점이나 대리점 이외의 제3자를 개입시켜(경우에 따라서는 매도인 자신도), 지정지역에 있어서는 동일제품을 판매할 수 없다고 하는 제한이 있다. 그러나 이 같은 제한이 없는 계약은 비독점적 판매점계약(Non-exclusive Distributorship Agreement) 또는 비독점적 대리점계약(Non-exclusive Agency Agreement)으로 불린다.

## 3. 제조에 관한 계약

여기에는 제조위탁계약(Manufacturing Consignment Agreement)이 이에 해당된다. 상품, 제품의 제조를 다른 사람에게 맡기는 경우 제조에 관하여 아이디어나 기본설계 등을 갖고 있지만, 제조업자에 대하여 당사자간에 제품의 사양을 결정하여 당해 제조에 대한 능력, 기술, 경험, 제조설비 등을 갖는 타자에게 제품의 전부 또는 일부의 제조를 위탁하는 계약을 말한다.

당사자간에 사양서(仕樣書)에 기초하여 제조하는 것이기 때문에 당사자간에서는 도급계약이나 매매계약을 체결하는 경우도 있다. 이러한 형태로 해외에 진출하는 경우에는 OEM(Original Equipment Manufacturing, 상대방 상표 제조)이라는 형태로 제조위탁을 하는 것도 있다. 또한 제조에 관하여 제조기술이 관계되는 경우에는 아래에서 보는 바와 같은, 기술제공계약, 즉 기술의 실시허락계약(라이선스계약)이 체결되는 경우도 있다.

## 4. 기술에 관한 계약

라이선스계약(License Agreement), 특허권 · 상표권 · 저작권양도계약 (Patent, Trademark, Copyright Assignment Agreement), 연구개발위탁계약(Research and Development Consignment Agreement)[28], 공동연구개발(Joint Research and Development Agreement), 옵션계약(Option Agreement)[29]을 들 수 있다.

## 5. 리스에 관한 계약

리스계약이란 기업 등의 차주(借主, User 혹은 Lessee)가 필요로 하는 기계, 설비, 소프트웨어 등을 리스회사(Lessor)가 메이커나 딜러(Supplier)로부터 구입하여, 그 기업 등에 대하여 일정 기간 비교적 장기에 걸쳐서 유상으로 임대하기 위한 계약이다. 리스계약에는 금융리스계약(Finance Lease Agreement)과 운용리스계약(Operating Lease Agreement)이 있다.

## 6. 제품의 운반에 관한 계약

여기에는 개별운송계약(Contract of Affreightment)과 용선계약(Charter

---

**28** 연구나 개발에 관한 계획이나 아이디어를 갖고 있는 자가 당해 연구개발에 있어서 능력, 기술, 경험, 제조설비 등을 갖는 타자에게 개발의 전부 또는 일부를 위탁하는 계약이다. 통상은 연구개발의 결과인 성과물은 당사자간 별도로 정함이 없는 경우 위탁자의 것으로 하고 수탁자가 이것을 이용할 수 있게 한다.

**29** 장래의 라이선스계약, 공동개발계약 등에 관하여 일정기간 계약을 체결할지 말지의 검토기간을 부여하는 계약이다. 검토 기간을 부여받은 당사자 Optionee는 일정한 대가를 지불하고, 타방 당사자 Optionor는 검토에 필요한 정보를 개시(開示)한다. Optionee가 계약을 체결할 의사를 굳힌 경우는, 양 당사자는 옵션계약의 대상으로 되어 있는 라이선스 계약, 공동개발계약 등에 서명할 수 있다.

Party)이 있다. 이 중 용선계약에는 일정한 항로간의 항해를 대상으로
하는 항해용선계약(Voyage Charter Party), 일정한 기간만을 용선하는 정
기용선계약(Time Charter Party), 선원 등도 용선자가 조달하는 나용선계
약(Bareboat Charter)이 있다.

## 7. 인수 · 합병 · 합작 등 자본제휴에 관한 계약

여기에는 주식구입계약(Share Purchase Agreement), 자산구입계약(Asset
Purchase Agreement), 합병계약(Merger Agreement), 합작계약(Joint Venture
Agreement), 주주간 계약 (Shareholders Agreement)가 있다.

## 8. 파이낸스에 관한 계약

여기에는 대부계약(Loan Agreement), 프로젝트파이낸스계약(Project
Finance Agreement)이 있다.

## 9. 건설 · 개발에 관한 계약

건설계약(Construction Agreement), 플랜트수출계약(Agreement for Supply of
Plant for Export), 자원개발계약(Agreement for Resources Development)이 있다.

## 10. 인사 · 노무 관한 계약

여기에는 고용계약(Employment Agreement)이 이에 해당된다.

## 11. 사외 전문가와의 계약

변호사사무소, 회계사무소 등 선임계약(Retainer Agreement 또는 Engagement Letter), 컨설턴트어드바이저계약(Consultant Agreement 또는 Advisors Agreement) 등이 있다.

## 12. 소송분쟁에 관한 계약

여기에는 화해계약(Settlement Agreement)이 이에 해당된다.

## 13. 기타

기본합의서 또는 예비적 합의서(Letter of Intent, Letter of Interest, Memorandum of Understanding), 비밀유지계약(Non-disclosure Agreement 또는 Confidentiality Agreement), 보험계약(Insurance Agreement), 에스크로 계약(Escrow Agreement)[30] 등이 있다. 이외에도 여러가지 종류의 계약이 있지만, 아래에서는 이러한 것에 관해서는 모두 설명 할 수 없으므로, 기본적인 계약에 국한하여 설명하기로 한다.

---

**30** 기업매수계약이나 부동산 매매계약 등 중요한 거래 계약을 체결한 경우에, 당사자간에 합의하여 양도인, 채무자 등이 거래 대상으로 된 금전채권, 증권, 증서 등의 인도를 원활히 실행하기 위하여, 이러한 것을 중립의 제3자(escrow reagent, 변호사 사무실 등이 그 역할을 한다)에게 예탁하기 위한 계약이다. 에스크로계약에서 정해진 조건(예를 들면 거래 실행을 위한 전제조건)이 성취되면 양수인이나 채권자 등에게 예탁물을 인도하고 현금이 교부된다.

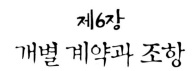

제6장
개별 계약과 조항

# I. MOU

원래 MOU는 행정기관 등의 조직간의 합의사항을 기재한 행정기관 내의 문서이지만 기업간에도 널리 MOU가 사용되고 있다. MOU는 memorandum of understanding의 약자이다. 글자 그대로 당사자간의 상호 이해한 바를 기재한 메모이다.

예비적 합의서, 양해각서, 의향서 등 여러 말로 번역된다. 유사한 것으로는 Letter of Intent(LOI), Agreement in Principle(원칙적 합의서)이 있지만, 실질적으로 MOU와 동일하다. M&A나 합작사업 설립을 위한 협상 등은 거래 타당성 평가나 협상 자체가 복잡하기 때문에 정식 계약 체결까지 상당한 시간이 걸리는 경우가 있을 수 있는데, 그 사이에 회사간에 조정이나 합의를 이끌어 낼 필요가 있고, 이사회 등에 대하여 도중 경과보고나 관련 부서에 대하여 상대방과의 협상을 어디까지 진척시키고 있는가를 보고할 필요가 있다. 또한 자금조달을 위해 은행 등 금융기관에 대하여 설명을 하여야만 할 경우도 있을 수 있다. 이런 목적으로 MOU가 작성되는 경우가 많다.

이러한 MOU나 LOI에 관하여는 일반적으로 법적 구속력이 없다고 인식되고 있으나, 아래에서 보는 바와 같이 반드시 그러한 것만은 아니다. Texaco v. Pennzoil[31]사건에서 시사하는 바와 같이 법적 구속력 유무에 관하여는 일의적으로 말하기 곤란하다.

MOU에 관한 일반적인 표준형식은 존재하지 않지만, 아래서는

MOU를 작성하는 빈도가 높은 조인트벤처 설립에 관한 MOU를 예를 들어 설명한다.

## 1. MOU의 특징

먼저 법적 구속력(legally binding power, power of legal binding)을 가지지 않는 것이 특징이라고 할 수 있다. 왜냐하면 이는 어디까지나 정식 계약 체결 전의 잠정적·예비적인 것이기 때문에 메모에 기재된 내용이 구체성을 결여한 표현으로 되어 있고, MOU만의 내용으로는 실무적으로 이행할 수 없기 때문이다.

그러나 내용에 따라서는 법적 구속력을 갖는 것이 있을 수 있고, 또는 MOU의 일부에 법적 구속력을 갖는 조항이 포함되어 있는 것도

**31** Texaco v. Pennzoil, 729 S.W. 2d 768(Court of Appeals of Texas, 1987)
석유회사 Getty Oil사와 Pennzoil사와는 P가 G사를 매수한다는 주식 양도 기본합의에 도달하고 그 시점에서 MOU라고 하는 제목으로 예비적 합의서가 교환되었다. 그런데 그 직후에 대형 석유회사인 Texaco사가 G사와 교섭을 시작하여 G사에게 P사보다 더 높은 가격을 제시한 결과, 잠깐 사이에 T사가 P사를 제치고 G사를 가로채서 매수할 수 있게 되었다. P사는 T사를 상대로 텍사스주 지방법원에 손해배상을 구하기 위하여 제소했다. 그래서 법원은 위 예비적 합의서에 법적 구속력을 인정하여 P사와 G사 사이에 매수에 관한 계약은 성립하였다고 판단하고, T사에 대하여 총액 111억 달러의 배상금을 지불하라고 판결했다.(배상금액이 너무 커서 이 판결이 내려진 직후 T사는 연방법원에 연방파산법 Chapter 11에 의한 회생절차를 신청하기에 이르렀다.)
이리하여 종종 이런 사건을 염두에 두고 LOI나 MOU에 있어서 준거법을 텍사스주법으로 하고자 하는 회사도 있다. 업무제휴 교섭과정에서 기밀정보가 상대방에 넘어가고 그것이 부정하게 이용된 경우, 이러한 합의에 법적효력을 인정하여 다액의 손해배상을 명한 선례를 갖고 있는 텍사스주법을 준거법으로 함으로써 나중에 손해배상을 청구하려고 하는 의도에서이다. 계약당사자간의 계약관계가 희박함에도 불구하고 이러한 텍사스주법을 준거법으로 선택할 경우에는 그 거래에 관하여 충분히 유의하여야 한다.

있다. 따라서 교환된 문서 표지의 MOU라고 하는 명칭보다는 기재내용에 의하여 판단하여야 한다는 점에 주의가 필요하다.

이 같은 혼란을 피하기 위하여 MOU에서 명확히 법적 구속력이 없다는 것은 명기할 필요가 있다. 또한 법적 구속력이 있는 조항이 있는 경우에는 법적 구속력이 있는 조항과 없는 조항을 명확히 나누어 그 취지를 명기할 필요가 있다.

## 2. 전문(Preamble)

MOU에는 agreement나 contract에서 흔히 두는 전문 preamble이 없는 것이 많다. 왜냐하면 일반적으로 MOU에는 약인(約因, consideration)이 없거나 불명확한 경우가 많고, 따라서 법적 구속력을 갖지 않기 때문이다. 아래는 MOU의 전형적 전문이다. 미국 캘리포니아주 법인인 ABC와 한국법인의 XYZ 사이에 합작사업 조직에 관한 MOU이다.

예문 1

### MEMORANDUM OF UNDERSTANDING

This Memorandum of Understanding (hereinafter to as "MOU") is made as of March 25 , 2016 by and between ABC Corporation, a corporation organized under the laws of the State of California having its principal office at (주소)(hereinafter referred to as "ABC") and XYZ Corporation, a corporation organized under the laws of Korea having its principal office at (주소)(hereinafter referred to as "XYZ")(ABC and XYZ are collectively as "Parties") in respect of the incorporation of a proposed joint venture entity having manufacturing facilities.

예문 2

The terms and conditions set forth in this MOU should NOT be legally binding upon the Parties hereto, except Article 7, 8,9 ,10 and 11, unless a formal agreement incorporating such terms and conditions is executed by the Parties hereto.

위 예문은 MOU 중 일부 조항에 법적 구속력이 있음을 명기한 것이다. 정식 계약이 체결되지 아니한 한 법적 구속력이 없음을 명기하고 있다. 경우에 따라서는 전문의 MOU를 작성 환경이나 목적을 기재하는 경우가 있다. 이것을 명기함으로써 계약 협상단계에서 이 MOU의 지위를 이해할 수 있다.

예문 3

The purpose of the meeting was to consummate the understandings reached during the various prior negotiations between the Parties hereto concerning the terms and conditions for the intended participation by ABC and XYZ in proposed joint venture entity having manufacturing facilities, to be constructed in the suburb of Los Angeles City (hereinafter referred to as "JV"). ————————

앞에서는 LA 교외에 제조시설을 갖는 joint venture 설립에 관한 것이지만, 아직 설립되어 있지 않으므로 proposed joint venture로 표시하고 있다. 예문의 마지막 점선 이하에는 구체적인 내용이 계속 기재되는 것이다. 또한 consummate란 최종적인 것을 정리하여 완성한다는 의미로 ABC사와 XYZ사 사이에 여러 번의 미팅을 가지고, 이러한 의사록을 기초로 MOU가 작성된 것임을 기재하는 것이라는 점을 나타내고 있다.

---

예문 4

At the end of the above-mentioned meeting, the Parties hereto agreed to enter into a MOU in the following form as a record of mutual understandings reached during the above-mentioned meeting between the Parties, which ended the same day.

---

이는 MOU를 교환한 경우 그 MOU의 작성 취지를 명기한 문언이다. 통상의 Agreement나 Contracts와 같은 전문(前文)을 갖는 MOU도 종종 눈에 띈다. 아래와 같은 것이 그 예다.

---

예문 6

MEMOANDUM OF UNDERSTANDING

This MEMORANDUM OF UNDERSTANDING (the "MOU"), dated as ⋯ is entered into by and between :

ABC Corporation, a corporation organized under the laws of the State of California having its principal office at (주소)(hereinafter referred to as "ABC"),

XYZ Corporation, a corporation organized under the laws of Korea

having its principal office at (주소)(hereinafter referred to as "XYZ"),

WITNESS ETH:

Whereas, ABC Corporation has recognized···

Whereas, XYZ Corporation has recognized···

NOW THEREFORE, in consideration of the mutual covenants

and the promises. ··· the Parties agree as follows:

이 같은 전문(前文)을 가진 MOU의 경우는 정식계약인 Agreement나 Contract와 마찬가지이므로 법적 구속력이 문제로 되는 경우가 많다. 특히 in consideration of the mutual covenants and promises라고 적혀 있으므로, 법적 구속력이 없다는 것을 확실히 명기해야 할 필요가 있다. 또한 법적 구속력을 갖는 조항이 포함된 경우에도 그 취지를 명확히 기재해 두어야 한다. 따라서 이같은 전문이 있는 MOU의 경우에는 주의를 기울여야 되고 가능한 한 이같은 전문은 피하는 것이 바람직하다.

## 3. JV 설립의 구체적 조항

일반적으로 MOU의 전반부에는 잠정적으로 합의한 사항을 기술하는 경우가 많다.

### 1) MOU의 목적

Article 1 Purpose of this MOU

The purpose of this MOU is to define the terms and conditions in which the Parties will conduct a joint study to evaluate the best possible ways to cooperate, in particular the feasibility of creating JV in the suburb of Los Angeles City. And if both of the Parties will have the common interests and target for creating JV, then the Parties will perform the feasibility study for such purpose…

먼저, 이 조항에서는 will을 사용하고 shall을 사용하고 있지 않다. shall에는 의무적인 의미가 포함되어 있기 때문에 아예 처음부터 will를 사용하고 있다. 의미로서는 거의 마찬가지지만 MOU의 경우 기본적으로 법적 구속력이 없기 때문에 will을 사용하는 것이 일반적이다.

다음으로 MOU에는 Article xx라는 표시를 하지 않고, 단지 번호만을 기재하는 경우가 많지만 여기서는 Article xx라고 하는 표시를 하고 있다.

## 2) 지주비율(Shareholding Ratio)

예문 7

Article 2 Shareholding Ratio

ABC and XYZ will each take a fifty (50) percent equity participation in the JV. Such equal shareholding ratio in the JV by and between ABC and XYZ will be maintained for a considerable period of time after the incorporation of the JV.

이 조항은 법적 구속력이 없기 때문에 그 후 협상에 의하여 변경 가능한 것임은 말할 나위가 없다. 어디까지나 잠정적으로 합의된 사항만을 기재하고, 협상 중인 사항이나 합의에 도달하지 않은 사항은 MOU에 기재해서는 안 된다.

## 3) 법인의 형태(Form of Entity)

Article 3 Form of Entity

The JV will be set up in the form of a corporation to be organized under the laws of the State of California.

모든 거래 과세 문제가 따르는 것이지만, 특히 JV 형태를 어떻게 하느냐에 따라 과세 문제가 크게 달라진다. 이러한 점을 고려하여 파트너십으로 할 것인지, 법인으로 할 것인지 등을 심사숙고하여야 한다.

## 4) 제조시설

제조시설 Manufacturing facilities 시설을 어디에 둘 것인지를 정한 경우에는 이것도 명시하는 하는 것이 좋다.

예문 9

Article 4 Manufacturing Facilities

The manufacturing facilities will be constructed on a factory site currently owned by ABC which is located in the industrial zone of the city of Los Angeles.

## 5) 기술 라이선스(Technology License)

JV 사업에서는 기술정보가 포함되어 있는 경우, 기술 라이선스에 관한 조항이 있는 경우가 있다.

예문 10

Article 5 Technology License

The technologies necessary for the manufacture of smartphones (hereinafter referred to as "Products" )will be licensed by XYZ to the JV. Such Technologies will include United States patents, patent applications and know-how owned by XYZ. XYZ will also furnish the JV with the technical assistance necessary for the JV to operate its plant and manufacture the Products.

## 6) 제품의 유통

Article 6 Distribution of Products

The sale and distribution of the Products manufactured by the

JV will be carried out by ABC. In other words, the Products will be sold and distributed in the United States by JV through ABC's sale organization and network.

이 예문에서는 JV에 의하여 제조된 제품의 판매와 유통은 ABC사에 의하여 행하여지고, ABC사의 판매조직과 유통망을 사용하여 JV가 미국 내에서 판매한다고 하고 있다. 이외에도 MOU에서는 잠정적으로 합의한 사항에 관하여 항목마다 조항으로서 기재한다.

## 4. 일반조항(General Provisions)

MOU에서는 잠정적 합의사항마다 자유롭게 열거해 나가도 되지만, 비밀유지의무나 협상금지 조항과 같이 MOU에서 특별히 중요한 사항이 있다. 이러한 것에 관하여는 그 내용으로부터 법적 구속력을 갖는 것으로 취급될 수 있도록 그 취지를 명확히 하여 둘 필요가 있다.

### 1) 비밀유지의무(Secrecy Obligation)

MOU에서도 가장 중요한 조항 하나가 비밀유지의무 조항이다. M&A 협상이나 합작회사 설립을 위한 협상은 적극적으로 진행하는 경우가 많다. 이를 위해 비밀유지의무를 과하는 것이 일반적이다. 협상 개시 때 단독으로 non-disclosure agreement/NDA계약을 체결하는 것이 일반적이지만, MOU 중에서도 비밀유지의무에 관해서는 명기하는 것이 좋다.

예문 12

Article 7 Secrecy Obligation

The Parties hereto will use their best efforts to maintain at all times as confidential information the fact that the Parties have executed this MOU, the terms thereof and the existence and content of any negotiation between the Parties except that both the Parties may;

(i) inform their advisors, counsels, and employees with a need-to-know as each party deems necessary, and

(ii) make appropriate disclosure if required by applicable laws and regulations of Korea or State of California.

이 조항은 예문 2에서 명시한 대로 법적 구속력이 있는 조항이다. 전문뿐만 아니고 본 조항 중에도 this article is legally binding이라고 명기해도 좋다. use their best effort 최대한의 노력을 기울인다는 것이다. 이는 추상적인 표현으로 되어 있고, 정식의 수비 의무보다는 그 의미가 약간 약하지만 법적 구속력이 있는 조항이므로 use their best efforts에는 계약과 동일한 법률효과가 생기게 된다. 이 조항에 위반한 경우에는 채무 불이행으로 use their best effort에 대한 입증 책임이 생긴다.

## 2) 교섭 금지(No Shopping)

교섭금지 조항도 MOU에서 중요한 조항이다. 이 조항도 예문 2에 의해 법적 구속력을 갖는다. 예를 들면 JV 설립에 관한 교섭은 일반적으로 공표되기 전까지는 극비리에 진행하는 경우가 많고, 동일한 교섭을 제3자와 하는 것은 엄격히 금지하지 않으면 안 된다. JV 설립에 관한 협상은 기업으로서는 중차대한 일이어서 향후 사업에 큰 영향을 미치고, 또한 상호간의 신뢰관계가 전제로 되기 때문이다. MOU에 이같은 조항을 두는 방법 이외에도 교섭금지에 관한 Agreements만을 단독으로 체결하는 것도 생각할 수 있다.

Article 8 No Shopping
Both Parties agree not to negotiate ,enter into or continue discussions with any other person or company, or solicit directly or indirectly, or furnish information to any other person or company, with respect to a similar business arrangement during the one hundred fifty (150) days following the date this MOU is executed by the Parties hereto.

위 조항에서는 금지하는 대상, 행위의 태양(態樣), 기간, 안건에 대하여 규정하고 있다.

예문 14
Article 8 No Shopping
During the term of this MOU, the Party shall not have any discussions with anyone other than the other party concerning the incorporation of the said JV.

독점교섭권에 관한 위와 같은 예문도 눈에 띈다.

### 3) 신문발표(Press Release)

대형 JV 교섭이 개시되면 주로 업계지에서 다루어지는 경우가 많다. 이런 경우에는 양 당사자의 합의하여 공동기자회견을 하는 경우가 많지만, 일방 당사자가 상대방에게 통지도 하지 않고 단독으로 기자회견을 하는 것을 금지할 필요성이 있는 경우에는 아래와 같은 예문이 참고가 된다.

예문 15

Article 9 Press Release

The Parties hereto agree that neither party to this MOU will make any public announcements or press release by itself concerning the JV without the other Patty's prior written consent. Under normal circumstances, both parties will jointly make such public announcements.

### 4) 준거법과 재판관할

예문 16

Article 10 Governing Laws and Jurisdiction

This MOU will be governed and construed by the laws of the state of California. Any disputes arising out of this MOU shall be resolved exclusively in California Federal District Court.

이하는 자세한 내용은 후술하는 일반조항을 참고.

## 5) 정식 계약서(Formal Agreement)

MOU는 정식 계약을 전제로 하는 것이다. MOU가 체결되어 있다고 해서 정식 계약서를 기다리지 않고 본격적으로 선행 조치를 해버리는 것은 위험하다.

그러나 어떻든 이 같은 상황에 빠진 경우 상대방에게 그것을 인식시키는 것이 좋고, 상대방의 합의 아래 별도의 agreement를 체결할 필요가 있을 것이다.

예문 17

Article 11 Formal Agreement

ABC and XYZ shall each exert their best efforts to consummate relevant formal agreements not later than September 1.2016. The Parties hereto understand and agree that official meeting of the representatives of the both parties will be called at their corporate head office of XYZ in Seoul during the first week of May 2016.

shall each exert their best efforts to란 '최대한의 노력을 경주한다'라는 의미이고, 여기서는 shall을 사용하고 있다. will이라도 좋겠지만, 이 조항은 법적 구속력을 갖는 것이므로 처음부터 shall를 사용하고 있다.

## 6) 이사회 승인(Board Approvals)

MOU 유효성에 관하여 양 당사자의 이사회의 승인이 필요하다고 하는 조항이다. MOU에 반드시 이사회 승인이 필요하지는 않지만, 본 MOU 중에 법적 구속력을 갖는 조항이 포함되어 있기 때문에 이사회의 서명이 있는 MOU가 필요하다.

예문 18

Article12 Board Approvals

This MOU remains subject to the approvals of respective Boards of Directors of ABC and XYZ.

## 4. 의사록 Meeting Minutes과의 관계

회사의 M&A 협상이나 합작회사 설립을 위한 협상은 대단히 복잡하고, 협상 내용도 그 범위가 광범위하며, 상당한 시간이 걸린다. 또한 교섭회의(negotiation meeting)도 관련부문마다 병행해서 열리는 일이 적지 않으므로, 이를 위하여 운영위원회(steering committee)를 구성하는 일도 적지 않다. 운영위원회에 관한 MOU 기재 예는 아래와 같다.

예문 19

Article XX Steering Committee

The Steering Committee (hereinafter referred to as "SC") will meet as often as necessary for the conduct of the study and at least once a month, and to take place in Seoul or Los Angeles. The task of SC will be:

(i) to draw up the list of the Products or Services which may be developed the by the JV,

(ii) to study and establish a business plan for the Products, including the necessary Investments proposal and their terms and conditions,

(iii) ……

이 예문에서는 운영위원회 개최 시기, 장소, 업무 내용에 관하여 기재하고 있다. 이것은 어디까지나 한 예에 불과하다. 또한 각종 교섭회의에서는 회의 종료 후에 의사록을 작성하고, 그 내용을 쌍방에서 서로 확인한 후 서명하는 일이 많다.

의사록과 MOU와의 차이는 의사록이 회의에서 토의된 내용을 정확히 기술하는 것임에 반하여, MOU는 그중에서도 잠정적으로 합의에 도달한 사항을 골라 다시 확인한 후 작성하는 것이다. 따라서 MOU가 복수 존재하는 경우도 있다. MOU를 작성한 후 다시 합의가 이루어지면 보완적으로 새로운 MOU를 작성한다.

이와 같이 합의사항이 누적되고 최종적으로 정식 계약서가 작성되게 된다. 따라서 정식 계약서는 모든 MOU와 그 이후 새롭게 합의에 의하여 수렴된 내용으로 작성된다.[32]

---

**32** 高田寬, Memorandum of Understanding(MOU), 國際商事法務, vol. 44, No. 3 (2016), p.470 이하를 주로 참조하였다.

# II. 비밀유지계약

(Confidentiality Agreement ; Non-Disclosure Agreement )

## 1. 조항례

Article 7. Confidentiality

7.1. Definition of Confidential Information

The Parties hereto agree that all information furnished by either party (the "Disclosing party")to the other (the Receiving party") which is clearly identified and marked in writing as being confidential at the time of disclosure will be deemed to be confidential and will be maintained by the Receiving party in confidence; provided, however, that the Receiving party may disclose such information to its officers, and those of its employees, all of whom will be advised of this Agreement and such Receiving party's obligations hereunder.

7.2. Obligations of the Parties

The Receiving party agrees to take all reasonable precautions to safeguard the confidential nature of the foregoing information; provided however, that the Receiving party will not be liable for any disclosure which is required by any judicial order or decree or by any governmental law or regulation. Neither party hereto shall be liable for disclosure and /or any use of such information insofar as such information;

(a) is in, or becomes part of, the public domain other than through a breach of this Agreement or other obligation of confidentiality by the Receiving party;

(b) is already known to the Receiving party at or before the time it receives the same from the Disclosing party or is disclosed to the Receiving party by a third party as a matter of right;

(c) is independently developed by the Receiving party without the benefit of such information received from the Disclosing party; or

(d) is disclosed and/or used by the Receiving party with the prior written consent of the Disclosing party,

The obligations of both parties under this Article 7 shall survive for a period of five (5) years from the expiration or termination of this Agreement for whatever reason.

A : provided, however, that B; 원칙적으로 A, 단 B.
deem : 로 간주한다   judicial order or decree : 법원의 명령, 결정, 판결
regulation : (행정기관의) 규칙, 통칙
prior written consent : 서면에 의한 사전동의
survive : (계약 종료 후에도) 효력이 지속되다.
for whatever reason : 이유여하를 불문하고

## 2. 비밀유지의무계약의 필요성

기술제공을 받는 기업, 즉 노하우를 제공받는 기업은 그 노하우의 수준, 잠재적 유용성을 먼저 평가하여야 한다.

공개를 전제로 하는 특허와 달리 비공개를 전제로 하는 노하우의 제공은 일부라도 기밀성을 상실하면 가치가 상실된다. 따라서 비밀관리가 중요하다. 따라서 이러한 노하우를 제공하는 기업으로서는 이러한 비밀유지를 요구할 수밖에 없다. 합작사업의 경우에도 합병 당사자 회사는 상호 다양한 기술제공을 받기도 하고 주기도 하므로 상호 비밀유지의무를 부담하는 계약을 체결하게 된다.

## 3. 비밀유지계약의 형태

기술제공이 이루어지는 경우, 본 계약 체결에 앞서 비밀유지계약이 별도로 체결되는 경우도 있고, 위에서 본 라이선스계약이나 합작계약 중에 비밀유지조항만을 두는 경우도 있다. 위 조항례는 후자에 관한 것이고 전자에 관하여는 다음 기회에 상론한다.

## 4. 비밀유지대상이 되는 정보

비밀유지대상이 되는 '비밀정보'에는 어떤 것이 주로 포함되는 것인가? 정보 개시를 하는 측에서는 가급적 넓게 포함시키려 할 것이고, 이를 받는 입장에서는 가급적 제한하려 할 것이다.

위 조항에서는 "비밀정보로 명확히 특정되어 기재되어 있는 모든 정보"를 말한다는 방식으로 규정되어 있다.

## 5. 정보수령당사자의 제한

기업이 비밀유지의무를 지는 것이지만, 실질적으로 노하우에 관련된 비밀정보를 받는 수령자는 임직원이다. 이러한 임직원 수가 많으면 많을수록 정보의 기밀성이 유지되기 어렵다. 따라서 이러한 수를 가급적 제한하려 한다.

그래서 정보수령자 측에서는 정보개시를 목적으로 하는 업무에 직접 관계되는 임직원으로 하는 등의 형태로 이용자를 제한하는 규정을 둔다. 그러나 비밀유지계약당사자가 기업인 회사이므로 이러한 임직원 개개인이 비밀유지의무를 계약상 지는 것은 아니다. 그래서 기업으로서는 이러한 임직원이 비밀유지를 철저히 하도록 주지시킬 의무를 지는 형태로 규정된다.

## 6. 비밀유지의무의 제외규정

계약상 비밀유지에서 제외되는 규정을 두어야 한다.

아래와 같은 4가지의 정형적인 예가 존재한다.[33]

i) 공지의 정보

ii) 비밀정보가 개시되기 이전에 이미 정보수령자가 알고 있던 정보, 혹은 제3자에 의하여 정보수령자에게 정당하게 개시된 정보

---

**33** 佐藤孝幸, 英文契約書の讀み方, かんき出版, pp.67~75

iii) 정보수령자가 독자적으로 개발한 정보

iv) 정보개시자의 서면에 의한 사전동의를 얻어 개시된 정보가 이에 해당한다.

여기에 더하여 법원의 판결, 결정, 명령, 법령, 행정기관의 명령, 규칙 등에 의하여 정보수령자가 가지고 있는 정보에 대하여 질문, 제시 요구, 조사요청 등이 있는 경우, 정보수령자인 피개시자(被開示者)가 이를 개시하여도 좋은가 하는 문제이다. 이에 관하여 명문 규정을 두지 아니하면 손해배상문제가 생길 수 있으므로 이에 대비한 규정을 두는 것이 바람직하다.

## 7. 비밀유지의무의 존속기간

비밀유지계약에서 문제되는 정보는 대체로 지적재산(소유물)인 경우가 대부분이다. 계약기간이 만료되면 개시된 비밀정보는 정보제공자인 개시자에게 반환하든가 아니면 이러한 정보를 제공받은 피개시자 측에서 폐기할 필요가 있다. 이러한 반환 혹은 폐기에 관하여 상세한 규정을 두는 것이 바람직하다.

그러나 지적재산이 반환되든가 파기되든가 하여도 "정보를 이미 알고 있다"는 사실은 변함이 없다. 즉 반환 폐기만으로는 비밀정보의 기밀성이 완전히 없어지지 않는다. 피개시자에게 '정보'는 여전히 남아 있기 때문이다. 그리하여 위 조항례에서 보는 바와 같이, 정보제공자로서는 비밀계약이 종료된 이후에도 일정기간 정보수령자인 피개시자에게 비밀유지의무를 부과하는 것이 바람직하다.

그러나 계약 종료 후 이러한 의무를 여전히 부담하는 것이 필요하기는 하지만, 그 기간이 불합리할 정도로 긴 기간일 경우 무효로 될 수도 있으므로 합리적인 기간으로 정함이 타당하다.

## 8. 계약 존재 자체를 비밀로 하는 경우

라이선스 계약 등에 규정된 비밀유지의무는 보통 계약의 대상인 노하우 등에 관하여 제3자에게 개시하여서는 아니 된다는 합의를 담고 있다. 그러나 계약내용이나 계약조건, 계약에 이르게 된 경위 등에 관하여, 그 자체를 개시하여서는 아니 된다는 비밀유지계약을 하는 경우도 있다. 소송이 제기되어 판결이 나게 되면 그 판결 내용이 공개되어 바람직하지 않는 결과가 생길 수 있으므로 판결이 나오기 전에 화해를 하는 경우도 있다.

이 같은 화해 계약을 하는 경우에는 아래와 같은 조항례에서 보는 바와 같이 화해 내용을 제3자에게 개시하여서는 아니 된다는 규정을 두게 된다.

> Each party agrees that it shall not disclose or make any other public statements with respect to the existence of or the terms or provisions of this Agreement or relationship of the parties, without the prior written consent of the other party.

## 9. 기타[34]

### 1) Confidentiality Agreement 혹은 Non-Disclosure Agreement라 불리는 비밀유지계약은 결코 만능이 아니다

비밀유지계약의 보호대상이 되는 기업의 비밀은 부정경쟁방지 및 영업비밀보호에 관한 법률상 영업비밀에 해당되어야 한다. 일본의 경우에도 영업비밀이 다투어진 사건의 4할 정도만이 보호되고 있는 실정이다.

### 2) 비밀유지계약의 법적 구속력이 낮은 이유

i) 손해의 입증이 어렵다. 노하우를 부정취득하여 신제품을 개발한 경우 그 신제품의 어느 부분에 기업비밀의 기술 노하우가 사용된 것인지 증명하기가 곤란하다. 특허가 취득된 경우에도 손해액을 증명하기가 어려운데, 이보다 더 그 범위가 불명확한 기술 노하우의 경우는 더 말할 필요가 없다. 손해의 입증이 없으면 소송에서 승소하는 것은 불가능하다.

ii) 누설, 부정취득 사실의 증명 곤란

손해액의 입증에 앞서서 누설 혹은 부정취득 사실이 입증되어야 하는데 이 또한 쉽지 아니하다. 물론 상대방이 독자기술로 개발한 것이라고 주장할 수도 있다. 그리하여 이러한 비밀정보를 제공하는 경우에는 비빌정보라고 하는 어떤 정보를 언제, 어떠한 형태로 건네주었는지를 명확히 기록해 둘 필요가 있다. 실제로 이러한 기록이 거의 남아 있지 아니하는 게 현실이다.

iii) 비밀유지계약은 개인의 책임을 묻지 아니한다. 이러한 계약은 기업 간의 계약인 경우가 많고, 개인인 사원이 직접 당사자가 되는 것은 회사와 사원 간의 비밀유지계약인 경우를 제외하고는 거의 없을 것이다.

기업간의 계약이라는 의미는 만일 계약위반이 생기면 사원이 아닌 회사가 책임을 진다는 의미이고, 비밀정보를 취급하는 사원에게는 미치지 아니한다. 회사가 구상권을 행사하는 것은 별론으로 하고 침해당한 회사가 사원 개인을 상대로 책임을 물을 수 없다.

비밀유지계약을 확실하게 집행할 수 있으려면

i) 구체적으로 비말정보를 취급하는 개인 이름을 책임자 혹은 담당자로서 명확히 규정한다.

ii) 개시한 비밀정보기록을 해둔다. 가급적 수령증도 받아둔다.

iii) 비밀유지계약을 체결하였더라도 가급적 비밀정보는 제공을 아껴야 한다. 더구나 비밀유지계약이 체결되더라도 보다 본원적인 주된 계약이 체결되기 전에는 제공하여서는 아니 된다.

---

**34** 牧野和夫, やさしくわかる英文契約書, 일본실업출판사, pp. 207~

# III. 국제계약의 일반조항

## 1. 일반조항이란?

국제계약은 여러 다양한 형태의 종류가 있지만, 각 종류의 계약에 공통적으로 들어가는 조항이 있다. 이른바 공통조항 혹은 일반조항이다.

표준적인 영문계약의 구성에 관하여 이미 적은 바가 있지만, 영문계약은 대체로 표제부(表題部, 제목을 적은 부분), 두서(頭書, 당사자를 특정하는 부분), 전문(계약의 경위, 전제조건 등), 정의(계약서에 사용되는 용어의 정의), 본문(실질적 조항과 일반조항을 포함), 최종부(합의확인문언), 당사자의 서명, 부속서류로 이루어진다.

## 2. 두서(頭書)

### 1) 계약당사자의 특정

계약당사자에는 개인, 법인, 조합, Sole Proprietorship, Trust, Unincorporated Association 등이 있지만, 이 중 어디에 해당하는가를 명확히 하는 문제이다. 법인의 경우 설립준거법, 법인격 유무, 유한책임 여부[35], 혹은 주된 영업소나 사무소 소재지 등이 명확히 규정되었는가 하는 점이 중요하다. 이와 관련하여 설립준거법 혹은 주된 사무소 소재지 등 어떤 것을 기재하여 특정할 것인가 하는 문제가 있다.

Wien매매조약의 적용범위를 규정한 조문에서는 설립지보다는 주된 영업소나 사무소의 소재지가 활동의 중심으로 된 경우가 많지만, 설립 준거법이 명확하지 않으면 법인격 유무, 유한책임성 유무가 불명확하게 되므로, 설립준거법과 동시에 주된 영업소나 사무소를 기재하는 것이 바람직하다. 한편 개인사업주의 경우에는 주된 영업소나 주소에 의하여 특정하므로 이것을 명기하는 것이 바람직하다.

그리하여 계약당사자의 국가법률에 더하여, 사업 주체의 표기와 유한책임 여부를 사전에 점검할 필요가 있다.

### 2) 당사자 특정의 예문

보통은 당사자의 특정과 동시에 계약 체결일도 규정하여 계약서를 특정한다.

This Agreement made on the 1st day of March, 2016, between ABC Ltd., a company duly organized and existing under the laws of Korea and having its registered office at ————, Seoul, Korea, (hereinafter called "ABC"), and XYZ Corporation, a company duly organized and existing under the laws of the State of California and having its principal place of business at ————, Los Angeles, California, U.S.A. (hereinafter called "XYZ").

---

**35** 참고로, 각국의 대표적인 회사 형태 중 우리나라의 주식회사에 해당하는 것으로는 독일의 Aktien Gesellschaft(AG), 프랑스의 Societe Anonyme(SA), 미국의 Corporation, 영국의 Public Company(PLC), 중국의 股分有限公司, 태국의 Limited Company, 인도네시아의 Perseroan Terbatas(P.T.) 등이 있다.

참고로, 계약의 발효일에 관하여 별도로 정하는 경우가 많으나 별도의 약정이 없으면 계약 체결일로부터 계약의 효력이 발생한다.

## 3. 설명조항(Whereas Clause)

계약내용의 본문에 들어가기 전 계약에 이르게 된 이유, 경위, 계약의 목적 등 기본적인 사항을 설명하는 조항이다. Whereas Clause는 계약 합의사항 그 자체는 아니고, 구속력도 없지만 계약 해석상 계약서의 본문으로는 당사자의 의사를 잘 알 수 없는 경우, 설명조항이 해석의 단서를 제공하므로 단순한 장식을 위한 규정이라고 할 수 없다.

이와 관련하여 이 설명조항으로 계약의 전체적인 모습을 잘 표현하면, 계약서의 내용을 적절히 이해할 수 있다고 할 수 있다. 또한 이 조항을 얼마나 간결하면서도 명확하게 표현하느냐에 따라 계약서에서 필요한 사항을 과부족 없이 규정할 수 있으므로 중요한 요소라고 할 수 있다.

WHEREAS, ABC is in the business of developing, marketing and selling the Products which has been developed and manufactured by and for XYZ by using certain software and technology regarding ————————(hereinafter referred to as the "Products");

## 4. 정의규정(Definition)

용어의 정의(定義) 규정을 기술하면서 중요한 점은 간결하고도 명확한가, 상호 모순되는 점은 없는가 하는 점이다. 일단 정의 규정에서 정의를 한 용어는 그 후 계약서 본문에 있어서도 정의된 용어를 이용하는 것이 혼란을 피할 수 있다는 의미에서 중요하다.

이하에서 관계 회사에 관한 정의규정을 예로 든다.

Unless the context otherwise requires, the following terms, wherever used in this Agreement, shall have the respective meanings set forth below;

"Affiliate" shall mean, with respect to any person, any other person which directly or indirectly controls, is controlled by, or is under common control with, such person where control means the ownership or control, directly or indirectly, of more than fifty percent of all of the voting stock or other ownership interest of the other person, or if it directly or indirectly possesses the power to direct or cause the direction of the management and policies of the other person by any means whatsoever; provided that such person shall be considered an Affiliate only for the time during which such control exists.

## 5. 일반조항

영문계약서의 조항에는 실제의 거래조건을 정하는 실질조항 이외에 일반적으로 적용되는 일반조항(boilerplate provisions)이 있다. 이러한 조항은 계약서의 끝에 한꺼번에 기재되는 경우가 많고, 대개 정형화되어 있다. 그러나 일반조항이라고 하더라도 거래나 계약서의 종류, 태양에 따라 이용되는 일반조항은 차이가 있다.

대표적인 일반조항으로는 다음과 같은 것들이 있다.

진술보증조항(representations and warranties)

완전합의조항(entire agreement)

변경 · 수정조항(amendment and modification)

분리가능성조항(severability)

비밀유지조항(confidentiality)

불가항력조항(force majeure)

계약양도조항(assignment)

통지조항(notice)

권리불포기조항(waiver)

준거법조항(governing law)

분쟁해결조항 : 재판관할, 중재(dispute resolution, jurisdiction, arbitration)


이러한 일반조항은 계약 협상 당시에는 그다지 의식되지 않는 것이지만, 분쟁이 발생하면 그 결과가 이러한 조항에 의하여 크게 좌우된다. 일반조항이 정형적이기는 하지만 절대적인 것은 아니므로 그 필요성을 감안하여 내용을 정확히 이해한 다음, 사안에 따라 신중히 검토하여야 한다.


## 1) 진술보증조항(Representations&Warranties)

거래 대상물이나 거래 당사자 등에 관한 일정한 사항에 관하여 정확하고 진실하다는 사실, 즉 legal status에 위법성이 없다는 점이나, 계약 체결에 필요한 모든 절차를 거쳤다는 점, 혹은 계약 서명자는 법적으로 인정된 권한 있는 자라는 점, 계약 체결조건을 모두 충족하였다는 점 등에 대하여 당사자가 계약서상 이러한 사항이나 사실을 진술하고 (represents), 이것에 반하는 경우에는 손해를 담보할 것을 보증하는 (warrants) 경우가 많다. 이러한 내용과 다른 주장을 나중에 하는 것은 원칙적으로 허용되지 않는다는 의미에서 일종의 금반언원칙(禁反言原則)으로 이해된다.

사업양도나 기업매수의 경우 사업내용, 매수금액의 계산근거 등이 상대방으로부터 제공받은 자료에 기초하고 있다거나, 계약 체결이나 실행의 전제로서 상대방의 설명의 정확성 등에 신뢰를 둔 경우가 있다. 그러나 만약 이러한 정보나 설명사실 등이 정확하지 아니한 경우에는 상대방이 진술한 내용에 위반되는 것이므로 상대방에게 책임을 물어야 하며, 그리하여 손해배상을 청구하는 경우가 많다. 이 같은 진술사실 위반의 경우에는 우리 민법상으로도 계약 체결상의 설명의무 위반으로 논의되고 있다.

이러한 조항은 계약의 유효성이나 구속력을 인정한다고 하는 점보다는 후일에 이와 상반되는 반론을 하지 못하게 하는 기능도 있다. 진술보증조항은 모든 영문계약서에 반드시 들어가야 하는 것은 아니나, 기술라이선스계약에서는 사용허락의 대상이 되는 지적재산권의 존재나 유효성 등을 진술보증하는 경우가 많다. 또한 융자계약, 기업매수 등 중요한 계약에 있어서는 융자실행이나 양도실행의 조건으로서 특히 필요한 조항으로서 이용된다.

진술보증조항의 예

Representations and Warranties

XYZ represents and warrants that:

(a) It is a corporation duly organized, valid existing, and in good standing under the law of the state in which it is incorporated.

(b) It owns all right, title to and interest in the Products.

(c) It (i) has the corporate power and authority and the legal right to enter into this Agreement and to perform its obligations hereunder, and (ii) has taken all necessary corporate action on its part to authorize the execution and delivery of this Agreement and the performance of its obligations hereunder.

(d) This Agreement has been duly executed and delivered on behalf of it, and constitute a legal, valid, binding obligation, enforceable against it in accordance with its terms.

후술 "진술보증" 조항에 관한 설명 참조"

## 2) 완전합의(Entire Agreement)

이는 당사자간에 계약사항에 관하여 완전한 합의를 한 취지가 명시된 계약서를 일단 작성하면 그 계약서가 당사자의 합의를 증명하는 유일하고도 최종적인(sole and final) 것으로 존중하여야만 한다는 내용이다. 따라서 후일에 이와 상반되는 구두약속이 있었다는 등의 주장은 받아들여지지 않게 된다.

이러한 조항은 우리나라에서는 일반적이지 않으나 영미법적 사고를 하는 나라에서는 계약 체결 시에 당사자의 의사내용을 결정함에 있어

서면이 명확하고 최종적인 의사진술으로 된 경우에는 이러한 계약서와 모순, 저촉되는 구두증거를 배제한다. 다시 말하면, 후일에 구두증거로 추가 변경하는 것이 허용되지 않는다는 구두증거배제원칙(Parol Evidence Rule)이라는 사고가 일반화되어 있어 이것을 구체화한 조항이 완전합의조항이다. 만약 계약 체결 후에 내용을 변경하고자 한다면 별도 변경계약을 작성할 필요가 있다.

**완전합의조항 예**

This Agreement, and the documents or instruments referred to herein, embodies and constitutes the entire agreement and the understanding of the parties hereto in respect of the subject matter contained herein. This Agreement supersedes all and any prior written or oral agreements and the understanding between the parties with respect to such subject matter.

### 3) 변경 · 수정조항(Amendment and Modification)

완전합의조항에 의하면 위와 같이 계약 체결 후에는 구두에 의하거나 다른 서면에 의한 계약변경이 불가능하다. 따라서 계약 체결 후에 수정 · 변경을 하는 경우에 서면에 의한 변경 · 수정계약을 체결할 필요가 있다는 취지의 규정을 둘 필요가 있다. 이러한 점에서 이 조항은 완전합의조항을 보다 철저히 한 경우라고 볼 수 있다. 이 경우에는 양당사자가 서명한 문서에 의한 것임을 확인하거나, 변경에 의하여 불이익을 입게 되는 당사자의 서명을 얻을 필요가 있다.

No amendment or modification of any provision of this Agreement shall be effective unless it is in writing and signed by the respective duly authorized representatives of each of the parties hereto.

This Agreement may not be modified or amended except in writing signed by the duly authorized representative of the party against whom enforcement of such modification or amendment is sought.

## 4) 분리가능성조항(Severability)

계약 체결 후에 계약 내용 중 일부가 적용법의 강행법규에 의하여 무효가 되더라도, 다른 조항이나 계약 전체가 무효가 되지 않도록 하기 위한 규정이다. 아래 예문에서 하단의 조항은 계약서 내용이 일부 무효가 되는 경우라도, 나머지 부분만으로는 계약 이행이 불공정 혹은 불균형인 경우에는 그 부분만을 유효로 할 수 없다는 취지의 규정이다.

분리가능성조항 예

If any provision of this Agreement shall be held by a court of competent jurisdiction to be illegal, invalid or unenforceable, the remaining provision of this Agreement shall remain in full force and effect.

----------------------------------------------

In case any one or more provisions of this Agreement is held illegal, invalid, or unenforceable in any respect, the validity, legality and enforceability of the remaining provisions shall not be in any way affected or impaired thereby, except to the extent that giving effect to the remaining provisions would be unjust or inequitable.

## 5) 비밀유지조항

계약의 이행과정에 있어서 제공하거나 수령한 정보 등에 관하여 일반적으로 계약 목적 이외의 용도로 이용하는 것을 금지하는 내용이 많다. 이 조항에 관하여는 따로 상세히 적은 바가 있으므로, 여기서는 예문만을 보기로 한다.

The information, documents, data and/or materials provided by one party to the other party shall be utilized by the other party solely for the purpose of performing its responsibilities and obligations under this Agreement, and shall not be disclosed to any third party other than the parties hereto; however, that such other party may disclose such information, documents, data and/or  materials to the third party when required by law or judicial or other governmental proceedings to disclose them.

## 6) 불가항력조항(Force majeure)

일반적으로 불가항력의 경우에는 계약 책임이 면제된다고 하는 사고방식도 있지만, 기본적으로는 계약은 반드시 지켜져야 하고, 이행되어야만 한다는 것이 원칙이다.

특히 유럽이나 미국에서는 불가항력적 사유가 발생한 경우에도, 계약상 의무는 절대적으로 이행되어야 한다고 하고 있고, 과실책임이 아닌 계약의 이행책임은 엄격히 적용되어야 한다고 하고 있다. 그러나 일정한 사유가 생긴 경우에는 계약이행을 강제하는 것이 타당하지 아니한 경우가 있음을 부인할 수 없고, 따라서 일정한 조건하에서 계약의무의 이행 중단이나 이행면제를 인정하는 사고방식도 있다.

이와 관련하여 영미법에서의 Frustration, 실행불가능(Impracticability, 혹은 Commercially Impracticable)이라는 사고방식은 우리나라의 민법상 사정변경의 원칙에 가까운 것이다. 그러나 그 적용은 매우 엄격하다.[36]

그러므로 만일의 경우에 계약이행 책임을 면제받으려 하는 당사자는 법률의 규정에 의지하고 말고 불가항력 사유를 먼저 약정하여, 그 경우에 계약이행 책임을 면한다고 하는 규정을 둘 필요가 있다.

계약서에서 불가항력 사유를 규정하기 위하여는 어떠한 사유가 불가항력 사유가 되는지, 또 불가항력 사유가 있어도 당사자의 계약책임의 이행이 면제되지 않는 경우도 있음을 미리 약정할 필요가 있다. 즉 상대국의 법제도나 사회체제 등이 다르므로 가능한 한 구체적으로 명확히 열거하고, 마지막으로는 일반적 · 포괄적으로 "any causes beyond the reasonable control of the parties" 등으로 부기하는 것이 바람직하다.

---

**36** 왕의 대관식을 보기 위하여 방을 빌렸으나 대관식이 취소되어 방을 빌리는 계약을 취소할 수 있는가가 다투어진 경우 해약이 인정되기는 하였다. krell v. Henry, 2 K.B. 740. C.A.(1903) 그러나 수에즈 운하가 폐쇄되어 아프리카 희망봉을 우회하여 화물을 운송한 사안에서 운송계약의 운임인상을 요구한 사건에서 당초 조건대로 이행하여야 한다는 판결도 있다. Tsakiroglou&Co., Ltd. V. Noblee Thorl GmbH, A.C. 93(1962)

한편, 계약당사자 자신의 원재료 등의 조달불능, 전기나 가스의 공급 부족, 원재료 공급처의 이행불능 등 계약의 이행이 중단되어도 이를 불가항력 사유라고 보기 어려운 경우도 있을 수 있다. 이러함에도 이를 불가항력 사유라고 하기로 정하였다고 하더라도 과연 이와 같이 불가항력 사유라고 법원에서 인정을 받을 수 있는가 하는 문제가 있다. 만약 불가항력 사유에 의하여 계약이 이행불능이 된 경우, 그 이행지체나 이행불능에 관하여 당해 당사자는 책임을 지지 아니한다는 점을 명확히 약정하여 둘 필요가 있다.

금전채무의 이행에 관하여는 불가항력 사유는 면책사유로 되지 않는다는 것이 우리나라를 비롯한 많은 나라의 견해이나, 다툼을 미연에 방지한다는 의미에서 '금전채무이행에 관하여는 불가항력 사유는 면책사유로 되지 아니한다'라는 취지로 명확히 규정하여 둘 필요가 있다.

불가항력 사유에 의하여 이행책임을 면하지만, 과연 계약을 종료시키는 것이 실무상 가능할까, 이런 경우 누가 책임을 부담할 것인가? 또한 경제적 관점에서 이렇게 하는 것이 타당한가라는 문제가 있다. 이 같은 물음에 대하여, 반드시 계약을 종료시키는 것이 능사가 아닌 경우가 많다. 이러한 경우에는 일정기간, 예를 들면 3개월 혹은 6개월의 기간을 정하여 이 기간 동안 불가항력 사유가 계속되어 계약 이행이 중단되는 것이 명백하게 된 경우에는 어느 쪽 당사자도 계약을 해제할 수 있다는 규정을 두는 것도 바람직할 것이다.

불가항력 사유의 존재를 인식하기 위하여는 통지의무도 같이 규정해 두어야 한다. 그리고 이것을 뒷받침하기 위한 증거자료 등의 제공의무도 같이 부여하는 경우도 있다.

불가항력조항의 예

If the performance of any part of this Agreement shall be interfered with for any length of time by governmental restrictions, war, civil commotions, riots, strike, lock out, lack of shipping space and acts of God such as earthquake, tsunami, typhoon, flood, fire, epidemics, quarantine restrictions, or unusually severe weather, or any other similar causes which are beyond the control of the parties, none of the parties hereto shall be responsible for delay or failure of performance of this Agreement for such length of time. But if such failure shall continue for a period of more than six (6) months, either party hereto shall have the right to forthwith terminate this Agreement with a written notice to the other parties.

미국에서 9·11테러를 겪으면서 예상치 못한 위험이나 재난에 조우(遭遇)한 경우, 재난 등을 대비한 부흥계획이나 사업계속계획(이 같은 경우를 대비하여 데이터 등을 다른 장소에도 예비적으로 저장하는 등의 계획)을 마련하고 있다. 이 같은 계획을 마련하는 것이 당사자의 의무라고 하는 인식이 확산되어 가고 있다. 따라서 이 같은 계획을 마련하지 아니하거나 실행하지 아니하여 생긴 사유는 불가항력 사유로서 면책대상이 되지 한다고 규정하는 사례가 늘고 있다. 이하 참고 조항이다.

For the purpose of this Agreement "Force Majeure" shall mean any events or circumstances beyond the reasonable control of the party liable to effect the performance after the exercise of reasonable diligence (which for the avoidance of doubt in the case of the Contractor includes the maintenance at all times of disaster recovery procedures and business continuation plans as reasonably expected of competent persons engaged in the same industry as the Contractor) and any events which are not reasonably foreseeable and/or planned for by either party (including without limitation strikes, lockouts or other industrial action, whether of the affected party's own employees or others but excluding lack of funds or misconduct of the affected party's employees or others) which impedes the due performance of the obligations of such party.

## 7) 계약양도조항(Assignement)

계약 및 계약상의 권리의무를 제3자에게 양도할 수 있는가를 정하는 것이다. 즉 계약 이행 도중에 계약당사자가 변경되는 경우에 관한 조항이다. 계약당사자 변경을 허용하지 않든가, 아니면 허용하는 경우에는 변경에 따른 이행 확보를 위하여, 계약상 권리만을 양도하지 못하게 하도록 하기 위하여 계약상 권리나 의무의 양도를 제한하는 일이 일반적으로 행하여진다.

계약양도에 관한 별도의 약정이 없는 경우에는 계약양도가 가능하다고 해석되므로, 이를 금지하려고 하는 경우에는 계약에 명확히 규정하여야 한다. 계약양도를 금지하지 아니하는 경우라고 하더라도, 양도시에는 상대방의 사전동의를 조건으로 하거나, 양수인을 자회사 등으로 한정하거나, 양도인이 양도 후에도 양수인의 계약이행에 보증인으로서 이행책임을 지는 것을 조건으로 하는 규정을 두기도 한다. 계약상 권리와 의무는 그 성질이 다르므로 이를 구분하여 생각하여야 한다.

계약상 권리는 외상매출채권 등을 채권담보나 채권의 유동화 등의 목적으로 제3자에 대하여 양도할 필요가 있지만, 계약상 의무는 그 이행책임을 제3자에 대하여 승계시킨다고 하는 것은 서면에 의한 사전 승낙이 없는 한 금지하는 것도 고려하여 보아야 한다.

한편 자신의 계약상의 지위는 자유롭게 양도할 수 있도록 해 둘 수 있도록 하는 방안도 검토해 보아야 한다.

**계약양도금지조항 예**

Neither party may assign, delegate, or transfer the Agreement or any of its rights or duties hereunder, without the prior written consent of the other party. Any attempted assignment or delegation in violation of this section shall be void.

아래의 예문은 계약상 의무의 양도를 금지하기 위한 규정 및 상대방 당사자의 동의 유무와 상관없이 양도 전에 생긴 계약상 의무를 면제하는 것은 아니라는 점을 확인하는 규정이다.

The Seller shall not delegate any of its duties or obligations under this Agreement, or any Order. No assignment, with or without the Buyer's consent, shall relieve Seller of any of its obligations under this Agreement, or any Order or prejudice any rights or claims that Buyer may have against Seller whether such obligations, rights or claims, as the case may be, arise before or after the date of any purported Assignment;

물론 아래와 같이 계약당사자의 일방에 관하여 사업 재편이 있는 경우 광범위하게 계약양도를 인정할 수 있는 경우도 있다.[37]

Neither party shall assign this Agreement, or any part of hereof, without prior written consent of the other party, except that this Agreement may be assigned by either party to its Affiliate or to any purchaser of all or substantially all of the outstanding shares of the Assigning party's stock or its assets, without the other party's consent. Subject to the limitations heretofore expressed, this Agreement shall inure to the benefit of and be binding upon the parties, their successors, administrators, heirs and assigns.

계약상 발생한 채권을 담보로 제공하든가 유동화하기 위하여 양도를 인정하는 경우도 있다.[38]

---

**37** 國際商事法務 Vol. 42, No. 10, p.1614
**38** Ibid.

Notwithstanding the foregoing, ABC may assign its right to account receivables or monies due or to become due under this Agreement, or any Order.

## 8) 권리불포기조항(Waiver)

계약이행 과정에서 상대방의 계약불이행이 있는 경우, 적시에 계약해제나 손해배상청구 등을 하지 아니하면, 이러한 계약해제권이나 손해배상 청구권을 포기하였다고 간주되는 경우가 있다.

이것은 영미법상 금반언원칙(Estoppel)에서 파생된 것이다. 즉 자기가 의사 표시한 사실을 상대방이 신뢰하고 이에 따라 행동한 경우에는 이것과 상반되는 사실을 주장하는 것이 법률상 금지되어 있다고 하는 원칙이다. 의사표시를 한 사실과 반대되는 의사표시는 인정하지 않는 것이다.

이러한 불이익을 막기 위하여 상대방이 계약위반이나 이행지체 등 채무불이행한 경우에 지체없이 적시에 계약해제권의 행사나 손해배상청구를 하지 아니한 경우라도, 이에 대한 권리행사를 하기 위하여 종전의 계약위반 등에 관한 권리행사의 권리를 유보하여, 즉 이러한 권리를 포기한 것이 아니라는 것을 확인하기 위한 규정이다.

### 권리불포기조항 예

No failure to exercise and no delay in exercising, on the part of either Party, any right, remedy, power or privilege hereunder shall operate as a waiver thereof; nor shall any single or partial exercise of any right, remedy, power or privilege hereunder preclude any other or further exercise thereof or the exercise of any other right, remedy, power or privilege.

아래는 각 계약해제권이나 손해배상권의 어느 하나의 권리행사로 다른 권리행사가 방해받지 아니하며, 이러한 권리는 누적적이고 다른 권리를 서로 배제하는 것도 아니라는 점을 명확히 한 것이다.

The rights, remedies, powers and privileges herein provided are cumulative and not exclusive of any rights, remedies, powers and privileges provided by law.

## 9) 계약기간(Term, Duration)

기본계약이나 일정한 이행기간이 정하여져 있는 계약의 경우, 계약의 유효기간을 정하는 것이 보통이다. 먼저 계약기간의 기산점을 계약체결일로부터 잡는 경우가 많으나, 일정한 기산점을 정하여 역년으로 몇 년간이라는 방식으로 정하는 경우도 있다.

규정방식으로는 계약기간 중에는 유효하다고 정하는 방식과 계약기간 만료 후에는 효력을 상실한다고 정하는 방식이 있을 수 있다. 계약기간 종료 후의 취급에 관하여는, 기간 만료 전 일정한 기간 내에 당사자간의 합의에 의한 합의갱신과 기간 만료 전 일정기간 내에 일방 당사자로부터 해약의 의사표시가 없는 한 자동적으로 계약이 갱신되게 하는 자동갱신방식이 있을 수 있다. 자동갱신조항을 두는 경우, 도중에 계약 종료를 하는 경우에 대비하여 계약 종료 의사표시 기간을 규정하는 등 조건을 검토하여 둘 필요가 있다.

**계약기간조항 예**

Unless sooner terminated in accordance with this Agreement, the term of this Agreement shall be ‒‒‒‒‒‒‒‒years beginning from the date of the conclusion of this Agreement. After the lapse of ( ) years from the date of conclusion of this Agreement, this Agreement shall lose its validity and become null and void unless the parties to this Agreement agree to extend this Agreement.

## 10) 통지조항(Notice)

국제계약에서는 당사자가 멀리 떨어져 있는 경우가 많기 때문에 통지수단을 미리 정하여 둘 필요가 있다. 또한 통지의 효력발생 시기에 관하여 각국의 법률에 따라 발신주의 혹은 도달주의 등으로 상이한 경우가 많아 명확히 계약상 규정할 필요가 있다. 이때 고려하여야 할 사항으로는 다음과 같은 점들이 있다.

① 통지를 어디에다 할 것인가?
② 어떤 수단으로 할 것인가?
③ 구두나 전화로는 증거가 남지 않기 때문에 증거로 남는 형태(서면, 이메일) 등으로 할 것인가?
④ 경우에 따라 통지시 사용될 언어를 정해 둘 필요가 있을 수 있다.
⑤ 통지가 어느 시점에 유효한 것으로 취급될 것인가?

통지조항 예

All notices to be served pursuant to this Agreement shall be made in writing and sent by personal delivery, by mail, by facsimile, by e-mail addressed to the relevant Party at its address or facsimile number specified in Schedule 1 or at such other address or facsimile number as such Party may request in writing. All such notices shall be effective upon receipt.

간주도달규정의 예

All notices shall be deemed to have been duly given
(a) when delivered in person, (b) upon confirmation of receipt when transmitted by facsimile transmission or by electronic mail (but in the case of electronic mail, only if followed by transmittal by international overnight courier or hand for delivery on the next Business Day), (c) upon receipt after dispatch by registered or certified mail, postage prepaid or (d) on the third Business Day if transmitted by international courier service (with confirmation of delivery).

## 11) 준거법(Governing Law)

국제거래 당사자간의 계약에 관한 해석이나 의견이 다를 때, 어느 나라의 법률을 적용하여 이를 해결할 것인가에 관한 문제이다. 준거법은 이 경우에 적용되는 법률을 말한다.

국제계약의 각 조항은 어딘가 기준이 되는 준거법이 정해져 있어야만 비로소 그 내용을 정확히 이해할 수 있지만, 실무상으로는 일반적으로 협상의 마지막 단계에 이르러서야 비로소 결정하게 된다.

이러한 준거법 규정이 없는 경우, 당사자간에 소송에 제기되면 소송에 제기된 법정지국의 국제사법(conflict of laws)에 의하여 적용되어야 할 법이 정하여지게 된다. 그러나 당사자간에 합의한 준거법이 당해 국제계약에 적용하여야 할 준거법으로서 반드시 인정된다고 할 수 없음에 유의하여야 한다. 당사자 자치의 원칙이 대부분의 국가에서 채용된 원칙이기는 하나, 준거법에 관한 합의는 최종적으로는 법정지(法廷地) 법원의 판단에 따라야 하기 때문이다.[39]

(준거법조항의 예)

① 한국법을 준거법으로 한 조항

The formation, validity, construction and performance of this Agreement are governed by and construed under the laws of Korea.

② 준거법에 국제사법은 포함되지 않는다고 규정하는 예

This Agreement shall be governed by and construed under the laws of the State of New York, United States of America, without regard to its conflict of laws rules.

---

**39** 우리나라 국제사법 제7조 참조. 대한민국의 강행규정은 외국법이 준거법으로 지정된 경우에도 적용된다고 규정하고 있다.

이는 외국에서 소송 등이 제기된 경우에 대비하여, 당해 합의한 준거법에는 국제사법(저촉법)을 포함한 법적용을 포함한다고 해석하는 국가도 있을 수 있어, 이러한 경우를 대비하여 이러한 법률을 포함되지 않는다고 규정하여 둘 필요가 있다.

③ Wien매매조약을 배제하는 조항 예

This Agreement shall be governed by and construed under laws of Korea, provided, however, that the application of the United Nations Convention on Contracts for the International Sale of Goods shall be excluded.

국제물품매매계약에 관하여, 국제물품계약에 관한 유엔조약(Wien 매매조약)의 체약국의 법이 준거법으로서 합의된 경우, 혹은 법정지법의 법원이 Wien매매조약이 준거법으로서 채용된 경우, Wien매매조약과 당해 준거법 적용국의 국내 실질법 중 어느 것이 적용될 것인가에 관한 문제가 있다. 그러나 특정국가의 법을 준거법으로 합의하였다는 것만으로는 Wien매매조약의 적용을 배제하는 것으로 해석되지 않는다.[40]

더구나 Wien매매조약은 국제적 물품매매거래에 관하여 모든 사항을 망라하여 규정하고 있지 아니하고, 그 적용범위나 매도인 및 매수인의 권리의무와 계약위반에 대한 취급이나 손해배상에 관한 규정만을 담고 있어 위 매매조약을 준거법으로 합의하여 두는 것만으로는 모든 매매계약에 관한 분쟁에 대처하기에 미흡하다.

---

**40** 河村寬治,國際商事法務 vol. 42, No. 11. P.1718

④ 상호적 준거법 조항

In the case where Party A claims and initiates any legal proceedings to Party B in France, this Agreement shall be governed by the laws of France, and in the case where Party B claims and initiates any legal proceedings to Party A in Korea, this Agreement shall be governed by the laws of Korea.

당사자간에 준거법에 관한 합의가 성립하지 아니한 경우, 최종적으로 소송 등 제기가 있으면, 소송 등을 제기한 상대국의 법을 준거법으로 한다는 규정이다.

준거법의 합의가 있다고 보기 어렵다는 견해도 있지만 준거법의 합의에 관한 조항의 한 예로써 참고가치가 있다.[41]

## 12) 재판관할(Jurisdiction)[42]

분쟁해결 방법의 하나로 소송을 선택하는 경우에 관한 조항이다. 국제거래의 분쟁해결 방법에는 소송과 소송 이외의 방법이 있다. 후자의 방법 중 대표적인 것이 중재이다.

국제분쟁해결을 위하여 소송을 제기하려면 그 나라의 법원이 재판할 수 있는 권한, 즉 재판권이 존재하여야 한다. 이를 재판관할권이라

---

**41** Ibid
**42** 이하 내용은 아래 서적 참고
　　道垣內正人, 國際契約におけるボイラープレート條項をめぐる めぐる若干の留意点 NBL No. 870~876

고 한다. 이에 관한 국제적인 통일적 규범은 아직 존재하지 아니하므로, 재판관할 조항을 계약서에 넣는 것은 분쟁해결에 관하여 예측가능성을 확보하는 의미에서 대단히 중요하다.

재판관할합의에도 한계가 있다.

원칙적으로 당사자간의 합의는 사적자치의 원칙에 의하여 최대한 존중되어야 하지만, 국가주권에 밀접한 사항의 사건(예 : 부동산 물권에 관한 소송, 특허 · 상표 등 유효성에 관한 소송)은 당해 국가의 전속관할로 되어 있어, 당사자가 합의한 재판관할이 유효한지는 법정지법에 의하여 그 결과가 상이하다. 당사자의 합의가 반드시 존중된다고 할 수 없다는 점에 유의하여야 한다. 또한 외국법원을 관할법원으로 합의하는 경우에는, 우리나라의 전속관할규정에 반하는 합의나, 당해 외국의 법원이 그 외국법상 관할권을 갖지 아니하는 경우에는, 그 관할합의의 유효성이 인정되지 않으므로 유의할 필요가 있다. 국제적 재판관할의 합의의 방식으로서는 서면으로 특정국의 법원이 명시적으로 지정되어 있고, 당사자간에 합의의 존재와 내용이 명백하면 충분하다.[43]

(국제재판관할 조항의 예)

### ① 서울중앙지방법원의 전속관할로 하는 합의

Any dispute arising out of or in connection with this Agreement shall be solely resolved through a legal proceeding of the Central District Court of Seoul, Korea, which shall have the exclusive jurisdiction over the dispute.

**43** 일본 최고재판소 판결, 소화 50. 11. 28. 민집 29-10-1554

비전속관할(non-exclusive jurisdiction) 합의인 경우에는 다른 법원에 소송이 제기될 가능성이 있음은 물론이다.

## ② 뉴욕 주 법원의 비전속적 관할을 인정하는 조항

Any action seeking to enforce any provision of, or based on any matter arising out of or in connection with this Agreement or the transactions contemplated hereby may be brought in the United States District Court for the Southern District of New York or any other New York State court sitting in New York County, and each of the parties hereby consents to the jurisdiction of such courts (and of the appellate courts therefrom) in any such suit, action or proceeding and irrevocably waives, to the fullest extent permitted by law, any objection it may now or hereafter have to the laying of the venue of any such suit, action or proceeding in any such court or that any such suit, action or proceeding which is brought in any such court has been brought in an inconvenient forum.

재판관할합의조항이 전속적인지 비전속적인지 불분명한 경우에는 영미법계에서는 비전속적관할로 추정되므로, 전속관할로 할 의사라면 이를 분명히 하여야 한다.

### ③ 상호적 전속재판관할 합의

All disputes which may arise between the parties hereto, out of
or in connection with this Agreement shall be solely resolved by
the Central District Court  of Seoul if the Buyer files the lawsuit,
or the First Instance Court of Paris if the Seller files the lawsuit.

### ④ 국제소송경합을 피하기 위한 추가규정

Once one of the parties files a lawsuit in one of the above
courts, the court shall then have exclusive jurisdiction over all
disputes, controversies, and differences between the parties. Th
other party shall be subject to the proceedings in the above
court and may not file any lawsuit in courts of other countries.

외국에서 소송이 제기된 경우, 그 소송의 반소를 목적으로 자국 법
원에 소송을 제기하는 경우가 있다. 이러한 반소를 인정하는 국가도
있다. 이러한 것을 '국제소송 경합(競合)'이라고 한다. 이러한 경우, 쌍
방이 서로 다른 판결을 받을 가능성이 있으므로, 사전에 이를 배제하
여 두는 것이 바람직하다.

국제재판관할권과 관련된 문제로서 외국판결의 승인·집행에 관한
문제가 있다. 합의된 재판관할권에 의하여 내려진 판결이라도 그것이
외국에서 승인·집행될 수 있는가 하는 문제인데, 중국, 러시아, 북구
의 여러 나라는 외국 판결의 승인·집행을 위하여는 당사국간에 상호
적인 조약의 존재를 요구하므로 관련하는 조약관계가 있는지 여부를
점검하여 보아야 한다.

## 13) 중재(Arbitration)

① 중재는 소송에 비하여 아래와 같은 차이점이 있다.

중재의 장점 :

| 국제소송 | 중재 |
|---|---|
| 재판관 | 중재인 – 거래실무에 밝음 |
| 상소가능 | 상소불가 |
| 절차복잡 | 절차간단 |
| 재판공개 | 심리비공개 |

소송의 장점 :

| 국제소송 | 중재 |
|---|---|
| 상소기회 – 정확한 판단기대 | 상소 기회가 없음 |
| 명확한 판결 | 소송에 비하여 명확성이 떨어짐 |
| 법적 경험 있는 법관, 국가기관의 공정성 | 민간인이 중재인 |
| 보전처분 등 잠정적 법적 조치 가능 | 보전처분 등 잠정적 조치 미흡(최근 긴급중재인제도* 도입으로 임시처분 가능) |

\* 긴급중재인제도 : 중재판정부 구성 전에 긴급한 보전처분의 필요성이 있는 경우 법원의 도움 없이 중재기관이 선정한 1인의 긴급중재인으로부터 임시처분을 받을 수 있는 제도.

② 중재기관으로는 당사자간에 모든 중재절차를 정하여 중재를 행하는 ad hoc 중재도 가능하지만, 중재기관이 준비한 규칙에 의하여 행하는 기관중재가 비교적 많이 이용된다. 국제상사중재(ICC, International Chamber of Commerce, International Court of Arbitration)[44] 미국상사중재(AAA),

---

**44** ICC(International Chamber of Commerce, 국제상공회의소)는 1920년 파리에서 창립총회가 열린 이래 민간기업의 국제 비즈니스기구로서 활동하고 있다. 현재 130개국, 약 7,200사의 회원을 두고 있으며 국제거래 관습에 관한 공통규범을 만드는 일을 추진하고 있다.

런던상사중재원(LCIA)이 있고, 아시아에는 우리나라의 대한상사중재원 (KCAB, Korean Commercial Arbitration Board), 일본(JCAA), 홍콩(HKIAC), 싱가포르(SIAC) 중재센터가 있고, 중국의 국제경제무역중재위원회(CIETAC)가 있다. 이 같은 상설중재기관은 각 권장하는 중재조항을 공표하고 있으므로 상설중재기관을 이용하는 경우에는 이것을 참고할 필요가 있다.

③ 조항 예문

**ICC를 이용하는 경우의 조항 예**

All disputes arising out of or in connection with the present contract shall be finally settled in London under the Rules of Conciliation and Arbitration of the International Chamber of Commerce by one or more arbitrators appointed in accordance with the said Rules, and the arbitration award rendered by the arbitrator(s) shall be final and binding upon the parties hereto and judgment upon such award may be entered in any court having jurisdiction thereof.

국제적인 중재룰인 ICC 중재룰을 사용하여 피소된 당사자의 소재지국을 중재지로 하는 문언의 예는 아래와 같다.

Any claim, dispute or controversy arising between the parties out of or in relation to this Agreement, or breach thereof, which cannot be satisfactorily settled by the parties, shall be finally settled by arbitration upon the written request of either party, in accordance with the Rules of Conciliation and Arbitration of the International Chamber of Commerce. The place of arbitration shall be Seoul, Korea, in case ABC is the respondent, and San Francisco, California, in case XYZ is the respondent.

The arbitration proceeding shall be conducted in English. The award shall be final and binding upon both parties. Judgment upon the award may be entered in any court having jurisdiction thereof.

## UNCITR의 중재규정

Any disputes, controversy or claim arising out of or relating to this Contract, or the breach, termination or invalidity thereof, shall be settled by arbitration in accordance with the UNCITRAL Arbitration Rules.

Any such arbitration shall be administered by The Korean Commercial Arbitration Board in accordance with the Administrative and Procedural Rules for Arbitration under the UNICITRAL Arbitration Rules.

위에서 본 ICC 중재와는 다른 유엔상거래법위원회(UNICITAL, United Nations Commission on International Trade Law)의 중재규정도 있다.

## AAA를 이용하는 경우

Any controversy or claim arising out of or relating to this Contract, or the breach thereof, shall be settled by arbitration administered by the American Arbitration Association in accordance with its Commercial Arbitration Rules, and the arbitration award rendered by the arbitrator(s) shall be final and binding upon the parties hereto and judgment on the award rendered by the arbitrator(s) may be entered in any court having jurisdiction thereof.

**증거개시절차를 제한하는 경우의 조항**

No discovery will be permitted in connection with the arbitration unless it is expressly authorized by the arbitration panel upon a showing of substantial need by the party seeking discovery.

④ 중재지 선택시 유의할 사항

중재절차의 준거법이나 중재조항의 실질적 유효성의 문제는 중재지법에 의하여 처리되는 경우가 많으므로 유의할 필요가 있다. 중재지를 선정함에 있어 중재지가 속하는 국가가 뉴욕협약[45]에 가입한 국가인가가 중요하다. 그러므로 이에 관한 합의를 하여 두는 것이 바람직하다. 특정한 항변사유가 존재하는 경우를 제외하고는 체약국에서 내린 중재판단이 다른 체약국에서도 용이하게 승인·집행될 수 있기 때문이다. 그리고 당사자뿐만 아니라 중재정에 출정할 가능성이 있는 증인,

---

**45** 국제상거래 활성화를 목적으로 외국중재판정을 승인·집행하기 위하여 유엔 주도하에 체결된 다자간 국제조약으로 현재 149개국이 가입되어 있다.

중재인, 대리인에게 지리적 편리성이 있는 국가인가 하는 점도 유의하
여야 할 점이다.


### 14) 손해배상책임의 제한(Limitation of Liability)

#### ① 손해배상책임

손해배상책임의 범위는 계약의 종류에 따라 다르다.

유럽의 계약원칙은 "불이행당사자는 계약 체결시에 불이행으로 생
길 수 있는 결과로서 예견하였거나 합리적으로 예견할 수 있었던 손해
에 관하여서만 책임을 진다. 불이행이 고의 또는 중대한 과실에 기인
한 경우에는 그러하지 아니하다"라고 하고 있다(9: 503조).

UNIDROIT국제계약원칙[46]에서는, "채무자는 계약 체결시에 불이행
의 결과로서 생길 것을 예견하거나 합리적으로 예견할 수 있는 손해에
대하여서만 배상책임을 진다"고 하고 있다(제7.4.4.조).

그리고 Wien매매조약에서는 "계약위반에 의하여 상대방이 입은 손
실(얻을 수 있었던 이익의 상실을 포함)에 상응한 금액을 손해배상액으로 한
다"고 규정하고 있다(제74조). 그러나 그 액은 "계약위반을 한 당사자가
계약 체결시에 알거나 알고 있었어야 할 사실 및 사정에 비추어, 당해
당사자가 계약위반에서 생길 수 있는 결과로서 계약 체결시에 예견하
거나 예견하였어야 할 손실액"을 초과하여서는 안 된다고 하고 있다.
예견가능성을 손해배상책임에 관한 제한으로 하고 있다.

우리 민법상의 특별사정에 의하여 생긴 손해를 청구하기 위하여는

---

**46** The International Institute for the Unification of Private Law가 공식적 명칭이고, 정부간
조직으로 사법의 국제적 조화를 도모하기 위한 정부간 조직이다.

당사자의 예견가능성이 필요하지만, 상당인과관계라는 개념이나 통상
손해와 특별사정에 의한 손해라는 개념을 통하여 손해배상범위를 정
하고 있다. 그러나 위 74조에는 오직 당사자의 예견가능성이 유일한
제한기준이다. 이는 영미법의 손해배상범위에 관한 기본적인 사고방
식과 거의 동일하다.[47]

그러므로 계약 체결시에 상대방의 계약위반에 의하여 '비정상적으
로 다액의 손실(exceptionally heavy losses)'이나 '통상적으로는 생기지 아
니하는 손실(loss of unusual in nature)'이 생길 수 있다고 생각되는 경우에
는 계약 체결시에 그러한 취지를 상대방에 알려 둠으로써 실제로 그
같은 손실이 생긴 경우에 그 보전을 구할 수 있게 된다.

그러나 계약서에 손해배상책임의 범위를 모두 반영하는 것은 쉬운
일이 아니기 때문에, 계약에 적용되는 준거법의 내용을 인식하면서 아
래와 같이 손해배상책임제한을 위한 규정을 포함한 필요한 규정을 세
심하게 두는 것이 바람직할 것이다.


② 손해배상책임의 제한

책임제한규정의 유효성은 기업간 거래에 있어서는 당사자 자치의
원칙이 채용되어 특별히 문제가 되지 아니한다. 유럽계약법 원칙은
"불이행에 대한 구제는 배제하는 것도 제한하는 것도 가능하다. 다만,
배제 혹은 제한하는 것이 신의성실 및 공정거래에 반하는 경우에는 그
러하지 아니하다"(8: 109조). UNIDROIT국제상사계약원칙에서도 당사
자의 책임을 배제 혹은 제한하는 조항이 계약의 목적을 고려하여 불공

---

**47** Hadley v. Baxendale ,(1854), 9 Exch 341

정한 경우를 제외하고는 가능하다는 취지로 규정(제7.1.6조)하고 있다. 따라서 신의성실 원칙 등의 제한은 있지만, 이러한 제한 혹은 배제규정 자체가 무효로 되지는 않는다.[48]

(손해배상책임제한 조항 예)

### ① 기본적 조항

THE COMPANY MAKES NO WARRANTIES, EXPRESS OR IMPLIED, IN FACT OR IN LAW, INCLUDING, BUT NOT LIMITED TO, ANY IMPLIED WARRANTIES OF MERCHANTABILITY OR FITNESS FOR PARTICULAR PURPOSE. TO THE EXTENT THAT THE APPLICABLE JURISDICTION LIMITS THE COMPANY'S ABILITY TO DISCLAIM ANY IMPLIED WARRANTIES, THIS DISCLAIMER SHALL BE EFFECTIVE TO THE MAXIMUM EXTENT PERMITTED.

이 조항은 하자담보책임 혹은 품질보증책임조항에서 이용되는 표준적인 책임한정조항이다. 대문자로 작성된 것은 관련면책조항이 규정되어 있다는 점과 그 내용을 이해하고 있다는 점을 명확히 하여 후일 부정되는 일이 없도록 주의를 환기시키기 위함이다.

---

**48** 이러한 계약관계에 기인한 면책조항을 두는 경우, 당사자 일방이 동일한 사실관계에 기인한 채무불이행 책임뿐만 아니라 불법행위책임을 동시에 청구하는 경우, 불법행위 청구에 있어서도 면책조항의 적용이 있을 것인가? 설령 이를 인정하는 경우에는 신의칙 등에 의한 제약을 받는 것인가 하는 문제가 있다.

## ② 간접손해나 결과손해를 제재하기 위한 조항

Neither party shall be liable to the other Party for any incidental, indirect, consequential, special or exemplary damages of any kind or nature arising from any provision of this Agreement, including lost revenues or profits or lost business, whether such liability is asserted on the basis of contract (including the breach of this Agreement or any termination of this Agreement), tort (including negligence or strict liability), or otherwise, even if the other Party has been warned of the possibility of any such loss or damage in advance.

## ③ 손해배상책임을 계약금액에 한정하는 조항

In the event any loss or damage suffered by the Buyer in the absence of willful misconduct or gross negligence by the Seller and arising out of or resulting from (i) this Agreement or the performance or breach thereof; or (ii) the design, manufacture, delivery, sale, repair, replacement of the Products in accordance of this Agreement; or (iii) the use of any such Products in accordance to this Agreement, the Seller's maximum liability limit for such loss or damage shall be the Product Price of such alleged delivery, unless otherwise specified in this Agreement.

손해배상액을 한정하는 방법으로는, 상한액을 정하는 방법과 일정한 비율, 예를 들면 10% 등으로 제한하는 방법이 있을 수 있다. 위 조항에서 고의, 중대한 과실을 어떻게 취급할 것인가 하는 문제와 매수인측에 고의, 중대한 과실이 있는 경우에도 이러한 제한을 인정할 것인가 하는 문제가 중요하다.

### 15) 제3자이익조항(No Third Party Rights)

This Agreement is intended to be solely for the benefit of the parties hereto, and is not intended to confer any benefits upon or create any rights in favor of any person or parties other than the parties hereto.

### 16) 증뢰금지조항(No Bribery, Anti-Corruption)

미국에서 록히드 사건을 계기로 1977년 12월에 외국공무원 등에의 증뢰제공을 금지하는 법률인 해외부패방지법(FCPA, Foreign Corrupt Practice Act)이 제정되었고, 각국에서도 OECD의 '외국공무원 증뢰방지조약'에 기초한 '외국공무원 등 부패방지법'이 제정되었다.

미국이나 영국도 그 적용에 관하여 가이드라인을 발표하고 철저한 준수를 촉구하고 있다. 글로벌 기업으로서는 자사는 물론이고 계약 상대방에게도 그 준수를 요구하고 있다.

Seller, for itself and on behalf of its Affiliated Persons (as defined herein), represents and warrants that:
Seller and/ or its Affiliated Persons
A) has not to its or their best reasonable knowledge in connection with any transaction with Buyer and its Affiliated

Persons, offered, paid, given or loaned or promised to pay, give or loan; and

B) will not offer, pay, give or loan or promise to pay, give or loan directly or indirectly, money or any other things of value to or for the benefit of any government official, director, employee or representative of a business for the purpose of corruptly;

i. influencing any act or decision of such person in exercising its function;

ii. inducing such person to do or omit to do any act in violation of his lawful duty;

iii. securing any improper advantage; or

iv. inducing such person to use his influence with a government entity, director, employee or representative of a business to affect or influence any act or decision of a government entity or business, to in each instance obtain, or retain or redirect business to itself or Buyer and/or its Affiliated Persons.


## 17) 국가주권면책의 포기(Waiver of Foreign Immunity)

외국 정부에는 원칙적으로 재판권이 미치지 아니하는 주권면제 혹은 재판권면제의 사고방식이 과거 오랜 기간 동안 자리잡았으나, 20세기 이래 이러한 절대적 면책주의에서 사법적·상업적 행위에 관하여는 국가의 외국주권면제 혹은 재판권면제를 부정하는 제한적 면제주의로 이행하고 있다. 그러나 모든 국가가 이러한 제한적 면제주의를 취한다고 할 수 없어 이를 계약에 명시할 필요가 있다.

외국주권포기조항 예

(Waiver of Sovereign Immunity)

XXX hereby waives, and agrees to waive in any proceedings for the enforcement of this Agreement, any and all privileges or sovereign immunity, including the privilege of sovereign immunity from suit or immunity of its property from attachment or execution, to which it may be entitled under international or domestic laws, as a procedural defenses or otherwise.

# IV. 진술[49]보증(Represntation and Warranties)

## 1. 매매계약상 매도인의 하자담보책임(Warranty)

조항례

Article 8 . Warranty

8.1 The seller warrants that the Product shall be free from defect in title.

8.2. The seller warrants that the Product shall conform to all specifications set forth in this Agreement.

8.3. THE WARRANTY SET FORTH IN THIS ARTICLE 8 IS <u>IN LIEU OF</u>* ALL OTHER WARRANTIES, EXPRESS OR IMPLIED, INCLUDING WITHOUT LIMITATION ANY IMPLIED WARRANTY OF MERCHANTABILITY OR FITNESS FOR ANY PARTICULAR PURPOSE.

"Warranty Clause"

매매계약이나 라이선스 계약에서 통상 매도인이나 라이선서(licensor,

---

**49** Representations란 진술 혹은 진술이라는 의미이다. 무엇에 관한 진술인가라는 점에서는 현재 상태에 관한 진술이라는 의미에서 현상진술이라고 번역한다. 그러나 우리나라에서는 대부분의 경우 진술이라고 번역하기도 한다.

기술정보를 제공하는 측)가 매수인이나 라이선시(licensee, 기술정보를 제공받는 측)에 대하여, 매매의 목적물이나 라이선스 대상 기술 등에 관하여 그 품질이나 성능 등을 보증하는 규정을 말하며, 우리 민법상 하자담보책임에 유사한 것이다.

이 조항은 협상대상이고 따라서 계약당사자의 협상력이 여실히 드러나는 조항이다.

Warranty clause를 둘러싸고 매도인이나 라이선서는 될 수 있는 대로 자신의 보증책임을 덜 부담하려 하고, 매수인이나 라이선시는 이들에 대하여 가급적 보증책임을 많이 부담시켜려 하기 때문에 이 조항은 협상이 반드시 필요한 부분이고, 따라서 계약당사자 사이의 역학관계가 여실히 드러나는 조항이다.

물품매매에 관하여는, 미국에는 통일상사법전(Uniform Commercial Code, UCC)이라는 제정법이 있고, 거의 모든 주에서 채용하고 있다. 이 법에 의하면 물품매매에 있어 매도인이 보증하여야 할 사항으로 크게 권원담보책임(Warranty of Title), 명시적 담보책임(Express Warranties), 묵시적 담보책임(Implied Warranties)이 있다.

여기서 권원담보책임이란, 매도인이 그 상품의 소유자이고, 즉 정당하게 그 물건을 팔 권한이 있고, 제3자의 담보권 등이 설정되어 있지 않다는 것을 보증하는 책임이다.

명시적 보증책임이란 매도인이 상품의 성능이나 품질에 대하여 설명하고 이러한 설명이 물품매수의 동기가 된 경우, 매도인은 이러한 성능이나 품질에 대한 보증책임을 진다는 것이다.

예를 들면 매도인이 "이 코트는 100% 캐시미어로 된 제품이다"라고 설명하고, 이 같은 품질이 동기가 되어 물건을 구입한 매수인에 대하여 매도인은 이 코트가 100% 캐시미어로 된 것이라는 점에 대한 보증 책임을 지게 되는 것이다. 따라서 매도인이 카탈로그, 샘플, 사양서 등 으로 상품의 품질이나 성능을 제시한 경우에도, 명시적 담보책임을 지게 된다.

한편 묵시적 담보책임은 매도인이 매수인에 대하여 상품의 품질이 나 성능에 대하여 설령 명시적으로 아무런 보증을 하지 않았다고 하더 라도 매도인으로서 당연히 보증하여야만 하는 책임이다.

구체적으로는 상품이 통상 사용목적에 맞는 품질이나 성능을 구비 하고 있다는 것을 보증하는 것을 의미하는 것(이를 묵시적 상품성 담보책임 Implied Warranty of Merchantability이라고 한다)과 매도인이 매수인의 특별한 목적을 알고 있는 경우에는, 매도인은 매수인이 희망하는 특별한 사 용목적에 적합한 성품을 선택하여 제공할 책임이 있다(이를 특정목적 적 합성 담보책임, Implied Warranty of Fitness for a particular purpose이라고 한다)라는 것을 의미한다.

예를 들면, 매수인이 매도인에게 이번 겨울에 에베레스트에 가기 위 하여 사려고 한다면서 어떤 물품을 사려는 경우, 매도인은 그 매수인 에 대하여 에베레스트와 같은 극한지역에서도 견딜 수 있는 상품을 선 별하여 제공하여야 한다.

실무상으로는 매도인은 자신의 소유물을 매매하는 것이 일반적이므 로 미국 통일상사법전 UCC가 정하는 매도인의 담보책임 중 권원담보 책임까지 배제하려는 매도인은 아마도 없을 것이다. 위 조항의 예에서 도 매도인은 권원담보책임을 진다고 명기하고 있다.

그러나 매도인은 명시적 담보책임, 특히 묵시적 담보책임에 관하여는 매수인에 대하여 책임을 지지 않으려 한다. 위 조항의 예와 같이 명시적 담보책임에 관하여 제2항에서 제품이 "본 계약규정의 사양(仕樣)"대로 이다라는 보증을 하고 있다. 그러나 제3항에서 그 이외의 담보책임에 관하여는 매도인이 그것이 명시적이든 묵시적이든 일체의 담보책임을 지지 아니한다고 규정하고 있다.

미국 UCC에서는 매수인 보호를 위하여, 매도인의 담보책임을 면제한다는 취지의 규정을 두는 경우에는 계약서 중에 눈에 띄는 형태로 명확히 기재할 필요가 있다고 규정하고 있다. 위 조항례 3항에서도 "EXPRESS OR IMPLIED" "IMPLIED WARRANTY OF MERCHANTABILITY" "FITNESS FOR ANY PARTICULAR PURPOSE" 등 UCC가 정하는 용어로, 그리고 대문자로 한눈에 알 수 있는 기재방법으로 매도인의 담보책임 면제규정을 규정하고 있다.


*in lieu of 이 표현은 일상용어로는 "in stead of"와 같이 "~대신에"라는 의미이다. 이 표현은 매도인이나 라이선서가 보증하는 사항에 관하여 규정한 후에 매도인이나 라이선서는 이 이외의 보증책임은 지지 아니한다라고 말하는 경우에 사용된다. 즉 매도인이나 라이선서가 부담하는 보증책임을 한정하는 경우에 사용되는 표현이다.

## 2. 라이선서의 현상진술과 보증

마찬가지로 라이선스 계약의 경우, 라이선서가 라이선시에 대하여, 라이선스 대상으로 되는 기술정보에 관하여, 라이선서가 권원을 가지고 있다든가, 그 기술정보가 제3자의 지적재산권을 침해하지 아니한다는 보증을 하는 경우가 있다.

조항례

## Article 4. Representations and Warranties

4.1. Licensor represents and warrants that :

(a) it is the exclusive owner of all rights in and to all the Licensed Patent and Licensed Information :

(b) Licensor has no knowledge of any facts which would adversely affect Licensee's ability to enjoy the licenses granted hereunder, including any patents of others which would be infringed by the manufacture, use or sale of Licensed Products;

(c) Licensor has full power to grant the rights, licenses and privileges herein granted;

* exclusive : 독점적, 배타적, *adversely : 불리하게, * hereunder = under this Agreement, *infringe : 침해하다, *grant : (라이선스 등을) 허락하다, * privilege : 법률상 특별한 권리, 이익, *herein = in this Agreement


Representations and Warranties에서 Representations란 표명, 진술이라는 의미이다. 무엇을 진술하고 무엇을 표명한 것인가? 계약 체결 당시의 현상(現狀)으로서의 일정사항을 상대방에게 보증한다는 점을 표명 혹은 진술하는 것이다. 위 조항에서는 라이선서가 라이선시에 대하여, 계약 체결 시점에 있어서 현상으로서 위와 같이 (a)~(c) 사실을 진술·보증하고 있다.

그런데 특허권은 어디까지나 나라마다 등록되어야 하는 것이므로(이른바 속지주의), 라이선서로서는 특히 외국에 자사와 동일한 특허권을 가지는 기업이 존재하지 아니한다는 확증을 언제나 할 수 있는 입장이 아니다. 그래서 위 조항 (b)에서도 라이선서는 자사가 갖는 특허권 등이 제3자의 특허권 등을 침해하지 아니한다고 하는 진술은 하지 않고 있다. 어디까지나 자사가 갖는 특허권 등이 제3자의 특허권을 침해한다는 사실을 계약 체결 시점에서는 알지 못한다(no knowledge of any facts)라고 진술하는 데 그치고 있다.

## 3. 계약당사자의 권한에 관한 현상진술 · 보증

조항례

Article 7. Representations and Warranties

7.1. AB's Representations and Warranties

AB represents and warrants to XY as follows:

(a) AB is a corporation duly organized, existing in good standing under the laws of Republic of Korea and has all requisite corporate power and authority to enter into this Agreement, perform its obligations hereunder.

(b) The execution and performance of this Agreement have been duly authorized by all necessary corporate action of AB.

* perform : 계약을 이행하다, * obligation : 계약상의 의무
* execution : 계약의 체결, 조인

본 조항은 합병계약 체결 시점에서 계약의 일방 당사자가 타방 당사자에 대하여 그 현상을 진술하고 보증하는 것이다.

합병계약을 체결하기 위하여는 당연히 그 계약당사자로 되는 법인

이 계약 체결 능력을 구비하여야 한다. 그래서 각 계약당사자는 주식회사로서 각국의 회사법에 준거하여 유효하게 설립되었음을 진술하고 있는 것이다. 또한 주식회사의 설립준거 회사법에 의하여서는 회사의 중요한 자산의 양도나 다액의 투융자에는 이사회나 주총 등의 결의가 필요하고, 그 같은 결의를 거치지 않고 행한 회사의 행위는 무효가 되는 경우가 있다.

그렇지만 계약의 상대방이 계약 체결시에 필요한 내부절차를 모두 완료하였는지를 알 수 없다. 그리하여 계약 체결이후에 상대방으로부터 이사회 등의 승인을 얻지 못하여 무효가 되었다고 하는 주장을 듣게 되면 곤란하게 된다. 그래서 계약 체결 시점에 이사회 승인 등 계약 체결 시점에 필요한 내부절차는 모두 완료하였고, 내부절차에 관한 하자는 존재하지 아니한다고 하는 점을 상호 진술하여 보증하는 것이다.

*Representatives and Warranties v. Covenants

전자가 계약 체결 시점에 있어서의 일정한 사항을 계약 상대방에 대하여 진술, 보증하는 것임에 반하여, 후자는 계약 체결 후에 있어서 어떠한 효력이 발생하기 위하여 계약당사자가 충족하지 않으면 안 되는 조건 등에 관하여 규정한 조항이다.

*Warranty v. Guaranty

양자 모두 '보증(책임)'이라는 의미이지만, Warranty는 계약에 규정되어 있는 내용이나 상품의 성능 등이 계약 규정이나 합의된 바대로 확실하게 이행되고 있다는 점을 보증하는 것임에 반하여 Guaranty는 주로 금전채무의 보증에 한하여 사용되고 있다.

# Ⅴ. 국제매매계약

## 1. 국제매매계약에 관한 통일규범

국제적인 매매에 관한 법의 통일화의 대표적인 것이 국제상거래법 위원회 UNCITRAL이 제정한 '국제 동산매매 계약에 관한 국제연합 협약(CISG, the United Nations Convention on Contracts for the International Sale of Goods)이고 1980년 Wien에서 서명 되었기 때문에, 'Wien매매조약', 'Wien조약' 또는 'CISG' 등으로 불린다. 이 조약은 1914년에 채택된 '국제매매에 관한 헤이그 통일조약 ULIS'와 '국제물품매매계약에 성립에 관한 통일 법 조약 ULF'의 결점을 보완하고 세계적 규모의 이용을 목표로 하여 제정된 것이다.

Wien매매조약은 1986년 12월 11일 미국, 중국, 이탈리아가 비준한 결과 발효에 필요한 체약국이 10개국에 도달하였기 때문에 1988년 1월 1일에 발효하고, 영국은 비준하고 있지 않지만, 현재 미국, 영국, 프랑스, 독일, 이탈리아, 러시아, 한국, 캐나다, 일본 등 83개국이 체약국으로 되어 있다(2014년 12월 기준).

무역 거래의 대부분이 종합상사나 대기업에 의하여 이루어지는 경우에는 표준적인 매매계약 조항을 이용하므로, 이러한 국제적 규범에 관한 지식이 비교적 문제가 되지 않는다. 그러나 지금은 급속히 중소

기업을 포함한 많은 기업이 무역 업무에 관여하고 있고, 전문법무조직을 갖지 않는 기업의 경우에 있어서도 국제적으로 적용되고 있는 CISG에 근거한 계약서를 준비하는 것은 협상에서 유리하다. 또한 최근 CISG에 관한 분쟁사례에 대한 각국의 판례도 증가하고 있어 CISG 해석에 관한 예측 가능성이 점차 높아지고 있다. 결과적으로 이 조약이 국제거래에 있어서 법적 안정성 확보에도 기여하고 있다.

## 2. Wien매매조약

### 1) 특징

이 조약이 대상으로 하고 있는 것은 매매계약 성립의 문제와 매매계약에서 생기는 매도인 및 매수인의 권리와 의무에 관한 문제에 한정되고, 계약 자체 효력이나 소비자 거래, 매매 대상물의 소유권에 관한 계약의 효력 및 제조물에 관련된 제조물 책임에 관하여는 적용이 없다.

1964년 '헤이그 통일 매매법'이 대륙법 중심이었기 때문에, 세계의 다른 법체계와 사회·경제 체제의 존재를 반영하지 못한다는 비판이 있었다. 빈매매조약은 이러한 사정을 감안하여 국가별로 다양한 법적 사고방식의 차이를 이론적으로 통일시키려는 노력을 하는 대신 거래에 종사하는 당사자의 실무에 도움이 되도록 이해하기 쉽게 만드는 것을 우선 목표로 하였다. 또한 미국의 통일상사법전 U.C.C.영향도 받아 쉬운 용어를 이용하여 구체적인 의미를 설명하는 방법이 채택되었다.

### 2) Wien매매조약의 원칙

이 조약은 어떠한 국가도 합의하기 쉬운 규범이다. 여기에서는 매매에 관한 사적자치원칙(제6조), 당사자간의 확립된 관행 또는 상관습의 구속력도 인정하고 있다(제9조). 결과적으로 사적자치를 전제로 하는 각국의 국제매매에 관한 법과 마찬가지로 임의법규성을 가지고 있어, 계약 등에 별도의 정함이 없는 경우에 규범으로서 기능을 발휘한다.

### 3) 적용범위

이 조약은 국제적 동산매매가 대상이고 당사자의 국적은 관계 없으며, 민사 또는 상사 여부를 가리지 않고 적용된다. 또한 소비자 거래도 적용 대상에서 제외되고 유가증권, 전기, 선박, 항공기 등의 매매도 일반 상거래와는 다른 성격을 갖고 있으므로 제외된다.

> 이 조약은 영업소가 다른 나라에 있는 당사자간의 물품매매계약에 관하여 다음의 경우에 적용한다(제1조 1항).
> (a) 이러한 국가가 체약국인 경우, 또는
> (b) 국제사법의 준칙이 어느 체약국의 법 적용을 열어 놓고 있는 경우

조약 제1조에 있어서는 계약당사자가 다른 체약국의 영업소 또는 상시적 거소를 갖고 있을 경우 또는 법정지(비체약국의 경우도 포함)의 국제사법 규정에 의하여 체약국의 법이 선택된 경우에, 이 매매조약의 적용을 받게 된다. 그러나 당사자는 특정의 국내법(국내 실질법)을 선택하든가 또는 법정지의 국제사법의 규칙에 준거법 선택을 맡김으로써 본 매매조약을 전적으로 적용하지 않는 것을 선택할 수 있는 여지도 인정하고 있다(제6조).

이 제1조 규정에서 정한 적용범위에 관하여는 당사자가 의도하지 않

아도 조약체약국의 법적용을 받게 된다고 하는 문제가 있어 비준시에 체약국에 제1조 1항 b호를 적용하지 않는다고 하는 유보조항이 마련되어 있다(제95조).

제95조 어떠한 국가도 비준서, 수락서, 승인서 또는 가입서 기탁 시에, 이 조약 제1조 1항 b호에 구속되지 않는다는 취지를 선언할 수 있다. 한편 당사자는 이 조약의 적용을 배제할 수 있는데, 이 조약의 어떠한 규정에 관해서도 그 효과를 배제하고 혹은 변경할 수 있게 되어 있으므로 실무적으로는 적용제외 규정을 만드는 경우가 많다. 그 이유는 이 매매조약은 발효되었지만 그 효과 등에 관하여 아직 판례 등이 축적되지 아니하여 그 결과에 관해서도 예견 가능성이 충분하다고 말할 수 없기 때문일 것이다.

### 4) 준거법과의 관계

당사자 사이에서 국제적 매매계약의 준거법으로서 어느 한쪽의 체약국의 법을 정한 경우, 그 지정국이 Wien매매조약을 비준하고 위 제95조의 유보 선언을 하지 않는 경우에는, 당해 준거법지정국의 법률에 우선하여 빈조약이 전면적으로 적용된다. 그리하여 당해 조약에 규정되어 있지 않은 문제는 당해 조약의 일반 원칙에 따르게 되어 있고 (제7조), 그래도 커버되지 아니한 문제는 합의한 준거법에 의하게 된다.

Wien매매조약을 비준할 때 제95조의 유보 선언을 하지 아니한 경우에는 Wien매매조약 전체가 국내법에 우선하여 적용되게 된다. 따라서 매매계약에서 준거법을 지정하는 경우에는 그 지정국이 Wien매매조약의 체약국인지, 나아가 제95조의 유보선언을 하였는지를 검토할 필요가 있다. 만약 그것이 번거롭다고 한다면 계약서에 Wien매매조약의 적용을 배제한다고 하는 것을 명확히 규정하여, 이러한 문제가 발생하는 것을 미연에 방지해 둘 필요가 있다.

## 3. 국제매매계약서의 기본 조항

### 1) 매매합의 Sales and Purchase

이 조항은 매도인과 매수인 사이에 물품(the products)에 관하여 매매합의가 있다는 것을 전제로 하여 매도인 혹은 매수인 각각의 의무(매도인은 제품의 인도를, 매수인은 물품의 수령)를 확인하기 위한 조항이고, 그 조건은 본 계약 the agreement 기재의 조건 the terms and conditions에 따른다고 하는 것을 확인하기 위한 조항이다.

계약상의 의무를 규정하기 위한 표현으로서는, "The Seller agrees to sell … and the Buyer agrees to purchase…"이라는 표현도 있고, 이것도 계약상 의무를 확인하기 위한 것으로서 이용되는 경우가 많지만, 아래와 같이 각 당사자의 보다 구체적인 의무로까지 발전시켜 기재하는 편이 낫다. 왜냐하면 만약에 매도인이 인도를 하지 않든가 또는 매수인이 수령을 하지 않든가 하는 것을 곧바로 계약상 의무위반으로 할 수 있기 때문이다. 이러한 점에서 일반적으로는 "shall"이 자주 이용되고 있다.

The Seller shall sell and deliver to the Purchaser and the Purchaser shall purchase and take delivery from the Seller the products set forth in Article … hereof in accordance with the terms and conditions of this Agreement.

## 2) 물품의 사양(仕樣, Specifications)

### (1) 사양서 매매

매매대상 물품에 관하여 그 사양을 당사자간에 미리 합의하여, 그것을 당사자간에 확인해 둘 필요가 있다.

> The Products to be delivered under this Agreement shall conform to or exceed the Specifications set for in Exhibit A attached to this Agreement.

### (2) 견본 매매

매매거래의 대상물품에 관하여 견본에 의하여 물품을 특정하여 매매를 하기 위한 규정이다. 견본을 확정하는 방법으로서 매도인이 인도(선적)하기 전에 제공된 견본에 따랐는지를 확인하고 있다. 매도인의 입장에는 "similar to the samples" "equal to samples(or equivalents)"와 같이 견본과 동등한 것으로 인정되는 것으로 하여 둘 필요가 있고, 매수인 입장에서는 "conform to samples" "same as the samples" 이외에 객관적 품질기준을 규정하지 않아도 좋은가, 또는 견본을 아예 매수인 측이 제시할 것인가 등을 검토할 필요가 있다.

> The Products to be delivered under this Agreement shall conform to samples to be supplied by the Seller to the Purchaser before the shipment in accordance with the provisions of Article ⋯ hereof in regard to description, quality, color and condition of the Products.

## (3) 현품 매매

매매대상 물품으로 현품을 매매 대상물로 하기 위한 규정이다. 국제매매거래에서 현품 매매는 그다지 예가 없을지도 모르지만, 중고품 매매 등에는 이것이 적용된다. 현품 매매를 하는 경우, "현상대로, 있는 그대로"라는 취지를 확인하기 위하여 as is라고 있고, 이것이 거래의 기초라는 것을 확인하기 위하여 "as is basis"로 표현하고 있다. 현품매매에서는 보증(warranty)에 관한 책임규정에 충분한 고려가 필요하다.

The Products to be delivered under this Agreement shall be on an "as-is" basis.

## 3) 가격(Price)

가격결정 조건은 고정가격이나 기타 조건에 따라 결정되는 등 여러 가지가 있고, 가격에 무엇이 포함되어 있는가 하는 것 등을 확인하는 것은 매매조건의 중요한 요소이다.

## (1) 고정가격(Fixed Price)

아래에서 보는 바와 같이 단지 고정가격으로 규정하는 것만으로는 충분하지 않고, 증감의 대상으로는 하지 않는다는 취지를 확인하여 변경을 아예 하지 않는 것으로 하기 위한 것이다.

다시 말하면, 당사자간에 서면에 의한 별도 합의를 하지 않는 한, 물품가격은 계약기간을 통하여 고정가격이라고 하여, 물품의 원료나 노무비, 기타 공급 부족이나 과잉에 의한 비용 증가 또는 환율 변경에는 영향을 받지 않는다는 것을 확인하고 있다.

Unless otherwise expressly agreed by the parties hereto in writing , the price of the Products stated in this Agreement are fixed during the term of this Agreement and shall not be subject to any adjustment on account of increase or decrease in cost of materials or labor by reason of severe shortage or oversupply thereof or substantial change in exchange rate or market.

(2) CIF 조건

국제 매매 거래에서 매매대상 물품의 가격을 결정하기 위하여 국제 매매 거래에서 관습적으로 이용되고 있는 CIF INCOTERMS 조건으로 하는 규정이다.

INCOTERMS 조건이라는 것은 가격의 구성 요소를 표시함과 동시에 인도조건이나 거래조건(위험부담이 이전시기 등)을 나타내는 국제 무역 관습을 규범화한 국제상업회의소(ICC, International Chamber of Commerce)가 제정한 국제무역거래 조건이다. 이 국제무역거래 조건은 임의 규범이므로, 당사자가 그것을 채택하여 그것에 따르는 것을 합의할 것이 필요하다. 아래 조항 예에서 "CIF 부산항"이란 매도인의 의무는 하역항인 부산항까지 매도인이 지정한 본선으로 해상 수송을 행하여 부산항에서 인도하는 것을 의미하고, 그 인도시까지 비용, 상품 가격, 해상운임, 해상 화물 보험료는 매도인이 부담한다고 하는 조건이다. 인코텀즈에서는 위험부담은 본선에 선적함과 동시에 매도인으로부터 매수인에게 이전한다고 하는 것으로 하고 있다. "CIF 조건"과 마찬가지로 자주 이용되는 무역거래 조건으로 FOB 조건이 있다.

이 "FOB 조건(선적항)"이란 매도인의 의무는 선적 항에 있어서 매수인이 수배한 본선에 선적함으로써 인도하는 것이 되고, 그 인도시까지의 비용이 포함되어 있는 것이다. 따라서 해상운임이나 해상화물보험료 등은 포함되어 있지 않다. 최신 룰은 인코텀즈(INCOTERMS) 2010이고, 2011년 1월 1일부터 발효하고 있다.

1. The price payable by the Purchaser for the Products shall be as follows :

i) Unit price of the Products : US $⋯ per⋯

   Trade term : C.I.F. Busan Port, Korea

ii) Total price of the Products: US $⋯(. United States dollars⋯ Only)

2. Unless otherwise expressly provided herein, the price and trade term "C.I.F." shall be interpreted in accordance with INCOTERMS 2010, as amended.

### (3) 최초년도 가격만을 규정하는 경우

장기 계속적 거래를 행하는 경우에는, 계약기간 중에 매매가액을 고정적으로 정한다고 하는 것이 어려울 수도 있다. 이러한 경우는 우선 최초년도 가격만을 정해두고, 후속년도는 별도 합의로 가격을 결정하는 방법이 있을 수 있다. 이 경우에, 후속년도 가격을 합의하는 시기도 정하여 둘 필요가 있을 것이다. 아래에서는 연도 초 30일 전까지 결정한다고 한다. 다만 이 시간까지 가격 합의가 없는 경우에는 종전 가격이 적용된다든가 혹은 계약이 종료된다든가 등을 정하여 두어야 할 필요도 있을 것이므로, 이하의 문언만으로 커버할 수 없는 부분도 있다는 점에 유의하여야 한다.

The price for the Products to be purchased by the Buyer from the Seller during the first year of this Agreement is fixed as set forth in Exhibit B. The price of the Products for any subsequent year commencing on the annual anniversary of this Agreement shall be such as may be negotiated and agreed upon between parties not later than thirty (30) days prior to the commencement of such year.

위 예문의 별표(Exhibit B)에 의한 조항 예. 다만 hardship 조항[50] 있음.

1. The price for the Products payable by the Buyer for the first year shall be as set forth in the Exhibit B attached hereto.
2. If ,however, there should be a severe change in-market condition or a drastic change in exchange rate during the term of this Agreement, then both parties shall, at the request of either party, in good faith discuss and review the price of the Products set forth above.

### 4) 수량(Quantity)

매매대상 물품의 수량은 매매계약 체결시에 합의할 수 있는 경우는 별도로 하고, 장기 계속적 거래 등 경우에는 장래 수량을 미리 정할 수

---

**50** Hardship이란 천재지변 등 불가항력에 해당하지는 않더라도, 당사자가 계약시에 예측할 수 없었던 현저히 곤란한 사유가 생겼을 때, 일방 당사자는 계약조항의 변경을 청구할 수 있고, 상대방은 여기에 응할 의무가 있다는 것을 정한 조항이다.

없는 경우도 있다. 이 같은 경우는 아래와 같이 연도마다 수량을 정하는 방법이나 분기마다 수량을 정하는 방법이 있다. 수량을 정하는 방법에 관하여는 물품의 성질에 따라 여러 가지가 있지만 여기서는 두 가지 예를 적는다.

(1) 연도마다 인도할 수량을 정하는 법

The quantity of the Products to be delivered under this Agreement shall be as follows;

i) for the first year

----------sets

ii) for the second year

----------sets

(2) 분기마다 최저거래 수량을 정하는 법

The Seller agrees to sell and deliver to the Buyer and the Buyer agrees to purchase and take delivery from the Seller during each Calendar Quarter the following minimum quantities of the Products :

i) the Products----------:---------- metric tons

ii) the Products--------:---------- metric tons

"Calendar Quarter" means a period of three(3) consecutive months beginning on the first (1st) April or first (1st) July or first (1st) October or first (1st) January.

## 5) 인도조건(Delivery Term)

### (1) INCOTERMS의 채택

매도인과 매수인 사이에 매매 대상물품에 관하여 매매 합의가 된 이후에는, 매도인 및 매수인 각각의 이행의무를 확인하기 위한 조항이 필요하다.

국제 매매거래에 있어서는 가격의 구성요소를 나타내는 조건 말고도 인도조건이나 위험부담의 이전 시기 등의 거래조건을 규정하는 국제적 무역 관습인 Incoterms가 채용되는 경우가 거의 대부분이다. 다만 Incoterms 거래조건은 임의 규범이므로 그 자체로는 법적 구속력이 없지만, 당사자간에 그것을 채택하고 그에 따라 해석하는 것을 사전에 계약서 등에서 합의함으로써 구속력을 가지게 된다. 또한 Incoterms를 당사자의 합의로 변경하는 것은 가능하지만, 그 경우에는 변경이 의도하는 효과를 계약서에 확실하게 규정하는 것이 필요하다.

이와 관련하여 앞에서 나온 CISG도, 동산매매에 관하여 매도인, 매수인 각각의 권리와 의무가 규정되어 있고, 그 내용은 Incoterms와 약간 다르고, 또한 그 조약의 체약국에 있어서는 당사자간에 별도의 정함이 없는 한, 조약이 자국법과 동일하게 법적 구속력을 가지고 있으므로, Incoterms 규정이 해당 계약에 있어서 우선 적용되는지 여부를 만일을 대비하여 확인하여 둘 필요가 있다.

이하 규정은 Incoterms를 채용한다는 취지를 확인함과 동시에 Wien 매매조약의 관련 조항과의 적용 관계를 명확히 한 것이다.

The trade terms used in the country such as FOB, CFR or CIF shall be in accordance with the definition in the Incoterms 2010, and if any discrepancy or difference between the terms of the Incoterms and the terms and conditions of the United Nation Convention on Contracts for the International Sale of Goods (1980), the terms of Incoterms shall prevail, unless otherwise agreed upon in writing between Seller and Buyer.

## (2) Incoterms조건

국제상업회의소 ICC가 1936년에 제정한 "무역조건의 결정에 관한 규칙"(International Commercial Terms, 정식명칭은 International Rules for the Interpretation of Trade Terms)을 말하고, 국제매매거래의 거래조건 중 비용부담, 인도에 관한 당사자의 의무, 인도 시기와 방법, 위험부담 이전 등을 정형화한 것이다.

## (3) 대표적 FOB 조건과 CIF 조건에 의한 인도 규정의 예

Fob 조건

(Shipment)

1. Delivery of the Products shall be made at San Francisco Port, California on or before the 30th day of March 2015 on an F.O.B. San Francisco basis.
2. The port of the destination of the Products shall be Busan Port, Korea

이 Fob 조건 아래에서 매도인의 의무는, 이 조항의 경우 샌프란시스코 항에서 매수인 지정의 본선에 선적하는 것으로 완료한다. 한편 본

선은 매수인이 지정하기 때문에 하역항은 매수인이 지정하게 되는데, 여기서는 부산항이 하역항으로 되어 있다. 또한 매도인은 선하증권을 포함한 선적서류 일체를 매수인 지정은행에 인도하여야 한다. 위험부담은 Incoterms에 의하면, FOB의 경우 선적이 완료함으로써 이전되지만, 매수인측이 관련 보험 가입 여부를 결정할 선택권을 가진다.

이와 관련하여 본선은 매수인이 지정하는 것이 원칙이지만, 실무적으로는 매도인이 매수인의 동의를 얻어 선복(船腹, Freight Space) 예약을 하는 경우가 많다. 이 경우, 해상운임의 실비는 매도인이 부담하고 상품대금과 함께 매수인에게 청구하게 된다.

CIF 조건

(Shipment)

Delivery of the Products shall be effected at Busan Port, Korea, on or before the 30th day of March, 2015, on a C.I.F. New York Port basis (Incoterms 2010)

이 CIF 조건은 인도는 부산항에서 선적되는 것으로 하여, 하역항을 뉴욕으로 하는 "CIF base"(상품대금, 해상운임 및 보험료 포함)의 거래조건이다. 다시 말하면, 매도인으로부터 매수인에 대한 인도의무는 부산항에서 본선에 선적(경우에 따라서는 선박회사가 지정 장소에서의 인도)을 하고, 보험을 부보하는 것, 후에는 선적 시에 선박 회사 또는 그 대리인으로부터 수령하는 선하증권이나 보험증권 등 선적서류 일체를 매수인에게 제공하는 것을 부수적 의무로 하는 무역거래조건이다. 또한, 위험부담에 관하여는 선적을 기준으로 매도인으로부터 매수인에게 이전한다.

이와 관련하여 매수인은 선적 서류 일체를 지정 외환은행으로부터 수령하고, 대금을 지불하든가 혹은 제시된 환어음의 지불을 인수하고, 수령한 선적서류를 하역지의 선박회사 혹은 선박회사의 대리인에게 제시하여 물품을 수령하는 것이 의무로 되어 있다.

(4) 본선 수당 및 선적 조건을 확인하는 조항(매도인용)

이 조항은 매도인에게 있어서 물품의 해상운송에 필요한 본선 수당을 어떻게 할 것인가, 본선에 선복을 예약할 때 선사와의 사이에서 어떠한 조건으로 결정할 것인가 등을 확인하기 위한 조항이다.

(Shipment)

1. In case of a F.O.B. contract, the Purchaser shall, at its expense, arrange for ocean freight of the Products from the port of shipment stated in this Agreement to the port of destination of the Products. As soon as practicable after ocean freight is secured by the Purchaser, the Purchaser shall notify the Seller of the name of the vessel at the port of shipment.

   In case of a C.I.F. contract, the Seller shall, at its own expense, arrange for ocean freight of the Products from the port of shipment stated in this Agreement to the port of destination of the Products.

2. Transshipment of the Products shall not be permitted.

3. Time of shipment is of the essence of this Agreement.

4. Date of marine bills of lading shall be a proof of the date of shipment, in the absence of evidence to the contrary.

*위 2. "transshipment not permitted"는 수송 도중에 옮겨 싣는 것이 허용되지 않는다고 하는 것을 확인하기 위한 것이다.

*위 3. "time is of the essence"는 이행기가 계약목적 달성을 위하여 대단히 중요하기 때문에 이를 위반하면 "중대한 계약위반material breach"로 계약해제 대상이 된다는 것을 사전에 확인하는 것이다.

## 6) 대금지불(Payment)

국제적 매매거래에 있어서는 가격조건만이 아니라 지불통화를 포함하여 지불조건이 대단히 중요한 요소이다. 일반적으로 국제 매매거래에 있어서 신용장(L/C, Letter of Credit)을 이용한 결제방법이 널리 채용되어 있지만, 그것에 한정되지 아니하고 다양한 결제조건이 이용되고 있다. 이하 신용장 결제를 포함하여 대표적인 결제조건을 본다.

### (1) 화환신용장(貨換信用狀)에 의한 경우

신용장 결제 메커니즘[51]

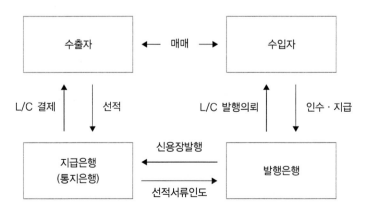

151

통상의 무역거래에서 결제(決濟)란, 환어음을 매수인측 은행을 통하여 매수인에게 제시되고, 매수인이 그것을 인수하거나 지불하는 것으로, 선하증권(bills of lading)을 은행에서 수령함으로써 물품을 수령하고, 인수환어음의 경우는 그 지급기일에 결제를 하는 구조이다. 그러나 환어음에 관하여는 선하증권의 수령과 교환으로 지불이 행해지면, 매도인으로서는 무사히 대금 결제를 받는 것은 문제가 없지만, 환어음의 인수라고 하는 방식을 취한 경우에는 환어음의 지급기일에 대금 결제가 확실히 될 것인가 하는 리스크가 있고, 만약 결제가 되지 않으면 매수인이 물품을 이미 선사로부터 인취(引取, 수출면허를 받은 물품이나 외국으로부터 도착된 물품을 우리나라에 들여오는 것을 말함)하여 다른 곳에 처분해 버릴 수도 있기 때문에, 대금수령이 없는 채로 물품만 매수인에게 인도되는 문제가 있다. 그래서 이와 같은 매도인의 대금회수 리스크를 회피하기 위하여는 물품 인도와 교환으로 매매대금에 결제가 이루어지는 구조가 필요하여, 매수인측 은행이 지불하는 방법(즉 매수인측 은행에 의한 신용장)을 이용하는 것으로 되어 있다. 이 신용장은 매수인인 수입업자가 거래관계가 있는 은행에게 의뢰하여 발행한 신용장에 기초하여, 매도인이 선하증권 등 필요한 선적서류를 신용장 발행 은행에 제공하는 것과 교환으로 당해 은행이 지불을 실행하는 것이다.

또한 이것이 발행된 경우에는 매도인측 거래은행을 통하여, 매도인인 수출업자에게 통지가 이루어지면 매도인으로서는 대금결제에 관한 불안을 해소할 수 있어 안심하고 물품을 선적할 수 있다고 하는 이점

---

**51** 河村寬治, 國際契約法硏修基礎講座, 國際商事法務 vol. 43. NO.2. p.201. 기타 매매계약에 관한 조항해설은 위 자료를 참조하였다.

이 있다. 이 같은 구조에 있어서 발행되는 신용장은 물품을 표상하는 선하증권과 교환으로 신용장에 의한 지불이 이루어지므로 "화환신용장"으로 불리고 있다.

또한 이 화환신용장은 선하증권을 포함하는 선적서류와 교환하여 발행은행에 의한 지불을 확약하는 것이므로, 매수인 신용보다는 발행은행의 신용력이 바탕이 된다. 또한 아래 조항 예와 같이, 선적 전 30일 이전에 발행하는 것으로 되어 있기 때문에, 선적 전에 지불수단을 확보할 수 있다는 장점도 가지고 있으므로 국제적 매매거래는 대단히 많이 이용되고 있다. 물론 발행은행의 신용력 문제도 있으므로 통상은 아래 조항의 예와 같이 발행은행을 일류에 해당하는 주력은행으로 규정하고 있다.

이 신용장에 관하여서는 ICC가 1933년에 제정한 '상업 화환신용장에 관한 통일규칙 및 관례(UCP, Uniform Customs and Practice for Commercial Documentary Credits)'라고 하는 통일 규칙이 존재하고, 현재는 2007년 7월 1일에 발효한 개정판(UCP 600)이 최신판이다.

이 신용장 통일규칙 또한 Incoterms와 마찬가지로 법적 구속력이 없기 때문에 이를 이용할 경우에는 신용장에 그 같은 취지의 기재가 필요하지만, 실무적으로는 신용장을 취급하는 대부분 국가의 금융기관이 이 통일 규칙을 채용하고 있는 상태이다.

**신용장에 의한 지불조항의 예**

1. At least thirty (30) days prior to the date of shipment of the Products under this Agreement, the Purchaser shall open an irrevocable and confirmed letter of credit, through a first-class prime bank satisfactory to the Seller, which letter of

credit shall be in a form and upon terms satisfactory to the Seller as per UCP 600 and shall be in favor of the Seller and payable in the United States Dollars.

2. The letter of credit set forth above shall be negotiable against a draft at sight by the Seller upon presentation of the following documents:

i) A full set of negotiable clean on-board bills of lading made out to order of the Seller and the blank endorsed;

ii) Commercial invoice duly signed by the Seller in (triplicate);

iii) Marine insurance policy endorsed in blank for 110 per cent of the invoice value;

iv) Certificate of inspection issued by [the Seller /the manufacturer/the surveyor] ;

v) Consular invoices, if required by the Purchaser;

3. The letter of credit shall refer to this Agreement by its number, and shall authorize reimbursement to the Seller for such sums, if any, as may be advanced by the Seller for consular invoices, inspection fee and other expenditures made by the Seller for the account of the Purchaser.

4. The letter of credit shall also provide for partial availment for partial shipments and should be maintained for a period of not less than thirty (30) days after the latest shipment date set for in this Agreement.

이 같은 신용장이 발행된 후에는 그것을 취소할 수 없도록 상기 조항 예 1과 같이 취소불능신용장(irrevocable letter of credit)이 발행되는 경우가 많다. 이같이 취소불능신용장인가, 신용장 결제를 위하여 필요한 선적서류는 문제가 없는가, 또는 신용장이 ICC에 의한 UCP 600에 준거한 것인가 하는 문제는 신용장을 수령하는 단계에서 충분히 확인해 두는 것이 바람직하다.

"confirmed"라는 것은 발행은행의 신용력에 더하여 다른 별도의 은행이 그 신용장에 기하여 발행은행의 지불을 다시 보증한다고 하는 것으로, 보다 신용력을 보완한다고 하는 기능을 가지고 있다.

## (2) DP · DA에 의한 경우

상기 신용장에 의한 경우는 신용장 발행에 관하여 은행수수료가 소요되므로, 상대방이 계속적 거래관계가 있고 신용장에도 문제가 없는 경우에는 신용장의 이용을 피하는 것도 가능하다. 이러한 경우에는 환어음을 포함한 선적서류의 제시와 동시에 상품대금을 지불한다고 하는 DP(documents against payment)라고 하는 방법 또는 환어음을 포함한 선적서류의 제시에 대하여 환어음을 인수하는 것으로 지불한다고 하는 DA(documents against acceptance)라고 하는 방법(환어음상의 지불일, 선하증권의 날로부터 60일 등의 지불 기일이 기재되어 있다)이 이용되는 것도 있다.

## (3) 현금 지불(cash on delivery) 조건의 경우

Payment for the Products shall be made promptly following delivery of the Products in cash, net, without discount or allowance. The said payment should be made by the telegraphic transfer of funds to the bank account designated by the Seller. All payments hereunder shall be made in the currency of the United States of America.

이러한 은행간의 결제를 포함하여 송금 절차는 전신 송금 방법이 많이 이용된다.

(4) 대금송금 수단 등

위 신용장에 의한 결제 이외에 지불예정일에 지급이 되지 아니하고 지연되는 경우도 있을 수 있으므로, 아래와 같이 예정대로의 지불을 촉진하기 위하여 지연금리를 미리 규정해 두는 것이 필요하다.

1. Unless otherwise agreed between the parties, invoices will be issued and mailed by the Seller to the Purchaser upon the delivery of the Products at the place of delivery set forth in this Agreement.
2. In the event the full amount of any invoice issued by the seller under this Agreement is not paid by the Purchaser, when due, any unpaid amount shall bear interest from the due dates until paid, at an interest rate of fourteen (14) per year or the maximum interest rate permitted by the usury law of the Purchaser's country, if any, whichever is lower, on the basis of 360 days.

지연금리를 시장금리에 연동시킨 경우

In case payment by the purchaser for the products is delayed later than thirty (30)days after the B/L date, the Purchaser shall pay to the Seller on demand the amount due together with interest from the due date until paid at the annual late equal to the Prime Rate plus five (5) per cent per year on any overdue amount. For the purpose of this Agreement, the Prime Rate shall mean that rate announced by the principal bank of the Seller as its prime commercial leading rate from time to time.

## 7) 검사 · 검품(檢品, Inspection)

본 항에서는 매매계약에 있어서 통상은 상품의 인도시에 실시되는 검사나 검품에 관하여 유의해야 될 사항을 보기로 한다. 이것은 인도시에 발견되는 계약조건에 합치하지 아니하는 부적합의 문제, 즉 수량부족이나 불량품(눈에 보이는 하자) 등에 관한 책임 소재를 명확히 하기 위하여 필요한 것이고, 매도인이나 매수인 누구에게나 중요한 사항이다. 실제로는 대상 상품의 종류나 거래 형태에 따라 그 검사나 검품의 내용, 조건 또는 시기는 서로 상이하지만, 기본적으로는 아래와 같은 항목에 관한 규정이 필요하다.

① 검사의 시기, 정도, 수량 등 대상항목

② 검사방법, 검사인, 검사기관

③ 검사결과의 통지(검사증명서 포함)

④ 클레임의 통지방법과 통지기간

⑤ 클레임이 기간 내에 제기되지 않는 경우, 매수인의 권리 상실 등

⑥ 숨은 하자(검사에 발견될 수 없는 하자)에 관한 규정

이 중 최후의 규정은 후술하는 하자담보책임 또는 품질보증 책임의 문제이기 때문에 그 부분에서 다룬다. 검사에 관한 규정은 국내법이 적용된다면 상법 제69조[52]의 방법에 기초하여 목적물의 검사 및 통지를 위한 규정과 같은 취지의 규정이 있고 상품을 수령한 이후에 상품의 결함이 있거나 수량 부족 등이 있는 경우에는 민법(제573조)에서는 1년 이내라면 계약해제나 손해배상 또는 대금의 감액 청구가 가능하다고 하고 있고, 또한 상인 간의 매매에서는 상품 수령 후 지체없이 검사를 하여 임무와 동시에 결함이나 수량 부족을 발견한 경우에는 지체없이 매도인에게 통지하지 않으면 계약의 해제, 손해배상, 대금감액 청구 등이 불가하다.

다만, 즉시 발견할 수 없는 결함에 관하여는 상품 수령 후 6개월 이내에 그 결함을 발견한 경우에만 통지하여 손해배상청구가 가능하다. 이와 관련해 UN국제물품매매계약 조약(CISG)에서는 제38조에서 '실행 가능한 한 단기간 내'에 검사를 할 의무를 지우고 있다.

또한 제38조 2항은 매수인의 검사 실시 타이밍을 상품이 목적지에 도착할 때까지 연기하는 것을 인정하고 있고, 동 제3항에서는 상품의 목적지를 변경하거나 제3자에 전송하는 경우에는 상품이 새로운 목적지에 도착할 때까지 연기할 수 있다고 하고 있다. 이 대상 물품의 검사나 검품을 언제 실시할 것인가 하는 문제는 대상 물품의 성질 혹은 인

---

**52** 상인 간의 매매에서 매수인이 목적물을 수령한 때는 지체없이 이를 검사하여 하자 또는 수량 부족을 발견한 경우에는 즉시 매도인에게 통지서를 발송하지 아니하면, 이로 인한 계약 해제, 대금감액 또는 손해배상을 청구하지 못한다고 하고 있다. 목적물에 즉시 발견할 수 없는 하자가 있는 경우에 매수인이 6개월 이내에 이를 발견한 때도 위와 같다고 규정하고 있다. 상법 제69조 제1항.

도조건에 따라 다른 경우가 많지만 여기서는 인도 전 검사의 조항과 인도 후 검사에 관한 조항으로 나누어 본다.

## (1) 제3자 검사기관에 의한 선적 전 검사

The quality and quantity of the Products shall be determined by a mutually acceptable surveyor at the expense of the Seller prior to loading.

the Seller shall send a certificate issued by such a surveyor of the quality and quantity of the Products to the Purchaser without delay.

제3자에 의한 선적 전 검사의 일반적 조항으로 선적서류의 하나로서 매수인에게 제공되는 검사증명서를 규정하고 있다.

## (2) 선적 전 제조자 등에 의한 검사

Inspection by the manufacturer of the Product prior to loading shall be final between the Seller and the Purchaser in respect of the quality and quantity of the Products. Provided, however ,that the Purchaser shall have the right to inspect the Products by an independent inspection company designated by their Purchaser at the premises of the manufacturer of the Products as such time as may be agreed upon by the Seller and the Purchaser prior to the loading. All costs for such inspection by the Purchaser shall be borne by the Purchaser.

선적 전에 행해지는 제조자에 의한 검사가 상품의 품질이나 수량에 관하여서는 최종적이라는 것을 확인하기 위한 규정이다. 그러나 여기서 매수인은 자기 비용으로 선적 전 검사를 별도로 하기 위한 권리는 유보(留保)하고 있다.

### (3) 목적지 도착 후 매수인의 검사

The Products supplied under this Agreement shall be subject to the preliminary inspection of the Seller at the Seller's premises prior to the shipment. Such inspection, however, shall not in any way prejudice Purchaser's right of inspection of the Products after the delivery to the final destination or rejection of the defective Products.

The inspection by the Purchaser of quality and quantity of the Products after the delivery to the final destination shall be final between the Seller and the Purchaser.

이 조항은 선적 전에 매도인에 의하여 사전 검사가 행해지는 것은 물론이지만, 매수인이 상품 도착 후 검사를 행하는 권리가 유보되고 또한 하자 물건은 수령을 거부할 수 있다고 하는 것을 명백히 하기 위한 규정이다. 따라서 상품 도착 후 매수인의 검사가 매도인 및 매수인 간에 있어서는 최종적인 것이 된다는 것을 확인하고 있다.

기타 검사에 관한 중요한 사항은 어떤 검사기관을 이용할 것인가 하는 문제이다. 예를 들면, 중국 등은 국가가 검사기관을 지정한다. 또는 국가가 인가한 검사기관의 이용이 필요하기 때문에 나라마다 어떤 검사기관 및 검사기준이 적용되는 것인가를 사전에 확인해 둘 필요가 있다.

한편, 인도 전 또는 인도 후에 검사 결과 특히 문제가 발견되지 않았다고 하더라도, 그 후 상품에 숨은 하자 등이 발생할 수도 있다. 그런 경우 매수인으로서는 검사를 하지 않았다는 이유로 그 이후에 상품의 하자에 대한 손해배상청구권을 포기했다고 간주될 리스크가 있기 때문에 아래와 같은 '권리포기로는 간주되지 아니 한다' 라는 규정을 두는 것이 바람직하다. 다만, 매도인측으로서는 대상상품에 관한 계약 부적합 문제를 조기에 해결해 둘 필요가 있으므로, 매수인이 검사를 일정기간 내에 실시하지 아니하면, 하자 등에 관한 손해배상청구권을 포기하는 것으로 본다는 규정을 둘 필요가 있을지도 모른다.

### 8) 클레임 등의 통지(notification of claims)

검사 결과 수량부족, 불량품 등이 판명된 경우의 통지방법, 통지기간, 불량품의 교환·수리 등 불량품 처리에 관한 사항이 필요하다. 여기서는 이를 위한 통지기간 등 통지에 관한 조항 예를 본다.

### (1) 클레임 등에 관한 규정

Any claim by the Purchaser shall be made in writing and shall be received by the Seller within thirty (30 ) days after the arrival of the Products at the port of destination.

Full written notice of the Purchase' s claim accompanied by a surveyor' s report when the quantity or quality of the Product is in dispute shall be sent by registered airmail by the Purchaser to Seller within twenty (20) days after the above notification.

If the Purchaser fails to comply with the above, the Purchaser shall be deemed to have waived such claim.

검사 결과에 통지기간이나 클레임 기간을 정하여 그 기간 내에 통지를 하지 않은 경우에는 하자 등의 검사 결과에 관한 권리를 포기한 것으로 보기 위한 규정이다. 매도인에게 유리한 규정이다.

## (2) 비검사(非檢査) 및 결과통지 지연 등에 관한 규정

No inspection, test delay or failure to inspect or test or failure to discover any defect or other non-conformance shall relieve the Seller of any obligations under any Order or impair any right or remedy of the Purchaser.

위 1항과는 반대로, 검사를 실시하지 아니하거나 또한 부적합성의 발견이 불가능하였더라도 매도인의 의무를 면제하지 아니하고, 매수인의 구제 등 권리의 포기로 간주되지 아니한다는 규정으로 매수인의 권리를 보호하기 위한 규정이다. 이와 관련하여 UN국제물품매매계약조약(CISG)에서는 최장 2년 이내의 기간으로 물품의 부적합을 발견하거나 발견해야 할 때로부터 합리적인 기간 내에 통지할 수 있다고 하고 있다(제39조).

나아가 내용적으로는 매도인에 대하여 부적합한 성질을 특정하지 않으면 안 된다고 하고 있고 이런 것을 충족한 통지를 하지 아니한 경우에는 '물품의 부적합을 원용할 권리를 상실한다' 고 하는 결과를 매수인에게 가져오므로 충분히 주의하여야 한다.

## 9) 품질보증 · 하자담보책임(warranty)

국제 매매거래의 경우 상품의 성능, 품질, 보증의 범위, 용도 적합성 · 상품성이란 무엇인지 또는 이러한 것에 기초한 구제방법 등이 분쟁으로 되는 케이스가 대단히 많고 이런 것들을 일반적 준거법에 기초하여 해결하는 것은 현실적이지 않다. 따라서 가장 중요한 것은 매매계약서에 매매대상 제품의 하자담보책임을 포함한 보증책임을 규정하는 조항을 준비하는 일이다.

통상은 품질보증 규정은 당연한 것이지만, 대상제품 성질에 의하여 크게 다르다. 매매대상 제품 종류에 따라 그 보장내용을 바꿀 필요가 있지만, 일반적으로 품질보증 규정은 품질조건에 합치하고 있는가 하는 문제와 매수인에게 인도된 이후 일정 기간 내에 발견된 하자 등에 대응하는 하자담보책임의 문제, 즉 클레임 기간 등의 구제조치를 규정하는 것이 된다. 아래서 대표적 보증책임 규정을 본다.


### (1) 매도인에 의한 한정보증 : 묵시적 보증의 배제

1. The Seller warrants that the Products shall be free from defects in title.

2. The Seller warrants that the Products will conform to the specifications or Quality expressly set forth in this Agreement.

3. THE SELLER DOES NOT MAKE, AND HEREBY DISCLAIMS ANY WARRANTY IN RESPECT TO THE PRODUCTS OTHER THAN AS PROVIDED ABOVE IN THIS ARTICLE, WHETHER EXPRESS OR IMPLIED, INCLUDING WITHOUT LIMITATION

ANY IMPLIED WARRANTY OF MERCHANTABILITY OR
FITNESS FOR ANY PURPOSE.

위 1항과 같이 소유권에 관한 하자는 없다는 것을 확인하는 조항에
더하여, 당사자간에 계약시 확인한 사양서나 품질을 준수하고 있다는
것을 확인하는 위 2항과 같은 조항이 통상 들어가게 된다. 한편 위 3항
은 묵시적 보증을 배제하기 위한 규정으로 이 같은 책임을 한정하는 규
정은 일반적으로 대문자나 밑줄을 긋는 등 눈에 띄게 주위를 환기시킬
필요가 있다. 이같이 강조함으로써 상대방이 이러한 규정을 몰랐다고
하는 반론을 사전에 차단할 필요성이 있어서 미국 통일상사 법전[53]이
나 판례 등에서 인정된 것이기 때문에 실무적으로 자주 이용되고 있다.
이와 관련하여 미국 U.C.C.에서는 매도인은 계약에서 명시적으로 부
정하지 않는 한, 다음과 같은 상품성이나 '특정목적 합치성'에 관한 보
증을 한 것으로 간주되기 때문에 유의할 필요가 있다. 이것을 피하기
위하여는 배제 규정을 두는 것이 필요하고 이것이 일반적인 경우이다.
한편, 우리 법에서는 매도인과 매수인 사이에서 명시적 · 묵시적 품
질보증이 없는 경우 품질에 관하여 어떠한 보증이 주어지는가 하는 문
제가 있는데, 판례나 학설상 일반적으로 시인되고 있는 보증의 내용으
로서는 상품이 통상 가지고 있는 품질 및 성능을 가지고 있는 것, 상품
이 통상 전제로 하고 있는 적성을 가지고 있는 것으로 하고 있다. 더하
여 상품의 하자로 계약 목적을 달성할 수 없는 때에는 계약을 해지할
수 있지만 그 이외의 경우는 손해배상을 청구할 수 있다고 하는 규정

**53** U.C.C.2 -316

만이 있고, 하자 있는 상품에 관하여 보수 또는 교체가 가능하다는 취지의 규정은 민법에 존재하지 않기 때문에 당사자간에 규정을 두는 것이 필요하다.


### (2) 매수인의 입장에 선 규정

1. The Seller warrants that whether or not the Products have been manufactured by the Seller, the Products are free from all defects in title, design, material and workmanship .

2. The Seller warrants that the Products shall conform to all descriptions, specifications or samples set forth in this Agreement.

3. The Seller warrants that the Products are of merchantable quality and fit for the purposes for which they are being bought or which are indicated expressly or impliedly by the Purchaser to the Seller or known to the Seller.


이 제3항은 일반적인 표현 형태를 취하고 있지만, 매수인으로서는 '특정목적 합치성(fitness for particular purpose)'의 구체적 내용, 즉 당해 상품의 용도, 사용 목적을 명확하게 구체적으로 써넣는 것이 필요할 것이다. 이같은 용도 및 사용 목적은 계약서의 최초에 기재되는 경우가 많은 whereas clause에서 명확히 해 두는 방법도 있다.

## (3) 구입처 보증을 이용하는 경우

The Seller shall not be liable in respect of any warranty or condition as to quality or fitness which would arise by implication of law.

The Seller shall nevertheless provide with the Purchaser the benefit obtained by the Seller under the guarantee (if any) which the Seller may have received from the supplier of such Products in respect thereof.

또는

In respect of any products not manufactured by the Seller, only the warranty if any , furnished by the manufacturer or supplier of such products shall apply.

이 조항은 법률상 요구되는 것이라도 품질이나 목적 합치성에 관한 보증책임은 없다고 하는 것을 확인하는 것이지만, 당해 상품을 구입처로부터 제공받아서 판매하고 있는 경우는, 그것을 매수인에게 제공한다고 하는 것으로 부품 등의 제조자에 의한 보증책임을 직접 적용시키도록 할 때 사용된다.

## (4) 수리 · 교체 등 구제조치(remedies)에 관한 규정

1. the Seller warrants that the Products shall be free from defects in material and workmanship.

2. The Seller's obligation under the warranty set forth above in this Article is limited to repairing or replacing, at the Seller's

option, at the seller's place of business or such other place of the country of shipment as many be agreed by the Seller and the Purchaser.

3. The warranty set forth above in this Article shall apply to any part of the Products which , if  properly installed,  used and maintained by the Purchaser, proves to be defective in material or workmanship within nine (9) months from the date of the bill of lading, provided that the Purchaser notifies the Seller of such defect, within fourteen (14) days from the date the Purchaser find such defect, in writing, accompanied by the satisfactory proof.

4. the warranty set forth above shall not apply to any part of the Products, which i) is normally consumed in operation, or ii)has been misused or involved in accident or modified without prior written consent of the Seller.


본 조항은 매도인으로서 품질보증책임의 범위를 가능한 한 한정하고 싶다고 하는 취지의 규정이다. 위 예에서는 원재료나 품질의 하자가 없는 것을 보증하고 있고, 그 하자 등에 관하여는 구제조치로서 수리 또는 교체에 한정한다고 하는 것, 또한 본 조항에서의 보증기간은 선적 후 9개월 내로 한정하고 있다. 나아가 통상 사용으로 인한 마모 등 또는 사용상의 잘못이나 사고에 의하여 생긴 것은, 품질보증이나 하자담보책임의 대상이 아니라고 하는 것을 확인하고 있다.

보증기간의 시기(즉 개시시점)와 그 기간, 그리고 어떠한 형태(보수, 교체,

손해배상 등)로 보증책임을 부담할 것인지를 명확히 규정하여 이로 인한 문제 발생을 미연에 방지하기 위한 것이다. 이 같은 품질보증책임의 규정이나 대상 기간 등에 관하여 어떠한 결정도 하지 않은 경우에는, 품질보증책임의 내용이나 그에 위반한 경우의 구제조치에 관하여는 계약의 준거법 규정에 따르게 되고, 법률에 규정이 없으면 판례나 상관습 등에 의하여 판단하기 때문에 가능한 한 상세한 규정을 두는 것이 바람직하다.

### (5) 보증책임을 한정하기 위한 조항

The above remedies are the exclusive remedies of the Purchaser for any claim that the Purchaser fails to meet the warranty specified above. The Seller shall not be responsible for any consequential or indirect damages whether in contract, tort or otherwise, and in no event shall the Seller's liability for any claim of any kind exceed the purchase price of the Products.

하자담보책임 혹은 품질보증책임에 기초하여 매수인이 입은 손해에 관하여는, 대상 상품 자체 하자 등의 보수 또는 교체에 관련되는 손해와, 이 같은 하자가 초래한 공장기계의 불량으로 인한 공장 조업 중단으로 생기는 일실이익 등의 간접손해가 생각될 수 있다. 이 같은 부수적으로 발생하는 간접손해에 관하여 매도인이 책임을 부담하게 되면 부담하는 손해가 확대될 리스크가 있으므로, 통상은 이 같은 간접손해에 관해서는 책임을 지지 않는다는 조건을 붙여 두는 것이 일반적이다. 이런 이유로 최악의 경우라도 대상 상품의 계약금액까지를 손해배상액의 최대한도로 한다는 취지의 규정을 두는 것이 바람직할 것이다. 이것은 일반적 조항 가운데 손해배상책임의 제한조항에서 다루는 것도 가능하지만, 이곳에서 확인해 주는 것이 쌍방에게 알기 쉬울 것이다.

(6) '현 상태로" 인도(보증이 없는 경우)

It is specifically confirmed that all of the Goods are hereby sold and delivered to the Purchaser on an "as-is" basis. Notwithstanding any of the provisions of this Agreement, the SELLER EXPRESSLY DISCLAIMS ANY WARRANTY OF CONDITION, FITNESS FOR USE OR MERCHANTABILITY.

일반적으로 중고품 매매에 관하여는 품질보증이 불가능하기 때문에 품질보증 책임은 부담하지 않는다는 취지를 명기하는 경우가 많은데, 이 조항은 '현상 그대로 on an "as is" basis' 회사에 매매하는 것임을 명기하고, 면책조항을 눈에 띄게 강조하고 있다.

10) 지적재산권(intellectual property)
매매계약서에서 지적재산권 문제라는 것은 대상 제품의 제조 등에 사용된 특허·상표 등의 지적재산권이 수출국 또는 판매대상국에서 제3자가 갖는 지적재산권 등을 침해하는 사태가 발생한 경우의 문제이다. 좀더 구체적으로 보면 매수인이 대상 물품의 구입자로서 그것을 판매대상국가에서 사용하거나 판매할 때, 제3자로부터 지적재산권을 침해했다고 하여 그 사용이나 판매를 금지당할 가능성이나 그것에 동반하는 손해배상 리스크의 유무 문제이다.

매수인으로서는 대상 제품의 수입, 판매 또는 사용 행위가 제3자의 권리침해로 되어 사용금지청구나 손해배상청구를 받을 리스크가, 다시 말하여 매수인이 권리자로부터 이 같은 클레임을 받아서 손해를 입은 경우, 그 손해를 누가 부담할 것인가 하는 것이 매매계약당사자간의 문제로 된다. 이러한 문제는 당해 제품의 해외판매대상국에 대하여 지적재산권의 등록 유무를, 매도인이나 매수인이 사전에 조사하지 않았던 경우에도 발생하지만, 매도인이 예상을 하지 않았던 국가에서 당해 제품이 판매되는 경우에도 생길 수 있다.

　이러한 책임을 계약에 적합한 상품을 인도할 임무를 지고 있다는 이유만으로 모두 매도인이 부담한다고 하는 것도 매도인의 책임을 지나치게 가중하는 것이므로, 매도인으로서는 일체의 책임을 부담하지 않는다고 계약서상 명기하는 방법도 있다.

　그러나 한편으로는 매도인으로서는 대상 제품에 관하여 물리적인 결함 등 하자가 없다라는 것을 보증할 뿐만 아니고, 대상 제품의 제조·판매에 관련하여 제3자의 권리 등의 존재를 몰랐다고 하는 것에 관하여도 책임을 부담하는 것은 당연하다고 하는 견해도 있다.

　이러한 점에 관하여는 'UN물품매매조약'에도 명기되어 있지만 (동 조약 제41조 1항), 매수인이 계약 체결시에 제3자의 권리 또는 청구를 알고 있는 경우, 또는 알았어야 만 할 경우에 매도인은 지적재산권에 기초한 제3자의 권리 또는 청구의 대상으로 되어 있지 않은 물품을 인도할 의무를 부담하지 않는다는 규정이 존재하고 있다(동 조약 제42조 2항). 또한 매수인이 제3자의 지적재산권 등에 기초한 권리 또는 청구의 존재를 알았거나, 또는 알았어야 할 때로부터 합리적인 기간 내에 매도인에게 통지하지 않을 때에는 매도인에 대한 권리를 상실한다는 취지가 구성되어 있다(동 43조).

미국 통일상사 법전 U.C.C에서는 매도인이 동종의 상품을 거래하고 있는 상인인 경우에는 당사자간에 별도의 정함이 없는 한, 매도인은 상품에 관하여 제3자로부터 권리침해 또는 유사한 이유에 의한 적법한 권리주장이 존재하고 있지 않다는 것을 보증한다고 되어 있다.[54] 그래서 CISG 제43조 규정과 마찬가지로 매수인이 관련 지적재산권 침해를 이유로 제3자로부터 소송 등을 제기받은 경우에는 소장 수령 후 합리적 기간 내에 매도인에게 그 취지를 통지하지 않으면, 매수인은 매도인에 대하여 구상할 수 없다는 취지가 규정되어 있다.[55]

또한, 계속적 매매거래나 판매 대리점 계약에 기초한 거래 있어서는 매도인으로서는 매수인이 구입하여 판매를 예정하고 있는 제품에 관하여서, 판매 대상국에서의 지적재산권 위반문제를 사전에 조사하게 하여 제3자의 지적재산권 침해 문제가 없다는 점을 사전에 확인시켜 주는 방법도 검토할 필요가 있다. 이러한 점에 관하여는 매수인이 당해 제품의 판매를 의도한 목적, 매수인이 특별히 주문한 제품인가 등 당사자의 입장 또는 매도인 또는 양자의 역학관계와도 관계가 있는 것이지만, 사전에 당사자간에 누가 책임을 질 것인가 하는 점을 미리 합의해 둠으로써 분쟁 리스크를 피할 수 있다.

---

**54** U.C.C. 2 – 312 (3)
**55** U.C.C. 2 – 207

## (1) 지적재산권 침해 책임을 매도인이 지지 않는다는 조항 예

The Seller shall not be responsible to the Buyer for any infringement, alleged or otherwise, of patent, utility model, design, trademark, or any other intellectual property right or copyright, in connection with the Products, except for infringement of any Korean patent, utility model, design, trademark or copyright, provided that the Buyer shall hold harmless from any such infringement of the said Korean rights arising from or in connection with any instruction provided by the Buyer to the Seller regarding design, copyright, pattern or a specification of the Products.

\* 매수인이 제공하는 사양·디자인 등에 의하여 지적재산권의 침해가 생긴 경우의 손해에 관하여는 매수인이 그 책임을 진다는 취지를 명기하고 있다.

## (2) 지적재산권 등 침해 클레임 대응을 위한 조항 예

대상 제품의 판매나 사용 등과 관련하여 지적재산권 등 침해를 이유로 매수인이나 그 대표자 등을 상대로 한 소송 등이 제기된 경우, 매도인이 자기의 비용부담으로 방어하는 것에 합의한다는 취지의 규정이다. 그러나 이를 위해서는 클레임을 지체없이 통지하고, 또한 매도인에게 모든 소송상 권한을 부여하고, 필요한 협력을 한다고 하는 매수인의 약속을 얻는 것이 필요하기 때문에 그 같은 문언을 부기하고 있다.

The Seller agrees to defend at its own expense any suit or action which may be brought against the Buyer, its directors, officers, successors or assigns for alleged infringement of any Korean or foreign patent, trademark or copyright arising out of the purchase, possession, use, lease or resale of any Product provided that (i) the Buyer shall promptly notify the Seller in writing of the ; and (ii) the Buyer shall give the Seller full and exclusive Authority for, and information for and assistance with the defense and settlement of all such claims, suits or proceedings. The Seller shall defend vigorously any such suit until final decision by the court unless the Seller settles on terms which release the Buyer from any and all claims for such infringement from the adverse party.

* Successors and Assigns Clause에서 assign은 assignee와 동일한 의미

## (3) 매수인의 판매를 확보하는 조항 예

매도인이 제공하는 제품이 제3자의 지적재산권을 침해하고 있는 것이 명백해진 경우에는, 매수인으로서는 납품을 받은 제품 등의 판매를 계속할 수 있도록 대응책이 마련되어야 한다. 이하에서는 제3자의 지적재산권 침해 상태를 해소하기 위한 대응책을 규정하고 있다.

If any Product is found to infringe any patent, trademark or copyright of any third party and the Buyer is enjoined from using it, the Seller shall immediately provide at its expense either :

a. the right to use the Product free of any liability for

infringement; or

b. a non−infringing substitute which otherwise complies with this Agreement.

## (4) 지적재산권 등 침해로 인한 보상 조항의 예

이 조항은 지적재산권 등의 침해소송이 제기되어 매수인에 대하여 손해배상책임이 있다고 하는 취지의 판결이 내려진 경우, 매도인이 그러한 손해배상금 및 비용을 부담한다는 취지를 명기한 것이다.

The Seller shall pay any and all damages and costs awarded by a court of competent jurisdiction in a final judgment against the Buyer in any suit or action  for such infringement and shall pay any settlements imposed upon or incurred by the Buyer, together with all interest accruing after entry of any such judgment or after the making of any such a settlement. The Seller also shall reimburse the Buyer for direct costs and reasonable  expenses, including reasonable attorney's fees, incurred by the Buyer as the result of such suit or action in case that the final judgment made as the Seller was solely just solely responsible.

## 11) 계약불이행(Default)

국제 매매거래에 있어서도, 국내 상품 매매거래와 마찬가지로, 수량 부족, 품질 상이, 불량품 등을 비롯하여 계약위반을 원인으로 하는 클레임이 생기는 것은 피할 수 없는 문제이다. 특히 매수인과 매도인의 주된 영업소가 서로 다른 나라에 존재하고, 또한 대상 상품이 국제간에 이동하는 거리문제가 존재하고 있으므로 보다 심각한 문제가 생길 가능성도 높다.

이런 것은 계약상으로는 계약위반의 문제로서 인식되어 한국 법에서는 이른바 채무불이행 문제이고, 그 불이행에 수반하는 손해배상책임을 어떻게 분담시킬 것인가 혹은 당사자가 면책이 되는가 하는 점이 중요한 과제이다.

영미법에서는 계약에서 생긴 채무불이행, 특히 계약위반(breach of contract)의 문제로서 취급되고 있다. 이와 관련하여 영미법에서는 전통적으로 계약상 '의무의 절대성'을 중시하여 면책특약이 없는 한 계약에 정해진 의무는 그 이후 어떠한 사유가 발생하더라도 면제나 경감되지 않는다고 생각되어 왔다. 그러나 실행불가능(doctrines of impossibility)이라든가 좌절(frust ration)법리에 의하여, 계약 체결 후 당사자 예견이 불가능하고 당사자 어느 누구의 책임으로도 돌릴 수 없는 사태 발생에 의하여, 계약상 의무이행 채무를 면하는 것이 인정되고 있다. 한편, 프랑스 등 대륙법에서는 불가항력 사유(force majeure)가 있는 경우에는 면책을 인정한다고 하는 법리가 있다.

우리 국내법에서는 채무불이행을 이행지체, 이행불능, 불완전이행의 세 유형으로 분류하고 있고, 기본적으로 그 채무불이행 책임을 추급하기 위하여는 채무자의 귀책사유가 필요하다.

영미법에서 등장하는 이행거절(repudiation)이란 개념은 계약의 이행기가 도래하기 전에 계약이행을 거절할 것을 진술할 수 있고, 그 경우 상대방은 그 이행 거절을 계약위반으로서 그 구제 조치를 구할 수 있다.

이것은 이행거절이라고 하는 계약위반에 동반하여 발생하는 어떤 손해를 배상하면 계약이행을 거절할 수가 있으므로, 당사자 사정에 의하여 계약해지를 인정하는 것이 되어 '계약위반의 자유'라는 표현으로 설명하고 있는 견해도 있다.

이상과 같은 채무불이행 중 전술한 바와 같이 채무자가 면책되는 경우를 제외하고는 상대방의 계약 불이행 또는 계약의 일부 조항에 위반한 경우, 그 결과 손해를 입은 당사자는 법적 구제수단에 의하여 손해회복을 도모하지만, 실제로는 계약에 적용되는 준거법이 어떠하냐에 따라 그 내용이나 범위가 다르다. 또한 계약상 이행의무의 내용에 따라서는 당사자가 예측하지 못한 사태로 이행이 되지 못할 가능성도 높기 때문에, 당사자 사이에 사전에 그 불이행과 여기에 대한 구제방법도 상세하게 검토할 필요가 있다 .

매매계약에 있어서는 계약위반의 내용 및 그 대상 제품의 내용에 따라 그 구제방법이 상이하기 때문에 구체적 조항은 그때마다 채무불이행의 태양(態樣)을 상정하면서 각각 불이행에 대한 구제방법을 검토할 필요가 있다. 목적 합치성이나 품질상 문제에 관하여는 교체 혹은 보수 등이 전형적인 구제방법이고, 인도 지연이나 대금지급의 지연 등은 이에 의하여 생긴 비용상 손해를 보전하기 위하여, 지연손해금 조항을 두는 것이 구제책이 된다. 물론 이 같은 사전 계약상 합의한 구제조치로 모든 것이 해결되고, 그 이상의 손해배상은 없다고 할 것인가, 혹은 이러한 구제책이 있어도 여전히 손해가 발생한 것과 같은 경우에 대비하여 그 이외의 법적 손해배상청구의 권리를 유보한다고 할 것인가의 문제도 있다. 그러나 후자를 아예 처음부터 규정하는 케이스도 있다.

## (1) 채무불이행에 있어서 클레임 통지기간을 정한 조항 예

Any claim by the Buyer shall be made in writing and should be received by the Seller within thirty (30) days after the arrival of the Products at the port of destination. Full written notice of the Buyer's claim accompanied by a licensed surveyor's report when the quality or quantity of the Products is in dispute shall be sent by registered airmail by the Buyer to the Seller within twenty (20) days after the above notification. If the Buyer fails to comply with the above stipulation, the Buyer shall be deemed to have waived such claim.

## (2) 매도인 입장에서의 배상책임의 한도를 정한 조항 예

In the event of the failure or breach of any obligation of this Agreement by the Seller, the Buyer's exclusive remedy and the Seller's limit of liability shall be for the actual damages directly sustained by the Buyer from such failure or breach, which shall in no event exceed the purchase price of the Products provided in this Agreement and actually received by the Seller respect of which the damages shall have occurred.

이 조항은 손해배상액의 상한을 클레임 대상 제품의 가격으로 한정하고, 그 이상의 손해배상 책임은 없다고 하는 취지를 확인하기 위한 조항이다.

### (3) 매도인의 배상책임이 파생손해나 결과손해 등을 포함하지 않는 다는 취지의 조항 예

The Seller shall not in any event be liable for an indirect or incidental damages or any special or consequential damages, including, but not limited to, loss of profit or loss of use, or punitive damages with respect to any claim arising of this Agreement, or its performance or breach of this Agreement. The Buyer shall assume all risk and liability for the damages for loss of third parties, lives or properties resulting from the use of the Products which are delivered under this Agreement.

이 조항에서는 간접손해나 결과손해는 배제한다는 취지를 규정하고 있지만, 구체적으로 이러한 손해가 무엇인지 관하여는 정의하고 있지 않기 때문에 최종적으로 그 내용은 해석에 의하여 결정되는 것이므로 유의하여야 한다.

특히 일실이익 lost profit/loss of profit에 관하여는 여기서 규정한다면 모든 것이 다 커버될 수 있을 것인가, 또는 그것은 어디까지 포함될 것인가 등에 관하여는 종래부터 이론의 여지가 있는 문제이다. 기본적으로는 계약 체결 시에 양 당사자가 공정한 조리(條理)에 의하여 상정하고 있는 손해배상이 전제로 되기 때문에, 배제하는 경우에는 그것을 명확히 함과 동시에 이것을 포함하는 경우에는 전매이익을 포함하는 등 구체적인 내용을 가능한 한 특정해 둘 필요가 있다.

## (4) 매수인에 의한 품질 보증 등을 요구하는 조항 예

Any claim by the Buyer, except for latent defects, shall be made in writing as soon as reasonably practicable after the arrival, unpacking and inspection of the Products, whether by the Buyer or any subsequent purchaser of the Product.

The Seller shall be liable for latent defects of the Products at any time after delivery to the Buyer or any subsequent purchaser, notwithstanding inspection and acceptance of the Products by the Buyer or any subsequent purchaser.

이 조항은 매수인에 의한 클레임 제기기간을 길게 설정함과 동시에 숨은 하자(latent defects)에 관하여 특히 기간의 제한을 받지 않는다는 취지를 규정하고 있다. 매도인으로서는 보증기간이 사실상 길어지는 셈이 되므로 일정한 기간을 정하여 두는 것이 오히려 바람직하다.

## (5) 구제 내용의 선택권을 인정한 조항 예

In the event of any breach by the Seller of any of the warranty or condition of this Agreement, the Buyer shall have the right to reject the Products or to dispose of them for the account of the Seller at such price and time as the Buyer may deem reasonable and the Seller shall reimburse incurred in connection with such a rejection or disposal. In addition, the Buyer may at its option procure replacements or substitutes for the Products for the time as the Buyer may deem reasonable, or terminate this

Agreement or any part of this Agreement, without prejudice to
any other of its rights under this Agreement or applicable law.

이 규정에서는 구제방법을 넓혀 매도인의 비용부담으로, 매수인이
다른 곳으로부터 대체품을 구입할 수도 있다고 하고 있다. 이 조항은
대상제품에 관하여 품질상 문제 등으로 수령할 수 없거나 반품이 필요
한 경우에는, 매도인의 책임과 비용부담으로 그것을 가능하게 하기 위
한 조항이다. 특히 최후 부분은 본문에서 설명한 바와 같이 계약상 또
는 법적인 손해배상청구권을 배제하는 것이 아니라는 취지를 명확히
하기 위하여 규정하고 있다.

### (6) 일반적 구제조치를 정한 조항 예

아래 조항은 계약상 정한 청구권이나 법적인 청구권 행사를 하지 않
았다 하더라도 그것이 청구권을 포기하는 것이 아니고, 계약위반사유
의 포기로 해석되는 것이 아니라는 것을 확인한 것이다. 동시에 부분
적 권리행사라도 그것이 전부가 아니고, 매수인이 갖고 있는 모든 권
리행사를 방해하거나 권리포기라고 간주되지 않는다는 취지를 규정하
고 있으므로, 손해배상청구권을 확실히 확보하려고 하는 매수인에게
는 대단히 중요한 조항이다. 관련하여 최후의 문장만으로도 의미가 있
을 것이다.

No failure on the part of the Buyer in exercising any right or
remedy hereunder or as provided by law or in equity, shall
impair, prejudice or constitute a waiver of any such right or

remedy, or shall be construed as a waiver of any Event of Default or as acquiescence therein. No single or partial exercise of any such right or remedy shall preclude any other or further exercise thereof or the exercise of any other right or remedy. No acceptance of partial payment or performance of any of the Seller's obligations hereunder shall constitute a waiver of any Event of Default or a waiver or release of payments or performance in full by the Seller of any such obligation. All rights and the remedies of the Buyer hereunder and at law and in equity shall be cumulative and not mutually exclusive and the exercise of one shall not be deemed a waiver of the right to exercise any other. Nothing contained in this Agreement shall be construed to limit any right or remedy of the Buyer now or hereafter existing at law or in equity.

## 12) 계약해지(termination)

계약 상대방이 계약을 조건대로 이행하지 않거나 이행할 수 없는 상황에 이른 경우, 혹은 계약의 일부 조건에 위반한 경우에는, 이로 인하여 손해를 입은 당사자는 법률이 정한 구제수단에 의하여 손해 보전을 받을 수 있다. 이것은 계약불이행 또는 계약위반에 대한 손해배상의 문제로 취급된다. 그러나 이 같은 경우에 손해배상청구권만으로 충분하지 않은 경우가 있을 수 있고, 이런 경우를 대비하기 위하여 계약해제권이 인정된다. 이같은 해제권이 법률상 인정되는 경우에는 '법정해제권' 이라고 부른다.

우리나라에서는 채무불이행의 결과로서 이행 지체의 경우에는 상당 기간을 정하여 이행을 최고(催告)하고, 그 최고 기간 내에 이행이 없는 경우에는 계약을 해지할 수 있다고 인정되고 있고, 정기행위의 경우나 채무자의 귀책사유에 의하여 계약의 전부 일부가 이행 불능이 된 경우에는 계약을 해지할 수 있다고 하고 있다.

일반적으로 이같은 계약위반이나 불이행 경우 이외에도 당사자 일방이 도산 혹은 이와 유사한 절차에 들어가서 계약의 계속 이행이 불가능할 염려가 있는 경우에도 계약해제 권리를 주장할 필요가 있다. 이 같은 경우는 피해를 입은 당사자로서는 계약을 해지하고, 다른 상대로부터 상품을 조달하든가 또는 다른 곳에 전매 조치를 적시에 취함으로써 손해 발생을 미연에 방지할 필요가 있다. 그 같은 의미에서 지체없이 계약해제를 하는 것이 요구되고, 그를 위해서는 계약해제권 유무는 대단히 중요한 구제조치이다. 매매계약에 있어서는 이런 것을 계약 조항으로서 편입시킬 필요가 있고, 이것은 약정해제권으로서 법률상 유효하다. 계약불이행 또는 위반 등의 경우에는 일정기간 불이행이나 위반행위의 치유를 위한 기간을 설정하는 일이 많고, 그러한 경우에는 그 기간 내에 불이행이나 위반행위가 치유되지 않는 경우에만 계약을 해제할 수 있다고 정하는 경우가 흔하다. 즉 일정기간을 기다려 계약해제를 하는 경우와 도산 등과 같이 지체없이 계약해제를 하지 않으면 안 되는 경우로 나누어 기재하는 경우가 많다.

(1) 채무불이행 · 계약위반에 의한 계약 해제권을 정한 조항 예

Either party may, without prejudice to any rights and remedies, terminate this Agreement by giving a written notice to the other with immediate effect, if any of the following events should occur:

(1) if either party fails to make any payment to the other when due under this Agreement and such failure continues for more than fourteen (14) days after receipt of a written notice specifying the default;

(2) if either party fails to perform any other provision of this Agreement which failure remains uncorrected for more than thirty (30) days after receipt of a written notice specifying the default;

(3) if either party files a petition in bankruptcy, or a petition in bankruptcy is filed against it, or either party becomes insolvent, bankrupt, or makes a general assignment for the benefit of creditors, or goes into liquidation or receivership;

(4) if either party ceases or threatens to cease to carry on business or disposes of the whole or any substantial part of its undertaking or its assets; or

(5) if control of either party is acquired by any person or group not in control at the date of this Agreement.

위 조항에서는 지불채무에 관해서는 14일간의 유예기간을 두고 그 이외의 채무불이행에 관하여는 30일간 기간 내 불이행이 치유되지 않는 경우에는 상대방 당사자는 본 계약상 기타 권리 및 구제수단을 행사할 권리를 침해하는 일이 없이 본 계약의 전부 또는 일부를 통지와 동시에 해지할 수 있다고 규정하고, 이같이 계약해제권 행사에 있어서는 기타 권리나 구제수단의 행사를 방해하지 않는다는 취지의 문언을 추가해 두는 것으로서 계약해제권 행사에 대하여 손해배상청구가 가능하게 하여 두는 것이 필요하다.

### (2) 최고(催告) 기간을 정한 계약 해제권의 규정 예

Either party may terminate this Contract immediately upon written notice if the other party fails to perform any obligation under this Contract including but not limited to failure or default in payment any money when due hereunder or to make a delivery of the Goods or to establish a letter of credit by the agreed dates, and such failure not being cured within seven 7 days after the date of notice hereof requiring the other party to remedy such a failure.

이 규정은 상대방의 계약의 전부 또는 일부 채무불이행으로 계약을 해제할 권리를 명기하기 위한 규정이지만, 그 계약해제권을 행사 하기 위하여는 일정한 채무이행 기간을 정하여 그 기간 내에 채무이행이 없을 때 비로소 계약해제권을 행사할 수 있다는 규정이다.

또한 같은 이행지체라도 해체에 관한 최고를 필요로 하지 아니한다는 합의도 유효하지만 역시 최고를 하는 편이 실무적으로 중요할 것이다.

(3) 최고 기간을 정하지 아니라고 지체없이 계약해제권을 행사하는
    경우의 규정 예

Either party may terminate this Contract immediately upon
written notice if;

(a) the other party makes or offers to make an arrangement or
    composition with or for the benefit of its creditors;

(b) the other party ceases or threatens to cease to carry on
    business or suspend or threaten to suspend (i) all or
    substantially all of its operations or (ii) payments of its debts
    or is or becomes unable to pay its debts;

(c) a petition or resolution for the making of an administration
    order, the winding-up, or the  dissolution of the other party
    is presented or passed;

(d) a liquidator, receiver, administrator, or receiver takes
    possession of or is appointed over the whole or any part of
    the assets of the other party; or

(e) any action is taken or procedure is commenced in any
    jurisdiction by or in relation to the other party which is
    similar to or analogous with any action or procedure
    referred  to in sub-clauses (a),(b),(c) or (c) above.


매매계약 등에 있어서는 상대방 당사자의 파산 또는 계약위반 사유
가 발생하고 있지 않는 경우라도 상대방이 계약이행에 장해를 생기게
하거나 계약위반을 할 것이 충분히 예측되는 사태가 발생하는 경우,

계약이행을 중단하거나 계약해제를 할 수 있는가 하는 것이 문제가 되는 경우가 많다.

이것은 '불안의 항변'이라고 하는 문제이다. 이 같은 경우 그것에 유연하게 대응할 수 있도록 사전에 계약 조항에 확인해 둘 필요가 있다. 다만 도산법 등에서 상대방의 파산이나 도산을 이유로 하는 해제 조항의 발동을 제한하거나 파산관재인 등에 대하여 계약 이행 또는 해제 재량을 인정하고 있는 법 제도를 가지고 있는 나라도 있으므로 주의가 필요하다.

### (4) 중대한 계약위반에 의한 계약해제권 규정 예

Termination for Cause

Should there be any fundamental breaches on the part of Seller as provided for in this Agreement, and upon a proper notice pursuant to provisions hereof duly made within a reasonable time, Buyer shall have the right to terminate this Agreement or otherwise treat this Agreement terminated , so that Buyer may avoid any further obligations hereof, including without limitation receiving deliveries hereafter.

영미법에서는 본질적 중대한 위반(material breach)일 경우에는 계약해제가 가능하게 되어 있지만, 그렇지 않은 경우에는 손해배상청구만 인정되는 경우가 일반적이다. 따라서 통상은 손해배상청구밖에 인정되지 않는 경우라도 계약해제라는 구제조치 등이 필요한 경우에는 그것을 위해 필요한 계약해제 규정을 설정해 두는 것이 중요하다. 또한

Wien매매계약에 있어서는 중대한 계약위반에 이르는 사유의 경우에 비로소 계약해제권을 행사할 수 있다고 하고 있으므로(CISG 제25조), 가능한 한 중대한 계약위반 사유를 열거해 주는 것이 바람직하고, 그 경우 통지에 의하여 해제가 가능하다는 취지를 규정하고 있다.

### (5) 사정(事情)에 의한 계약해제권 규정 예

사정에 의한 계약해제권에 관하여는 그 원인의 유무에 관계없이 계약이행에 지장이 발생하는 경우, 혹은 상대방의 이행 능력에 의문이 생기는 경우, 계약의 이행을 거절할 수 있는가에 관하여 반드시 명확한 법적 근거가 있다고 할 수 없으므로 그것을 당사자간의 계약으로 정하는 것이 좋다.

영국 판례에서는 "이행기 전의 계약위반" 법리가 확립되어, 계약의 일방 당사자가 구두 또는 행위로 이행기 전에 스스로 의무를 이행하지 않든가 또는 이행할 의사가 없다는 것을 표시할 때에는 이행기 전에 계약위반이 된다고 한다. 보다 일반화하면 이행기가 도래하기 전에 일방당사자가 계약을 거절하든가 또는 스스로 이행을 불가능하게 하는 것 때문에 생긴 법리이다.

미국 계약법에는 이행기 도래 전의 이행거절(anticipatory repudiation)에 관하여, 일반적으로 일방 당사자가 자신의 채무 이행기 도래 전에 그 이행을 거절하겠다는 명확한 의사를 진술하면 상대방은 스스로 채무를 이행할 의무를 면함과 동시에 이행기 도래를 기다리지 않고 즉시 계약을 해제할 수 있다. 그 경우에는 전체적 위반에 대한 손해배상을 위반 당사자에게 청구할 수 있다고 하는 법리가 있다. 따라서 당사자간에 그 취지의 조항을 규정할 경우에는 이행을 거절한 당사자가 이행

거절에 의하여 상대방 당사자에게 발생한 손해를 배상한다고 하는 취지도 동시에 규정하는 경우가 있다. 이것이 아래 조항이다.

우리나라에서는 채무자가 이행기 도래 전에 명시적 거절의 의사를 표시한 경우에는 신의성실의 원칙에 의하여 채권자는 이행기 이전에도 이행의 최고 없이 계약을 해제하거나 그로 인한 손해배상을 청구할 수 있다고 하고 있다.[56]

어떻든 간에 최근 매매계약서에 있어서는 아래와 같은 사정(事情)에 의한 해제 조항이 들어가는 경우가 많고 그 경우에는 당연히 그 계약해제 또는 이행거절에 의하여 입게 되는 손해에 관하여, 아래와 같이 배상한다는 한다는 취지의 규정도 동시에 규정해 둘 필요가 있다.

Termination for Convenience

Buyer reserves the right to terminate this Agreement and/or cancel any purchase order, in whole or in part, without cause and for its sole convenience and without penalty except as set forth below, upon prior notice to Supplier specifying the extent of the termination and the effective date thereof. In the event of such termination, Supplier shall immediately stop all work hereunder and /or thereunder, and Buyer's total liability to Supplier for the termination and cancellation of any purchase order shall be limited (without relieving Buyer from liability for the price of all Products delivered to and accepted by Buyer prior

**56** 2004다 531 73 판결 등 다수

to the effective date of termination) to (a) reasonable quantities
of Products specific to Buyer that  Supplier holds in inventory
and cannot ultimately be sold to or utilized for Buyer or
repurposed to another customer and (b)up to one -hundred
twenty (120) days of raw materials on order by Supplier that are
specific to previously- placed  Buyer purchase orders and cannot
ultimately be sold to or utilized for Buyer or repurposed to
another customer.

## 13) 계약해제 효과(effect of termination)

### (1) 계약해제 효과란

계약해제의 효과에 관한 규정은 실무적으로 대단히 중요하다. 특히
매매계약에 기초한 거래가 계속적으로 일어나고 있는 경우에는 계약
해제 시점에 있어서 존재하는 이행 중에 있는 계약을 어떻게 할 것인
가 하는 문제, 예를 들면 운송 도중에 있는 상품의 취급을 어떻게 할
것인가, 미불 대금은 어떻게 할 것인가, 또한 개별 매매계약은 성립하
여 있다 하더라도 상품은 아직 인도하고 있지 아니한 경우 등 이행 전
의 개별계약을 어떻게 할 것인가의 문제에 직면하게 된다.

아래 조항에서는 매수인이 그 운송 도중의 상품을 수령할 것인가 또
는 계약상 남은 수령을 거부하고 미리 지불한 대금 등도 있다면 그것
을 반환하라고 할 것인가 등의 선택권을 규정하고 있다. 이러한 옵션
은 당연한 것이지만, 계약해제 사유의 여하 및 당사자에게 그 사유가
발생한 것인가 등에 의하여 잘 검토할 필요가 있다. 또한 계약 해제의
결과 당사자간의 권리의무 관계가 어떻게 될 것인가, 특정 조항(예를 들

면 비밀유지조항이나 이행 완료된 계약에 기한 품질보증 의무 등)에 관하여는 계약 해제 후에도 계속하여 적용시켜야 할 필요가 있기 때문에 이를 위한 참고 규정을 두고 있다. 따라서 해제 후 계약의 효력을 유지시켜야 할 규정은 무엇으로 할 것인지 등을 검토하기로 한다.

## (2) 계약해제의 효과를 규정하는 조항 예 1

Effect of Termination

1. If on the termination of this Contract some or all of the Goods has not been received by the Buyer, the Seller shall, at the sole option of the Buyer;

   (a) complete delivery of the remaining Goods as if this Contract had not been terminated or expired;

   (b) cease delivery of the remaining Goods and return to the Buyer any amounts paid in advance in respect of such Goods; or

2. Upon termination of this Contract howsoever caused;

   (a) the relationship between the parties shall cease and any rights granted under or pursuant to this Contract shall cease to have effect save as expressly provided for in this Contract;

   (b) the provisions of Clauses⋯ and any other provision which expressly or by implication is intended to come into or remain in force on or after termination or expiry shall continue to be in full force and effect.

이것은 계약해제 효과의 전형적 규정이다. 계약해제에 이르게 된 사유에도 달려 있지만, 일반적으로는 그 시점에서 존재하는 아직 이행 완료하고 있지 아니한 체결이 끝난 개별 계약을 어떻게 할 것인가 하는 문제가 생긴다. 본 사례에서는 해약하는 당사자의 해약 옵션으로서 규정을 하고 있다. 계약해제가 된 경우에는 기존의 거래(미이행 분도 포함)에 기초하여 당사자의 권리의무를 어떻게 할 것인가 하는 문제와 매수인 등이 보유하고 있는 재고의 처분, 인도가 끝난 상품의 품질보증 책임의 이행의무, 광고선전용 자료 등의 처리를 정해 두는 것도 중요하다.

### (3) 계약해제의 효과를 규정하는 조항 예 2

As a result of any termination of this Contract, the Goods shipped after any determination may be returned at the Seller's Expense for full credit. Buyer shall be reimbursed in full (including the amount to be credited to Buyer) for the Goods returned within one (1) month from the date of termination via remittance to Buyer's designated bank account. Seller shall be obligated to pay interest accrued upon any payment amount due at the rate of …percent (…%) from the payment due date.

Upon receipt of notice of termination, Seller shall immediately discontinue performance and shall comply with Buyer's instruction concerning disposition of completed and partially completed items, work in progress and materials acquired pursuant to its order. In the event of such termination, Seller shall be paid an amount in settlement to be mutually agreed upon by the parties. However, said payment shall not exceed the amount based on the··· percent (···%) of unit price per piece or unit, multiplied by the subject quantity for such item or items. Notwithstanding the foregoing, where Buyer provides Seller with notice of termination of its order after ···(···) days prior to the scheduled delivery date, Buyer shall compensate Seller for the 100% of the price to be paid for such orders as if they are fully performed.

## 4. 계약해제와 손해배상

또한 계약해제에 관하여 그 원인에 따라 다르지만 계약위반이나 당사자의 도산 등 계약이행이 불능으로 될 사유의 경우에는, 당연히 상대방으로서는 불이행에 동반하는 손해가 발생하는 것도 생각할 수 있으므로, 이에 기인하는 손해배상청구가 가능하다는 것을 명기해 두는 것도 필요하다. 또한 위 조항 내에서는 납기를 베이스로 하여 전액배상으로 할 것인지, 일부배상으로 할 것인지를 규정하고 있는 것으로 참고가 될 것이다.

한편, 계약해제의 경우에 상대방 당사자에게 발생할 일실이익이나 결과손해에 대한 손해배상이 청구되는 케이스도 있으므로, 그것을 제한한다는 취지의 규정도 필요할지도 모른다. 특히 계약기간 도중에 해약하는 경우 등에는, 해제 원인에 따라 다르지만, 만약을 위해 확인을 해 두는 것도 필요하다. 계약해제권이 행사된 경우에는 일반적으로 손해배상청구권에 더하여 원상회복의무도 규정되어 있는 경우가 있다

(민법 548조). 그러나 영미법에서는 손해배상 이외 원상회복의무가 부과되는지에 관하여는 반드시 그렇다고 할 수 없으므로, 만약에 계약해제 경우에 원상회복이 필요한 경우에는 그러한 취지의 규정을 넣어 두어야 한다. 다만 실무적으로는 이행이 끝난 계약에 관하여, 원상회복을 하는 의미는 일반적으로는 거의 없고 경제적 손실로 이어지는 경우가 많으므로 계약해제 시점까지 발생한 권리 의무에는 영향을 미치지 않는다고 하는 것을 확인하는 것, 즉 계약해제는 장래에 향하여 효력을 가지고, 소급적 효력은 갖지 않는다는 것을 확인하는 경우가 많다. 아래가 그 규정이다.

Expiry or valid termination hereof shall not affect any accrued rights or liabilities of either party or claims which either party may have against the other for any prior breach.

# VI. 국제리스계약

## 들어가며

Lease란 리스회사가 기업 등이 지정한 기계설비 등을 구입하여, 그 기업 등에 대하여 그 물건을 비교적 장기에 걸쳐서 임대하는 거래를 말하고, 국제 리스거래에 있어서 리스 물건은 해외 설비투자 등에 사용되는 일이 많다.

또한 항공기, 차량 등 비교적 고액의 동산에 리스계약이 이용되고 있다. 리스의 역사는 고대 로마 시대에도 이러한 형태가 나타나지만, 현대적인 형태는 1800년대 미국에서 도심개발에서의 부동산 리스가 최초이지만, 대상 물건이 동산에까지 확대된 경위도 가지고 있다. 지금은 동산이 주류를 이루고, 설비투자 수단으로 많이 이용되고 있다.

리스 계약서는 리스회사가 준비한 표준계약서나 이용규약으로 제시되는 경우가 많고, 여러 가지 종류가 있지만 본고에서는 이해를 깊게 하기 위하여 통상 계약서의 형식으로 물품 리스(equipment lease)의 기본적인 구조를 해설하면서 국제 리스계약의 중요한 포인트로 되는 조항을 중심으로 해설하려고 한다.

## 1. 리스계약의 특징

리스계약의 기본원칙은, 리스 물건으로부터 직접 또는 간접적으로 생기는 일체의 권리의무에 관하여 리스회사(대주, 貸主)가 리스 물건을 빌리는 자(차주, 借主) 또는 기타 제3자에 대하여 일체의 책임을 지지 아니하고, 리스회사는 리스 물건을 매개로 하여 차주에 대하여 파이낸스하고 있는 데 지나지 아니한다라는 점이다.

파이낸스란 실질적으로 리스회사가 차주를 대신하여 리스 물건을 구입하여 차주에게 리스 물건을 대여하고 차주로부터 사용료를 징수한다는 의미이다. 외형적으로는 리스회사가 차주에게 돈을 빌려주고 있는 데 지나지 아니한 것을 의미한다. 이 때문에 리스 거래에서는 리스 물건에 관련된 일체의 책임은 원칙적으로 차주가 지게 된다.

이같이 리스회사는 리스 물건에서 생기는 어떠한 책임도 지는 일이 없다고 하는 것이 기본이다. 이 때문에 리스회사로서는 차주 또는 제3자로부터 하자담보책임 등의 리스 물건으로부터 직접 또는 간접적으로 발생 혹은 파생하는 책임을 추급(追及)당하는 경우에는 계약서상 이것을 회피할 법률수단을 강구해 둘 필요가 있다.[57]

리스계약에 유사한 것에는 할부판매계약(installment sales agreement)과 론계약(loan agreement)가 있다. 할부판매계약은 매수인이 매도인에게 구입대금을 분할하여 지불하는 방법이다. 예를 들면 리스회사가 리스 물건을 취득하고 차주에게 대여한 경우, 리스 기간 만료 시에 소유권을 리스회사로부터 차주에게 이전하는 것과 같은 계약에서는 기능적

---

**57** 西川知雄, 國際リース契約の 手引取引, 有斐閣 1985, p.7

으로 할부판매계약서나 다름이 없게 된다. 그러나 할부판매계약에서는 계약에 따라서는 계약시에 매수인에게 소유권을 이전 하는 것도, 매도인이 소유권을 유보하는 것도 있을 수 있지만, 리스계약의 경우, 대여기간 중에 소유권은 반드시 리스회사에 유보된다. 또한 차주가 리스회사로부터 돈을 빌려 그것으로 론(loan) 물건을 구입한 경우도 외견상 리스계약은 리스회사와 차주와의 사이에 론(loan) 계약과 차이가 없는 것처럼 보이지만, 리스 물건을 매개로 하고 있다는 점에서 론계약과는 다르다.

은행을 모체로 하여 설립된 리스회사는 은행업의 범위 내의 업무(금융기관의 업무인 론)를 극력 피하는 방법을 강구하여야만 하고, 또한 리스와 론을 동일시하는 것은 외환법상 거주자와 비거주자 사이의 론이 동법이 규정하는 자본거래에 해당하는 것이어서 신고가 필요하게 되므로 주의를 요한다. 이처럼 리스계약을 할부판매계약이나 론계약에 유사한 기능을 가지고 있기 때문에 리스 계약임을 명확한 규정으로 계약서에 기재하여 두는 것이 중요하다 .

## 2. 리스계약의 종류

리스는 금융리스(파이낸셜 리스, financial lease)와 운용리스(operating lease)로 대별할 수 있다 . 또한 미국에서는 소비자 리스(consumer lease)라는 개념도 있다.

### 1) 금융리스(Financial lease)
예를 들면, 어떤 회사가 설비투자를 하려고 하는 경우 설비투자에는 다액의 금액이 소요된다. 이 경우 은행으로부터의 차입을 생각할 수도 있지만, 금융리스(financial lease)를 하는 것도 고려할 수 있다. 이처럼 금융리스는 자금조달 수단으로서 금융 색채가 강하다. 특히 financial lease는 리스계약 시에 non-cancelable(해약 불능)과 full-payout(물건에서 생기는 모든 이익을 얻는 대신에 물건에 관련된 모든 비용을 지불한다)라는 두 개 조건이 부과되는 것을 말한다.

Non-cancelable이란 물건을 빌리는 기업이 리스계약 기간 중에 리스계약을 해지할 수 없다는 것을 말하고, 만약 해약을 하는 경우에는 리스회사에 위약금 또는 조기해약 수수료(early termination fee)를 지불한다는 것을 말한다. 이 경우 물건을 빌린 기업의 총 지불액은 리스 기간 만료(expiration of lease term)까지 빌리는 리스 대금보다 더 싸게 되는 일은 없고, 오히려 물건을 빌린 기업으로서는 중도해약은 금전적으로 불리한 경우가 많다.

엄밀하게 만료(expiration)와 종료(termination)는 의미가 다르다. 만료는 리스 기간이 끝나서 리스가 종료하는 것임에 대하여, 종료는 만료나 해약·해제 등에 의하여 리스계약 그 자체가 종료하는 것을 말한다. 또한 리스 계약서에 중도해약금지조항이 없는 경우에도 실질적인 금융리스 계약의 경우에는 중도해약은 불가능하다고 간주되는 것이므로 주의가 필요하다.

Full-payout이란 리스 물건을 빌린 기업이 리스 기간 중에 지불해야 될 리스 요금 전부를 지불하는 것을 말하고, 이를 위하여 non-cancelable이라는 조건이 따르게 된다. 다시 말하면 full-pay out와 non-cancelable은 표리관계에 있고, 중도해약이 가능한 경우도 있지만 이것은 어디까지나 예외적이고 원칙은 리스 물건을 빌린 차주는 리스 기간 중에는 리스 물건을 계속 사용할 필요가 있고, 또한 리스 요금을 계속 지불한다고 하는 조건이 과해지는 것이 특징이다.

또한 리스계약의 장점으로는 다액의 설비투자의 경우 리스회사와 리스계약을 체결함으로써 비용의 평준화를 도모할 수 있다는 것이다. 다만 일반적으로 이같은 리스자산은 소유권이 리스회사에 있다고 하더라도 실질적으로 리스회사는 금융기관의 기능만을 수행하고 있다고 할 수 있으므로 on balance 처리(기업의 대차대조표에 기재되는 것)가 요구된다.

### 2) 운용리스(Operating lease)

금융리스가 금융 색채가 짙은 것임에 대하여 운용리스는 임대차의 색깔이 농후한 계약이다. 예를 들면 리스 기간이 만료한 후에 잔존가치를 리스회사가 평가하여 잔존가치로 재리스를 하거나 중도해약이 가능하다. finance lease와 같은 non-cancelable과 full-payout 조건이 없다. 이렇기 때문에 운용리스는 중고시장에서 어느 특정한 범용 물건에 적용되는 일이 많다. 또한 임대차 색채가 강하므로 off balance 처리(기업의 대차대조표의 기재되지 않는 것)가 인정되고 있다.

### 3) Consumer lease

소비자 리스는 계속적으로 리스사업 또는 판매사업을 업으로 하는 대주가 주로 개인 또는 가족 등 일반 소비자에 의한 사용을 위하여 리스 거래하는 것을 말하고, 미국에서는 미국 통일상법전 U.C.C.에 규정이 있다.

## 3. 회계기준

원래 기업이 물품을 구입할까 아니면 리스를 할까를 판단하는 기준의 하나로 회계기준의 적용 문제가 있다. 또한 고액 물품의 구입이나 설비투자의 경우 은행으로부터 차입을 하면 차입한도액을 넘게 되거나 그 한도액에 가깝게 되기 때문에, 다른 차입금에 영향을 미치게 되고 한도액을 압축하는 것이 어렵게 된다는 염려에서 리스계약을 체결하는 경우도 있다. 리스계약 선택 여부는 리스회계기준에 좌우되는 면이 크다. 리스계약의 회계상 정의는 각국의 회계기준에 의하여 정해져 있고 보편적 통일 기준은 존재하지 않는다. 예를 들면 미국에서는 미국회계기준 FASB No.13 있고, EU에서는 국제회계기준 심사회 IASB 국제 재무보고 기준(IFRS) IAS No. 17 등이 있다. 특히 최근에는 IFRS 회계기준을 각국이 채용하는 경향이 있다 .

이전에는 리스 물건의 off-balance 처리가 일반적으로 광범위하게 인정되었기 때문에 기업은 자산 계상을 하지 않는 이점이 있어 리스계약을 많이 사용했지만, 최근에는 국제회계기준심사회 IASB나 미국재무회계기준심사회 FASB에서는 모든 리스 물건을 on balance하려는 경향이 있다. 이처럼 리스 물건에 대한 회계처리가 나라마다 다르다는 점에 유의하여야 할 것이다.

## 4. 미국통일상사법전 U.C.C.의 리스 규정

미국통일상사법전(uniform commercial code)는 미국법률가협회(American Law Institute)와 미국법조협회(American Bar Association)가 주(州)간의 상거

래를 원활하게 하기 위하여 1952년에 작성한 모델 법이다.

U.C.C. 제2A편에 리스에 관한 규정이 있고, 이것은 제2편에 나와 있는 매매에 관한 규정이 준용되는 형태이다. U.C.C.는 모델법이기 때문에 그 자체는 법적 구속력이 없지만 거의 모든 주가 이를 참고로 하여 주법을 제정하고 있으므로 미국과의 리스거래에 있어서는 참고되는 바가 많다. U.C.C. 제2A편에 규정된 리스거래는 U.C.C. 그 자체가 주로 동산거래를 규정하고 있으므로 제2A편의 리스거래는 동산 리스이고, 진정리스(true lease), 그 중에서도 주로 운용리스, 즉 동산 임대차를 중심으로 구성되어 있다. 또한 진정리스란 운용리스, 금융리스, 소비자 리스를 포함하는 넓은 개념이다. 담보목적 리스에 관하여는 U.C.C. 제9편의 담보거래에 관한 규정이 있다. 한편 U.C.C. 제2A편은 진정리스에 관한 포괄적 규정이 많고 특히 운용리스에 관한 규정이 많지만, 금융리스나 소비자 리스의 관해서도 언급되어 있다. 기업간 거래의 리스에서는 소비자 리스 규정을 따르는 일은 없지만, 미국 기업 등과의 리스거래에 관하여서는 U.C.C.를 기초로 한 주법이 적용되는 일이 많으므로 U.C.C. 제2A편에 어떻게 규정되어 있는가를 보아 둘 필요가 있다.

## 5. 약관

많은 리스 계약서는 리스회사의 표준적인 계약서인 약관이다. 리스 물건을 사용하는 기업은 그 약관에 서명을 해서 계약을 체결하는 것을 요구하는 경우가 많다. 그러나 이 약관은 리스회사가 준비하는 것이므로 반드시 공평·공정한 것이 아니고, 리스회사에게 유리한 조건이 기재되어 있는 경우가 많다. 그러므로 그 내용을 충분히 이해하고 필요에 따라 리스회사와 협상하여 수정할 필요가 있다.

## 6. 제목과 당사자

리스계약의 타이틀, 즉 제목은 Lease Agreement가 일반적이다. 그 외에도 Lease Contract도 자주 사용된다. 기본계약에 경우는 Lease Master Agreement를 사용한다. 한편 할부판매계약은 Installment Sales Agreement이다. 계약 내용과 계약 타이틀이 일치하지 않는 경우는 타이틀이 아닌 내용에 따라 리스계약인지를 판단하여야 한다.

### 계약별 당사자

| 리스계약 | 대주 Lessor | 차주 Lessee |
|---|---|---|
| 항공기, 선박 등 운행용 리스계약 | 대주 Owner | 차주 Operator |
| 할부판매계약 | 매도인 Vendor/ Supplier/Seller | 매수인 Purchaser/ Buyer |

국제 리스계약의 경우, 해외 플랜트의 설비장치 등 하나의 리스회사로는 단독으로 전액을 융자하는 것이 자금면에서 곤란한 경우가 많기 때문에, 어떤 리스회사가 간사회사가 되고, 복수의 리스회사에 당해 리스거래에 참가를 요청하는 경우가 많다. 이 경우 간사회사가 차주와 협상, 계약서 작성, 기타 사무처리 절차를 담당하게 된다. 이와 같이 리스 신디케이트를 조성하는 경우에는 계약서에 리스거래에 참가한 참가 회사와 차주와의 관계를 규율하는 사항을 정할 뿐만 아니고 간사 회사와 참가 회사와의 권리의무 관계도 정하게 된다.

# 7. 전문(preamble)

### 예문 1

This Agreement is made and entered into as of (일자) (hereinafter referred as to "the effective Date") by and between (리스 물건을 사용하는 회사)a (국명 또는 주명)corporation with its principal place of business at (소재지) (hereinafter referred to as "Lessee"), and (리스회사), a (국명 또는 주명) corporation with its principal place of business at (소재지) (hereinafter referred to as "Lessor").

### 예문 2 : 리스 신디케이트인 경우

This Agreement is made and entered as of (일자) (hereinafter referred to "the Effective Date") among :

(1) (리스 물건을 사용하는 회사이름), a (국명 또는 주명) corporation with its principal place of business (hereinafter referred to as "Lesee"):

(2) (리스회사 A), a (국명 또는 주명) coperation with its principal place of business at (소재지), (리스회사 B), a (국명 또는 주명) corporation with its principal place of business at (소재지). (리스회사 C), a (국명 또는 주명) corporation with its principal place of business at (소재지) (hereinafter referred to as "Lessor"); and

(3) (리스회사 A), as a representative of the Lessors (heteinafter referred to as "Representatives Lessor")

위 예문에서는 리스 신디케이트를 조성하는 참가 리스회사가 A사, B사, C사의 3사이고, 그중에 A사가 간사회사(representative lessor)인 것을 나타내고 있다. 또한 리스계약당사자(차주)가 국가인 경우가 있다. 이 경우에는 다음과 같이 소관 관청을 명기할 필요가 있다.

예문 3 : 당사자가 국가인 경우
The (국의 명칭), acting by and through its (소관관청의 명칭), having offices at (소재지) (hereinafter referred to as "Lessee").

리스계약 상대방이 국가, 지방공공단체, 공영기업 등인 경우에는 소송이나 분쟁이 발생하는 경우, 차주인 국가가 국가주권에 기하여 주권면제(Immunity)를 주장할 가능성이 있다. 이런 사태를 피하기 위하여 sovereign immunity 포기 조항을 리스계약에 넣어 둘 필요가 있다.

예문 4
WITNESS THAT :
WHEREAS, the Lessor has been for many years engaging in leasing and ⋯, and desire to lease XXX equipment as herein defined in Territory utilizing such experience and organization,
WHEREAS, the Lessee intends to use XXX equipment⋯
NOW, THEREFORE, in consideration of the promises and the mutual covenants contained herein, the parties here to agree as follows:

## 8. 리스 물건 · 목적 · 기간

리스계약에서 가장 중요한 부분은 리스 물건의 특정, 목적과 리스 기간이다. 종종 계약서에서 이를 명기하지 아니하여 문제로 되는 것이 계약기간(lease term)이다. 즉 계약서의 어디를 보아도 계약기간에 관하여 규정이 없는 경우가 있다. 이 경우 계약 체결일로부터 계약 종료일까지를 리스 기간으로 해석하는 경우가 많지만, 그중에는 계약당사자 간의 해석에 상이가 있고 분쟁의 원인이 되는 경우가 있다. 그렇기 때문에 계약기간은 설령 그것이 계약 체결일로부터 계약 종료일까지를 리스 기간으로 하는 경우라도 계약서에 그것을 명기해야 한다.

예문 5

Article 1 Definitions

In this Agreement, the following words and the tones should have the following meanings unless contact requires otherwise

1.1. "Lessor" means…….

1.2. "Lessee" means……

1.3. "Term" means…….

1.4. "Equipment" means….

1.5. "Purpose" means…..

1.6. "Destination" means….

1.7. ……

예문 5에서는 unless context requires otherwise라는 문언이 들어가

있지만, 계약서의 문맥 중에서 같은 표기가 다른 의미를 갖게 되는 상황은 절대적으로 피해야 한다. 왜냐하면 해석의 기본원리(canons of construction)로서는 '명백한 의미의 원칙'(plain meaning rule)라고 하는 것이 있어서 의미가 명백하고 그 문언으로 봐서 단 하나의 해석만이 가능하다고 하는 것이 강력히 요구된다. 덧붙여 해석의 기본원리에는 '동류해석원칙'(Ejusdem Generis), '열거동종해석'(Noscitur a soccis), '한정열거해석'(Expressio Unius) 등이 있고, 리스계약에 한하지 아니하고 가능한 한 명확히 표기하는 것이 바람직하다.

한번 정의한 문언에 관하여는 계약서 중에 최초의 문자를 대문자로 하는 것이 일반적이다. 또는 인용표시를 하여 정의된 용어라는 것을 명확히 해 둔다. 이와 같이 정의된 용어 앞에 the를 붙일지 여부는 선호에 따라 다르다. 그러나 정의된 용어에 the을 붙이는 것으로 정했다면 수미일관되게 그 방침에 따라 통일할 필요가 있다.

## 9. 리스계약

리스계약은 할부판매계약이나 론계약과 유사한 것이기 때문에 본 계약이 리스계약이라는 것을 처음부터 명확히 해 두는 편이 좋다. 이 같은 규정은 불필요하게 생각될지 모르지만, 본 계약이 리스계약인지 여부를 다투는 경우에 유용하다.

예문 6

Article 2 Lease

The Lessee acknowledges that the Lessor acquired title to the equipment solely as a financier and for the purpose of leasing to the Lessee in accordance with this Agreement

예문 6은 리스회사인 Lessor가 리스 물건인 Eequipment를 구입하여 소유권을 취득한 것은 단지 financier(금융기관)으로서의 역할을 수행하기 위하여일 뿐이고, 그 목적은 차주인 Lessee에 대여하기 위한 것이라는 것을 명확히 하고 있다. 그러나 이 예문에서는 리스 기간 만료 시에 소유권에 관해서는 규정되어 있지 아니하고, 다른 규정에서 재리스를 할 것인지, 소유권을 이전할 것인지 규정하여 두어야만 한다. 만약 할부판매계약이라면 아래와 같은 예문이 고려될 수 있다.

Article 2 Installment Sales Agreement
The Purchaser acknowledges that the Vendor acquired title to the Equipment soly as a financier and the for the purpose of facilitating the sale and delivery of and transfer of title to the Equipment pursuant to this Agreement.

## 10. 등록, 등기

리스계약의 경우, 리스 물건의 소유자는 리스회사이다. 따라서 항공기나 차량과 같은 경우에는 등록이 필요하다. 이를 위하여 리스회사가 리스 물건의 소유자인 것을 명확히 하기 위하여, 예를 들면 항공기 신디케이트 리스의 경우에는 cockpit 중에, "ABC LEASING CO., AND OTHERS, AS OWNERS AND LESSORS"와 같이 간사회사 ABC 및 참가

리스회사가 본 건 항공기의 법률상 소유자이고, 이 항공기의 Lessor라는 취지의 표시를 하여 둔다. 그러나 이 같은 표시가 행하여진다고 하더라도 리스 물건의 실제 운행·사용 및 보관은 차주가 자기의 비용과 책임으로 행하는 것이므로, 리스 물건의 사용 및 관리에 필요한 정부의 인허가 등의 절차는 차주가 스스로 행하여야만 한다. 이 같은 경우 차주의 책임을 명확히 하기 위하여 다음과 같은 예문이 생각될 수 있다.

Article 2 Registration

The Lessee, at its sole cost and expense, shall cause the Equipment to be duly registered on or prior to the Delivery Date and at all times thereafter to remain duly registered, in the name of the Lessors in accordance with applicable laws and shall not register the Equipment under the laws of any other country without the prior written consent of the Lessors.

이와 관련하여 할부판매계약의 경우, 항공기 소유권이 Purchaser XYZ에 이전하고, 리스회사 ABC가 파이낸스의 담보로서 항공기상에 저당권을 갖는 경우에는 "XYZ AS OWNER, ABC AND OTHERS, AS VENDORS AND MORTGAGES"라고 하는 표시를 한다.

## 11. 리스계약의 기본조항

리스의 기본조항은 리스계약 중에서도 가장 중요한 조항이다. 구체적으로는 누가(lessor), 누구에게(lessee), 무엇을 (equipment), 어떤 목적으로(purpose), 언제부터, 언제까지(term) 빌려 주는가를 규정한다.

예문 9
Article 2. Lease Purpose
During the Term of this Agreement, the Lessor shall lease the
Equipment to the Lessee on as-is basis, and the Lessee shall
take a lease on the Equipment only for the purpose that carries
out the Purpose.

여기서 본 on as is basis라는 것은 "현상태대로"라는 것이다. "현상
태대로"라는 것은 현재 있는 모습이나 상태 그대로라는 의미이다. 리
스 물건이 신품에 한정되지 않는다는 것을 의미한다. 따라서 물건에
어떤 하자가 있어도 수리나 복구를 하지 아니하고 계약시의 상태 그대
로 인도한다는 것을 의미한다.

이 조항은 리스회사가 준비하여 가지고 있는 표준계약서 중에 있는
경우가 많다. 계약서에 이런 조항이 있는 경우 물건이 어떤 상태 있는
가를 확인할 필요가 있고, 필요에 따라서 리스 물건의 상태에 관한 조
건을 계약서에 규정해야 할 것이다.

또한 on an as-is basis라고 하는 표기는 여기에 한하지 아니하고 강
조한 형태로 AS IS라고 표기하는 경우도 있다. 또한 on an as-is basis
뿐만 아니고, on an as-is, where-is basis 또는 AS IS, WHERE IS와
같이, 장소까지 '있는 그대로'의 상태로 한다는 표기도 있다. 이 경우
는 리스회사가 리스 물건을 차주가 지정하는 장소까지 옮기는 일이 없
다는 것을 말한다.

## 12. 리스 물건의 정보

리스 물건이 복잡한 기계라면 사용방법이 어려워 곤란할 수가 있다. 이를 피하기 위하여 필요한 정보나 서류를 리스회사로부터 입수할 필요가 있다.

예문 10

Article 3 Lessor Proprietary Information

The Lessor may also, at its own discretion, provide the Lessee with business, technical and other proprietary information, including and without limitation to, knowledge, know-how, design, drawings, specifications, manuals, trade secrets and other intellectual properties, owned and/or controlled by the Lessor in relation to the Equipment and the Purpose("Lessor Proprietary Information").

위 예문 중 "at its own discretion"은 '대주(貸主) 재량에 의하여' 라는 의미이다. 이 경우 어떤 정보를 리스회사가 제공해 줄 것인가를 확인할 필요가 있을 것이다. 또한 가능한 한 리스회사가 가지고 있는 정보나 서류를 탐문하여 필요한 정보나 서류를 특정하고 리스회사에 이를 구하여 계약서에도 명기할 필요가 있다. 그렇게 하지 않으면 리스 물건을 충분히 활용할 수 없게 될 가능성이 있다.

Including without limitation이란 "예문 중에 열거한 정보 이외에도 필요한 정보가 있는 경우에는 그것도"라는 의미이다. 이 표현을 사용하여 예시열거라는 것을 명확히 한다. 차주로서는 필요한 정보를 모두 갖출 필요가 있기 때문에, 만약 누락된 경우를 대비하여 예시열거를 하는 것이 유리하다.

Lessor Proprietary Information은 용어의 정의규정이다. 보통은 계약서 제1조에서 정의하는 것이 일반적이지만, 제1조에서 정의하는 것이 어렵고, 문맥에서 정리하는 편이 알기 쉽고 자연스러운 경우가 있다.

## 13. 비밀정보

예문 11

Article 4 Confidentiality

1. During the term of this Agreement and for ten (10)year period thereafter, Lessee shall take all reasonable measures to keep the Lessor Proprietary Information confidential and shall not disclose such Lessor Proprietary Information to any unauthorized persons or entities, nor use the same for any purpose other than for the performance of this Agreement.

any unauthorized persons or entities라는 의미는 "허가받지 아니한 사람이나 단체"라는 것으로, "허가받지 아니한"이라는 의미는 정보를 제공하는 측(대주)이 정보를 받는 측(차주)에 대하여 제3자(person or entities)에게 정보를 개시하는 것을 허가하지 않다는 것을 의미한다. 그러나 위 조항만으로는 아래에서 보는 바와 같이 부족한 면이 있다.

예문 12

Article 4 Confidentiality

2. Notwithstanding the preceding paragraph above, the obligations under such paragraph shall not apply to the extent that the Lessee can demonstrate that the Lessor's Proprietary Information (i) is or becomes generally known or available through no act or failure to act by the Lessee;(ii) is already known by the Lessee at the time of receipt as evidenced by its record; or (iii) is disclosed to the Lessee without restriction of confidentiality by a third-party with a lawful right to make such disclosure.

제2항에서는 전항의 예외규정 세 가지를 열거하고 있다. 하나는 공지의 정보나 차주에 의하여 어떤 문제도 없이 입수할 수 있는 정보, 둘째는 차주가 수령한 시점에서 기록으로서 증명된 것으로 이미 일반적으로 알려져 있는 정보, 세 번째는 제3자에 의하여 합법적으로 어떠한 제한도 비밀성도 없이 차주에게 개시된 정보이다.

## 14. 리스 물건 운반

리스계약이 성립하더라도 누가 그것을 운반할 것인가, 비용은 누가 부담할 것인가 하는 것이 문제가 된다. 의외로 잊어버리기 쉬운 조항이므로 주의가 필요하다.

Article 5 Delivery

Delivery of the Equipment to the Destination identified in the Article 1 shall be at the Lessor's responsibility, subject to the Lessee's payment for custom duty and other necessary tax for such delivery.

## 15. 인도

대주로부터 차주에게 리스 물건이 인도될 때는 차주는 예정대로의 리스 물건이라는 것을 확인할 필요가 있다. 차주가 리스 물건을 검사하고 그 수령에 합의한 때에는 차주는 아래와 같은 Lease Supplement 또는 Acceptance Certificate를 작성한다. 이 문서의 법적 의미는 차주가 리스 물건을 아무런 이의 없이 대주로부터 수령하고 향후 일체의 리스 물건에 관하여는 대주에 대하여 일체의 책임을 묻지 않는다는 것을 증명하는 데 있다.

Article 6 Lease Supplement

1. Simultaneously with the delivery of the Equipment to the Lessee, the duly authorized officer of the Lessee shall execute and deliver the Lease Supplement to the Representative Lessor which shall be countersigned by the Lessors.

2. The execution and delivery of the Lease Supplement shall

constitute conclusive evidence that the Lessee has accepted the Equipment for the purpose of this Agreement, that as between the Lessors and the Lessee the Equipment is satisfactory in all respects and that the Equipment complies with the requirements of this Agreement.

예문 14에서는 Lease Supplement의 법적 의의에 관하여 기술하고 있다. Lease Supplement는 차주가 이에 서명하여(execution) 대주에게 교부(delivery)한 경우에는, 차주는 대주에 대하여 리스 물건이 모든 점에서 차주에게 만족한 상태이고(satisfactory in all respects), 계약서상 요구되고 있는 모든 요건을 충족하고 있다는(complies with the requirements of this Agreement) 것을 승낙한 것이 된다. 이 문서에 의한 증명은 차주가 리스 물건을 아무런 이의 없이 수령하면, 무조건(unconditional) 최종(final) 그리고 취소불능(irrevocable)인 증거(conclusive evidence)로 된다. 따라서 Lease Supplement 조항이 리스 계약서에 들어 있다면 차주는 리스 물건 인도 시에 리스 물건을 신중히 검사하여야 한다.

## 16. 양도 · 대여 금지

예문 15

Articles 7 Rent and Sublease, etc

The Lessee shall not sell, rent, sublease or otherwise transfer, grant any rights in, or otherwise dispose of the Equipment, and any attempt to do so shall be null and void.

이 예문에서는 양도뿐만 아니고 권리의 재허락, 기타 권리이전, 폐기 등을 광범위하게 금지하고 있고, 이런 행위가 있는 경우에는 무효라고 규정하고 있다. 이 같은 경우는 손해배상의 대상이 될 가능성이 높으므로, 손해배상조항에서도 여기에 관하여 구체적인 규정을 두어야 한다. 영문 계약서에서는 계약서에 규정되어 있지 않은 사항에 관하여는 자유라고 하는 사고방식(완전합의조항)이므로, 일반적으로는 있을 수 없는 경우에도 조금이라도 가능성이 있으면 규정해 둘 필요가 있다.

## 17. 개변(改變)의 금지

예문 16

Article 7 Change or Disassemble

The Lessee shall not use the Equipment for any purpose other than the Purpose, change, reverse engineer or disassemble the Equipment, nor use the same for the purpose of any other development or creation whatsoever.

리버스 엔지니어링(reverse engineering)은 기계를 분해하거나, 제품의 작동을 보거나, 소프트웨어의 작동을 해석하거나 하여 제품의 구조를 분석하여 제조방법이나 작동원리, 설계도 등의 사양이나 소스코드 등을 조사하는 것을 말하는데, 원칙적으로 합법이지만 법적으로 애매한 부분이 많아 계약서에는 금지하는 경우가 많다.

## 18. 리스 물건에 손상을 가하는 행위의 금지

리스 물건에 손해를 가하는 행위의 금지 규정이다. 리스 물건 그 자체에 손해를 가하는 행위는 아니지만 리스회사나 리스 물건의 평판을 떨어뜨리고 영업권을 손상하는 행위도 포괄적으로 금지한다.

예문 17

Article 9 harm or damages

The Lessee shall not conduct any kind of acts to do harm to, damage or dilutes the reputation and/or goodwill of Lessor and the Lessor's Equipment.

## 19. 보수(補修)계약

제품에 따라서는 보수계약(maintenance)을 체결할 필요가 있는 경우가 있다. 특히 복잡한 기계 설비를 상시 가동시키는 데는 정기 점검 등의 보수 서비스가 필요하다.

예문 18

Article10 Maintenance Agreement

The Lessee shall enter into and make the Maintenance Agreement with the Manufacturer of the Equipment or the third party, if the Lessee needs any kind of maintenance service on the Equipment.

이 예문에서 차주는 리스 물건의 보수 서비스를 제품의 제조자 또는 제3자와 보수 계약을 맺어야만 한다는 것만을 명기하고 있는데, 이 경우 리스회사는 보수계약에는 일체 관여하지 않는다. 특히 금융리스의 경우에 리스회사는 금융기관으로서 기능밖에 가지지 않으므로, 리스 물건인 제품의 보수서비스에는 일체 관여하지 않는다.

예문 19

Article 10 Maintenance Agreement

The Lessee and the Lessor may enter into and make the maintenance agreements on the Equipment if necessary.

이 예문에서는 차주와 리스회사와의 사이에서 보수계약을 체결할 수 있다고 규정하고 있다. 차주가 리스회사와 보수계약을 체결했다고 하더라도 실제 보수 서비스를 리스회사 자신이 행하는 것은 어렵고, 리스회사는 오히려 제품의 제조사나 제품의 사양에 관하여 정통한 보수 서비스 회사에게 보수 서비스를 위탁하는 경우가 많다. 차주는 리스회사와 보수계약을 체결하기 때문에 리스 물건의 창구가 일원화 되어 편리하지만 일반적으로 보수 서비스의 요금이 다소 높게 되는 경우가 많다.

## 20. 사용 및 보수

위 보수계약 조항에서는 보수계약을 체결한다는 취지의 규정이 있지만 구체적 보수계약의 내용에 관하여서도 규정해 두어야만 한다.

## 1) 차주가 불리한 경우

예문 20

Article 11 Use and Maintenance

1. During the term of this Agreement, the Lessee shall, at its own cost and expense and its responsibility, keep the Equipment in good repair, condition and working order, shall procure from the Lessor or its designated suppliers any and all parts, mechanisms and devices required to keep the Equipment in good mechanical working order, if any.

이 조항은 보수에 관하여는 오직 차주의 책임으로 하고 있고, 차주는 대주인 리스회사 또는 업자와 보수계약을 체결하는 것이 전제로 되고 있다. 일반적으로 차주가 불리하게 되고 대주가 유리하게 되는 규정이다. 예문은 계약기간 중 차주는 자기의 비용, 경비 및 책임으로 수리되어 양호한 조건으로 가동할 수 있는 상태로 리스 물건을 유지하지 않으면 안 되고, 차주는 리스 물건이 양호한 상태에서 가동될 수 있도록 대주 또는 대주가 지정하는 업체로부터 전부 또는 일부 부품, 기계·장치를 조달하지 않으면 안 된다고 하는 내용의 규정이다.

예문 21

Article 11 Use and Maintenance

2. The Lessee shall also keep the Equipment separately from other properties, not only physically, but also under books and the records of their properties.

예문 21은 리스 물건의 관리에 관한 규정으로 차주는 리스 물건을 다른 소유물과는 별도로 물리적으로나 장부 및 기록상으로도 나누어 관리하여야만 한다는 규정이다. 리스 물건의 소유자는 대주이기 때문에 자기 소유물과 리스 물건은 분리하여 관리할 필요가 있다.

예문 22

Article 11 Use & Maintenance

3. In the event the Lessee is aware of loss, damage and/ or disorder in relation to the Equipment, the Lessee shall notify the Lessor immediately thereof and shall take appropriate measures at its own expense in accordance with instruction and the direction by the Lessor.

여기서는 차주가 리스 물건에 관하여 손실, 손해, 기능부전을 안 경우는 차주는 지체없이 대주에게 통지하고, 대주의 지시에 따라 스스로 비용으로 적절한 조치를 취하여야만 한다는 내용이다. 여기서 loss, damage and/or disorder 내용에 관하여는 별도 체결하는 보수계약서에 상세하게 명기하여야야 만한다.

## 2) 차주가 유리한 경우
한편, 대주의 책임을 중시하여 대주의 책임으로 리스 물건의 보수를 해야 하는 경우도 있다.

예문 23

Article 11 Use and mMaintenance

1. During the term of this Agreement, the Lessor shall be liable to, at its own cost and its responsibility, keep the Equipment in good , condition and working order.

예문 23은 계약기간 중 대주는 자기의 비용, 경비 및 책임으로 수리하여 양호한 조건으로 가동될 수 있는 상태로 리스 물건을 유지할 책임이 있다는 의미이다.

예문 24

Article 11 Use and Maintenance

2 In the event the Lessee is aware of loss, damage and/or disorder in relation to the Equipment, the Lessee shall notify the Lessor immediately thereof.

## 21. 소유권

리스계약의 경우, 소유권의 규정은 중요하다. 리스 물건의 소유권은 리스회사에 있다고 하는 것이 기본적인 조건이기 때문이다.

예문 25

Article 12 Ownership

1. The Equipment and the Lessor Proprietary Information shall

at all times be and remain the sole and exclusive property of the Lessor, and the Lessee shall have no right, title or interest therein or thereto except as expressly set forth in this Agreement.

예문 26

Article 12 Ownership

2. In the event the Equipment is Software Products, the Lessor shall be granted to sub-license of the Software Products to the Lessee by the Owner who has the copyright of the Software Products.

일반적으로 리스 물건은 동산이나 부동산이고 서비스 그 자체는 리스 물건으로는 되지 않는다. 그러나 소프트웨어는 많은 제품에 결합되어 실무적으로는 단독 소프트웨어라도 리스 물건으로 서비스 대상으로 되는 경우가 많다. 특히 이것은 금융리스 경우에 많이 관찰된다.

예문 26에서는 제품이 소프트웨어 제품일 경우, 리스회사가 차주에게 서브 라이선스 하는 것이 규정되어 있다. 그 이유는 소프트웨어 제품의 많은 경우는 소프트웨어 제작자가 저작권을 갖고 있고 형식상 저작권자가 리스회사에 소프트웨어 제품의 사용허락(라이선스)를 하고 나아가 리스회사가 차주에게 재(再) 사용하라(서브라이선스, sublicense) 한다고 하는 형태를 취하고 있기 때문이다.

그러나 저작권자가 직접 차주에게 라이선스 하는 경우도 실무상 있지만 리스 물건이 동산인 경우와의 정합성을 생각하면 리스회사가 차주에게 서브라이선스 한다고 하는 것이 자연스럽다.

## 22. 지불

### 예문 27

Article 13 Payment

1. The fee for the lease of the Equipment hereunder shall be identified in the Basic Terms in the Exhibit A.

제품의 리스료가 "별첨A의 기본조건"에 규정된 경우를 규정한 것이다.

### 예문 28

Article 13 Payment

2. The Lessee shall pay such fee through wire transfer to the designated bank account of the Lessor by the due date identified in the Basic Terms in the Exhibit A.

\* By due date : 기한내

### 예문 29

Article 13 Payment

3. In the event that the fee for the lease of the Equipment remains unpaid and overdue for a period of ten (10) days or more, the Lessee shall, in addition thereto, pay to the Lessor interests at the rate of 6% per annum as a delay penalty.

이 예문에서는 지불이 10일 이상 지연된 경우에는 차주는 리스회사에 대하여 지연금으로 연 6%의 율로 추가하여 요금을 지불하여야 한다고 규정하고 있다.

예문 30

Article 13 Payment

4.The Lessee shall in no event be entitled to claim for a refund or return of any fee paid pursuant to the Basic Terms in the Exhibit A.

위 예문은 지불된 리스료는 반환이 불가하다는 취지의 규정이다. 그러나 만약 리스 물건에 하자가 있는 경우는 어떠한가? 이러한 상황을 가정하여 아래와 같은 규정을 생각할 수 있다.

예문 31

Article 13 Payment

5 . The Lessee's obligations to pay the fee for the lease of the Equipment and all other amount hereunder shall be absolute and unconditional and shall not be affected by any circumstance.

이 예문은 리스 물건에 하자가 존재하더라도 차주는 대주에게 리스료를 지불해야만 한다고 하는, 이른바 차주에게 무조건 변제의무를 규정한 것이다.

## 23. 면책

대주는 리스 물건을 차주에게 빌려주고 있을 뿐이므로, 대주는 그 이외 책임은 지지 않는다고 하는 것이 면책조항이다.

예문 32

Article 14 Indemnity

The Lessee shall indemnify the Lessor against , and hold the Lessor harmless from , any and all claims, actions, suits, proceedings, costs, expenses, damages, and liabilities, including reasonable attorney's fees and costs , arising out of, in connection with, or resulting from performance of, or failure to perform, the Agreement by the Lessee and others, including without limitation ,those of the Equipment, transportation ,use, operation, handling ,modification or return of the Equipment.

손해(damage)와 손해배상(damages)을 혼동하지 않도록 한다.

표기방법으로는 save and hold the Lessor harmless from and against라는 표현도 자주 사용된다.

## 24. 국가주권면책

예문 33

Article 15 Sovereign Iimmunity

To the extent that (국명) has or may hereafter acquire any sovereign immunity from legal process (whether in respect of service of process ,obtaining of a judgement, execution or otherwise)with respect to itself or its property or assets, the Lessee hereby irrevocably waives such immunity from such legal process in respect of the obligations hereunder which may be instituted against the Lessee in any such court in Korea or (국명).

## 25. 책임 · 보증

예문 34

Article16 LIABILITY

1 . THE EQUIPMENT SHALL BE LEASED TO THE LESSEE BY THE LESSOR ON AN "AS—IS "BASIS AND THE LESSOR MAKES NO WARRANTIES OF ANY KIND,EXPRESS OR IMPLIED,REGARDING THE EQUIPMENT AND THE LESSOR PROPRIETARY INFORMATION, INCLUDING,BUT NOT LIMITED TO, MERCHANTABILITY, SATISFACTORY QUALITY, NON—INFRINGEMENT AND FITNESS FOR PARTICULAR PURPOSE.

이 예문에서는 대문자로 표기되어 있다. 이 조항은 차주에게 있어서 대단히 중요한 조항이므로 차주에게 충분히 인지시키기 위하여 눈에 띄게 대문자로 표기한 것이다. 이러한 요청은 미국통일상사법전

U.C.C. 2-316의 규정에 따른 것이다. 이 조항은 '보증의 배제 또는 수정'에(exclusion or modification of warranties)관한 규정으로 "적합성의 묵시적 보증을 해제 또는 수정하기 위하여는 그 배제는 기록 중에 하여야 하고, 현저한 것이어야만 한다"(to exclude or modification the implied warranty of fitness, the exclusion must be in record and be conspicuous.)라고 규정되어 있다. 여기서 conspicuous라는 것은 보기 쉬워야 하고, 확실히 보이고, 눈에 금방 들어오는 것이어야 한다는 의미이다. 관례적으로는 문자의 색을 변경하거나 밑줄을 친다든가, 대문자로 표기하는 경우가 많다. 물론 이것은 미국 U.C.C.에 의한 것이지만 많은 영문계약서에서 자주 나타나는 형식이다.

위 예문의 내용에 관한 것이지만, 리스 물건은 현 상태로 대주로부터 차주에게 대여되고 대주는 명시적 또는 묵시적으로도 상업성, 만족하는 품질, 비침해성 및 특정목적에 합치하는 사용방법을 포함하여, 또한 이에 한정되지 아니하고, 리스 물건 또는 대주의 고유정보에 관하여 어떤 종류의 보증도 하지 않는다고 하는 내용이다. 즉 대주는 현 상태대로 리스 물건을 차주에게 대여하고 있을 뿐이므로, 그 이외의 보증은 하지 않는다는 규정이다.

예문 35

Article 16 liability

2. The Lessor shall not be responsible for any damage of the Equipment and the Lessor Proprietary Information after their delivery or damage of the Lessee or any third-party suffered from use thereof.

이는 대주는 리스 물건 및 대주의 고유정보의 송달 또는 차주 혹은 제3자가 리스 물건의 사용에 관하여 지장이 있는 손해 발생 후, 이러한 어떠한 손해에 관하여도 책임을 지지 않는다는 내용이다. 대주가 차주에게 리스 물건과 대주의 고유정보를 넘긴 후에는 책임을 지지 않는다.

예문 36

Article 16 LIABILITY

3. IN NO EVENT SHALL THE LESSOR BE LIABLE FOR ANY THE LESSEE'S DIRECT, INDIRECT, CONSEQUENTIAL OR SPECIAL DAMAGES OR FOR ANY LOSS OF INCOME, PROFITS, INTEREST, GOODWILL, OPPORTUNITY OR UTILITY, OR FOR GOVERNMENTAL OR REGULARTORY SANCTIONS, OR CLAIMS OF CUSTOMERS FOR ALL SUCH DAMAGES.

이 예문은 대주는 직접, 간접, 파생적 또는 특별손해, 수익의 손실, 이익, 이자, 영업권, 기회, 유틸리티, 정부, 법적 제재 또는 고객으로부터 클레임 기타 모든 손해에 대해 차주에게 어떠한 책임도 지지 않는다는 규정이다. 이것이 이른바 warranty clause이고, 일반적으로 representations and warranties of the Lessor라고 불린다. 이러한 대주의 representations and warranties에 대하여, 차주가 대주에 대하여 어떤 종류의 특약을 하는 경우가 있다. 즉 국제 리스계약에 있어서는, 금융리스의 경우 대주는 금융기관의 기능을 수행하는 것일 뿐이므로 이러한 책임면제 규정이 기본이지만, 경우에 따라서는 협상에 의하여 예외적으로 특약을 하는 경우가 있다. 이런 경우에는 representations and warranties of the

Lessee라고 하는 별도의 조항을 설정하는 경우가 있다.

Article 16 LIABILITY

4. THE LESSOR' S TOTAL AND AGGREGATE LIABILITY UNDER
   THIS AGREEMENT SHALL IN NO EVENT EXCEED FEE
   IDENTIFIED IN THE BASIC TERMS .

## 26. 종료

이 조항은 주로 계약의 만료 및 종료에 관한 내용을 규정한다. 리스 기간 내에 차주는 리스계약을 해지할 수 없지만, 차주가 계약을 위반한 경우에 대주는 리스계약을 해지할 수 있는 등 리스회사에 있어서 유리한 조건이 포함되어 있다.

많은 리스계약의 약관에는 이 같은 차주에게 불리한 조항이 포함되어 있으므로, 경우에 따라서는 차주는 이것을 수정할 필요가 있다.

Article 17 Termination

1. The term of the Agreement shall be in accordance with the
   Term of the lease identified in the Basic Terms.

Article 17 Termination

2. The Lessee has no right to cease or terminate this Agreement
   until the expiration date of the Term of the lease identified in
   the Basic Terms

예문 39는 차주는 리스 기간 만료일까지 본계약을 정지 혹은 종료시
킬 수 없다고 규정하고 있다. "cease or terminate"는 정지시키거나 종
료시키는 것을 의미하는 것으로 영문계약서 중에 이와 같이 비슷한 의
미의 말이 반복되는 경우가 자주 있는데, 의미로서는 마찬가지다.

유래는 1066년 노르만디공국의 윌리암이 영국을 침공한 이래로
(the Norman Conquest of England) 많은 프랑스어가 영국으로 들어왔기 때
문에 누구든지 읽을 수 있도록 복수의 말을 연이어 쓰는 계약서가 사
용되게 되었다고 한다. 한편 차주가 리스기간 중 대주에 대하여 본 계
약을 정지 혹은 종료시킬 수 있도록 하는 경우에는 아래와 같이 된다.

예문 40

Article 17 termination

2. The Lessee has the right to cease or terminate the Agreement
   during the Term of the lease identified in the Basic Terms
   with a written notice at least three (3) month in advance at its
   sole discretion.

예문 41

Article 17 Termination

3. Even during the Term of the Agreement, the Lessor may

immediately terminate the Agreement without payment of any compensation to the Lessee,

(1) when the Lessee defaults in any of the provisions of the Agreement and does not remedy the default within ten (10) days after a written notice is given requesting the Lessee to remedy the default; or

(2) when the Lessor gives a written notice of termination to the Lessee at least one month in advance at its sole discretion.

이 조항은 대주가 본 계약을 종료시킬 수 있다는 구체적인 규정이다. 그 경우, 대주는 차주에 대하여 어떠한 보상도 하지 않는다(without payment of any compensation to the Lesser).

계약을 종료시킬 수 있는 조건은 두 가지로, 차주가 본 계약에 어떠한 조항이라도 위반하고 시정요구를 받은 날로부터 1개월 이내에 시정하지 않을 때와, 대주가 순전히 자기 재량에 기하여 사전에 통지를 한 때이다. 차주에게 중도해약 가능성이 있는 경우는 리스계약이 아니라 중도해약도 인정하는 임대차계약(렌탈계약)으로 변경하는 것도 생각할 수 있다.

예문 42

Article 17 Termination

4. After the expiration of the Term of the lease both parties shall enter into and make the Release Agreement if the Lessee wishes to continue to use the Equipment.

이 조항은 재(再)리스에 대한 규정이다. 리스기간이 만료된 후에 차주가 사용하던 기계를 그대로 사용하고 싶다고 생각하는 경우가 많고, 이 경우에 release agreement를 체결하는 경우가 많다.

예문 43

Article 17 Termination

5. The Lessee has the right to purchase the Equipment during or after the Term of the lease at the appropriate price.

## 27. 종료의 효과

리스계약이 종료된 경우에는 리스 물건의 반환이 중요하다. 진부화한 리스 물건은 리스회사로서는 중고품으로 매각해야 할 수밖에 없고, 차주에게 저가로 매각도 많이 한다. 차주가 오랜 기간 사용하여 익숙해진 물건을 계속하여 사용할 수 있다는 장점이 있지만, 리스계약의 성질상 리스계약에 의하여 새로운 것을 사용하고 싶다고 하는 수요도 있어, 기술혁신이 급격히 일어나지 않는 부문에 한정된다.

예문 44

Article 18 Effect of Termination

Upon the expiration or earlier termination of the Agreement, the Lessee shall take the following procedures at its own cost and expense and its responsibility:

(1) The Lessee shall immediately cease to carry out the

Equipment and to use the Equipment and the Lessor Proprietary Information;

(2) The Lessee shall promptly return the equipment to such a place as the Lessor specifies in good repair, condition and working order, except ordinary wear and tear resulting from proper use thereof alone;

(3) The Lessee shall, pursuant to the Lessor's instructions, promptly return to such place as the Lessor specifies or destroy the tangible Lessor Proprietary Information in the Lessee's possession.

## 28. 약관

차주는 리스회사가 리스 계약서 초안을 제시하는 경우, 이것을 충분히 검토하여야 한다. 안이하게 합의하여 서명하게 되면, 사후에 생각지도 못한 사태에 봉착할 수 있다. 해외계약의 경우, 영미법이 준거법이 될 때는 구두증거배제원칙(Parol Evidence Rule)이 적용될 가능성이 있다. 따라서 계약서 외의 구두합의는 반드시 부수(附隨) 각서(변경 각서)를 사용하여 서면화할 필요가 있다.

특히 계약서 중에 완전합의조항(entire agreement)가 있는 경우에는 충분히 주의할 필요가 있다.[58]

---

**58** 이 글에서 西川知雄, 國際 リス一契約の 手引き´ 有斐閣, 1985, 高田 寬, 國際 リス?契約, 國際商事法務 Vol. 43, No. 12, Vol.44, No. 1-2를 참조하였다.

# VII. 국제판매대리점계약 · 판매특약점계약

## 1. 들어가며

### 1) 판매특약점계약

총판매대리점계약 혹은 판매대리점계약은 Sales Agency Agreement로, 총판매특약점계약 혹은 판매특약점계약은 Distributorship Agreement로 지칭한다. 이는 아래에서 보는 바와 같이 대리점과 판매점의 차이에서 유래한다.

### 2) 대리점과 판매점

Agent/Service Agent는 대리점을 지칭하고, 매도인 혹은 매수인을 위하여 일정한 업무(고객의 중개, 거래처의 정보수집, 판촉활동 등)를 수행해 준다. 법적으로 대리인으로의 기능을 수행한다. 이에 대하여 Distributor라고 불리는 판매특약점의 역할은, 수출자로부터 자기명의로 물건을 구입하여 판매지정구역 고객에게 판매하는 것이다. 판매가격의 지정, 재고보유, 판매전략 수립, 판매고객에 대한 여신 리스크 등을 자신이 모두 부담한다.

판매대리점이나 판매특약점이라는 명칭이 반드시 법적 성격에 따라 붙여지는 것이 아니다. 명칭 여하를 불문하고 그 역할과 기능 분담, 리스크 분담에 따라 법적 성격이 달라진다.

### 3) 독점금지법 및 대리점보호법의 규제

총판매대리점 등은 배타적 혹은 독점적 권리를 부여하는 대신에 판매지역이나 판매처 등을 제한하거나 경업제한, 최저판매수량요구 등을 하는 경우가 많다. 이러한 행위들은 우리나라의 경우에도 공정거래법위반이 되는 경우가 종종 신문지상에 보도되고 있다. 이러한 사정은 외국의 경우에도 다르지 않다. 따라서 이러한 제한들이 진출국의 독점금지법에, 특히 부당거래제한이나 불공정거래방법에 해당되어 위 법 위반이 될 수 있으므로 유의하여야 한다.[59]

**대리점보호법제도 유의하여야 한다.**

해외기업과 대리점 혹은 판매점 계약에 있어서 경제적으로나 법률적으로 취약하고 종속적인 입장에 있기 쉬운 자국의 대리점, 판매점을 보호하기 위한 대리점보호법을 많은 국가에서 제정하여 시행되고 있다. 나라에 따라서는 이러한 법이 강행법규로 되어 있고, 외국의 법률을 준거법으로 하지 못하도록 하고 있는 경우도 있다. 대리점보호법에서는 대리점계약성립의 인정, 계약의 종료, 특히 해약조건과 해약에

---

**59** 미국의 경우, 판매지역을 제한한 독점판매점에 관하여 실질적 판매지역제한일 경우에는 독점금지법 위반이 된다. 재판매가격지정도 합리의 원칙에 따라 위법으로 되는 경우가 있다. 일본의 경우에도 유통 거래관행에 관한 독점금지법 지침을 발표하고 이에 대한 집행을 엄격히 하고 있다. EU의 경우에도 판매지역제한행위는 기본적으로 독점금지법 위반으로 된다. 2010. 4월에 수직적 제한에 관한 가이드라인을 발표하여 제조사와 판매점 등 수직적 거래관계에 적용되는 행위제한 등을 내놓고 있다. 상세는 國際商事法務 vol. 43. No. 6. (2015) p. 945

수반되는 보상액 등에 관하여 규정하고 있다. 어느 나라에 대리점을 두느냐에 따라 본인인 수출자의 법적 책임의 인정범위가 달라진다. 따라서 대리점을 두려는 나라의 대리점보호법을 비롯한 관련 법률을 사전에 조사하여 둘 필요가 있다.

## 2. 국제적 판매대리점/특약점계약의 포인트

### 1) 주요 조항
총판매대리점계약 혹은 총판매특약점계약에 규정되는 주요 내용은 아래와 같다.

① 대리점/특약점 기용(起用)과 그 기능 및 관계 ② 판매지역지정 ③경업금지규정 ④ 매매거래 및 지불조건. 인도 등 ⑤ 보증 ⑥ 최저판매의무 ⑦ 재고유지 및 광고 ⑧ 판매보고 ⑨ 지적재산권 ⑩ 계약기간 ⑪ 계약해제 및 효과 ⑫ 일반조항

### 2) 대표적 조항 예

#### (1) 판매점 기용과 그 기능 및 관계
Appointment of Distributor
1. Exporter appoints Distributor and Distributor accepts to be the exclusive distributor for the sale and distribution of the products manufactured by -------------- (hereinafter called "the Products") in the defined area of territory (hereinafter called

"the Territory").

2. Distributor agrees to sell in its own name and for its own account and risk in the Territory, the Products supplied by Exporter. Distributor is free to fix the sales terms to the customer in the Territory, including the price of the Products. Distributor may appoint sub-distributors or agents for the sale of the Products. Distributor shall set up and maintain adequate organization for sales.

3. Distributor is not entitled to act in the name or on behalf of Exporter, unless previously and specifically authorized to do so by Exporter. Distributor is in no way the legal agent of Exporter for any purpose whatsoever and shall have no right or authority to assume any obligation in the name of or on behalf of Exporter.

3. Distributor is not entitled to act in the name or on behalf of Exporter, unless previously and specifically authorized to do so by Exporter. Distributor is in no way the legal agent of Exporter for any purpose whatsoever and shall have no right or authority to assume any obligation in the name of or on behalf of Exporter.

여기서 중요한 점은 지정상품의 한정, 판매지역의 특정, 독점적 판매점임을 명확히 한 것이다. 판매특약점의 기능으로서 자기명의와 계산으로 리스크를 안고 판매한다는 점을 명확히 하고, 판매특약점이 매매거래의 계약당사자로서 개입하는 것을 분명히 하였다.

제2항에서 보는 바와 같이 판매특약점이 시장에서 재판매가격을 자율적으로 결정하는 것임을 명확히 규정하고 있다. 이는 수출자에 의한 재판매가격지정이 독점금지법 위반이 됨을 염두에 둔 것이지만, 지정지역에서 이러한 염려가 없다면, 수출자로서는 판매전략상 시장에서의 가격을 안정적으로 유지하기 위하여 시장에서의 판매가격은 수출자가 정하는 것으로 규정하는 것이 바람직할 수 있다.

제3항은 수출자의 대리인이 아님을 규정하여 수출자에게 리스크가 전가되는 것을 막기 위한 것이다. 그러나 위 규정은 계약상 당사자간의 결정에 의한 것이고, 그 한도에서는 유효하지만, 대외적인 효력까지는 없다고 보아야 할 것이다.[60]

## (2) 판매지역지정과 제한

Territory

The Territory in which Distributor acts as a distributor of the Products shall be _____. Distributor shall not sell, directly or indirectly, the Products outside the Territory, nor shall sell the Products to any person in the Territory who knows or has reason to believe, to sell the Products outside the Territory.

판매지역을 정함에 있어 국별로 정하는 수도 있으나 나라가 큰 경우에는 주 단위, 중부, 동부 등으로 국한할 수도 있을 것이다.

---

**60** 國際商事法務 vol.43. No. 7 (2015), p.1091

판매대상지역은 독점적 판매권을 부여할 것인가 하는 문제와 관련되어 있다. 만약 비독점적인 판매권을 부여하는 경우에는 판매지역이 경합하는 것을 전제로 하는 것이므로 그다지 엄격할 필요는 없을 것이다.

판매지역제한과 관련한 독점금지법 위반의 문제가 되는 수가 있다. 이는 판매지역제한에 경쟁제한적 요소가 있다고 보기 때문이다. 이런 점은 판매대상국마다 입법상황이 다르므로 사전검토가 필요하다.

EU의 경우, 상품 등의 자유로운 이동을 전제로 하므로 기본적으로 독점금지법위반이 된다. 2010년 4월에 '수직적 제한에 관한 가이드라인'이 발표되었다. 제조사와 판매점과의 계약 등 수직적 거래에 적용되는 경쟁법에 관한 것으로 경쟁을 제한하는 것이라도 규칙이 정한 요건을 충족하는 경우에는 일반적으로 경쟁법의 적용에서 면제된다. 이 점을 확인할 필요가 있을 것이다.


## (3) 경업제한

Undertaking not to Compete

Without the written approval or authorization from Exporter, Distributor shall not, directly or indirectly, represent, manufacture, market or sell in the Territory any products which are similar or competitive with the Products during the effective term of this Agreement.

In case of any doubt as to whether the particular products are similar to or competitive with any of the Products or not, Distributor shall contact Exporter for its judgment which shall be final.

경업제한조항은 독점적 판매권을 부여하는 경우, 수출자로서는 판매시장전략상 중요한 조항이다. 유사제품이나 경합제품을 가리는 것이 쉽지 않기 때문에 수출자가 최종 결정하도록 규정하는 방식이 이용될 수 있다.

## (4) 최저구입의무

### Minimum Purchase

1. It is agreed that as one of the main conditions prerequisite to the continuation of the Agreement, Distributor agrees to purchase the Products from Exporter in the quantity not less than _____units for any contract year throughout the effective term of this Agreement.

2. If the quantity of actual purchase during any one (1) contract year exceeds the minimum purchase quantity set forth in the preceding paragraph, the excess may be carried forward and credited against the minimum required quantity of the succeeding year. For the purpose of this Article, the Products shall be deemed to have been purchased by Distributor upon shipment thereof.

3. In the event that Distributor fails to purchase any minimum quantity, Exporter may terminate this Agreement and may claim to Distributor any damages incurred from such failure in addition to any rights and remedies under this Agreement and the applicable laws.

최저판매의무 혹은 최저구입의무는 수출자에게 대단히 중요하다. 위 사례에서와 같이 합의가 되지 아니하는 경우에는, 최저구입수량 혹은 최저판매수량을 목표로 정하고 이를 달성하기 위한 노력의무를 규정하는 경우도 있다.

위 사례에서와 같이 1년 단위로 판매의무를 정해 달성 여부를 판단하여 계약해제권 혹은 손해배상청구권을 연동시키는 형식이 일반적으로는 이상적이지만, 경우에 따라서는 독점판매권을 비독점판매권으로 전환하는 대응책도 가능하다. 그리고 어느 연도의 판매초과분은 다음 연도로 이월하는 방법도 널리 행해진다. 1년 단위가 아닌, 3년 혹은 5년 단위로 달성 여부를 판단하는 방법도 있다.

위 사례에서는 선적시를 기준으로 하고 있지만, 제3자에 판매한 시점을 기준으로 하는 경우도 있다. 이는 판매대리점이 최저판매의무를 달성하기 위하여 수출자로부터 제품의 인도를 받았으나 실제로는 판매로 이어지지 못하고 재고증가로 이어지고 최악에는 시장에 염가로 처분될 가능성이 있기 때문이다. 이는 가격면에서 시장 교란 상태를 초래하게 되고, 다른 대리점이 신규진입을 하려고 하여도 정규가격 판매가 어렵게 될 가능성이 크다.

## (5) 매매거래

Transaction

1. All transactions under this Agreement shall be executed in accordance with a series of contacts of sale which shall be concluded from time to time between Exporter and Distributor in respect of each transaction.

2. Payment shall be made by Distributor to Exporter by means of irrevocable letters of credit to be established by Distributor in favor of Exporter or in such other manners as may be agreed upon between them in each individual contract of sale as mentioned above.

판매특약점과 수출자 간의 상품매매거래는 당사자간의 그때그때 마다 개별매매계약을 체결하는 것으로 이루어진다는 것을 확인하는 내용이다.

이러한 판매특약점계약은 수출업자가 판매특약점에 판매권을 부여하는 거래와 판매점이 이렇게 부여된 판매권에 기초하여 수출자로부터 물품을 구입하는 거래가 규정되는 것이 일반적이다.

### (6) 주문(注文)의 소개(紹介)

Reference of Orders

Exporter shall not, during the term of this Agreement, sell the Products, in the Territory except through Distributor and shall refer to Distributor all orders therefor as received from the Territory. Provided, however, Exporter shall be free from application of this Agreement in the following case:

a) Where Exporter sells the Products to the government or its agencies, local public entities and/or international organization or institution whose preference is to deal directly with Exporter.

b) Where Exporter exports the Products under special procurement due to war or similar events or under a contract of international tender.

c) Where the Products are exported as part of a plant to be exported from Korea.

d) Where the Products are purchased in Korea and brought into the Territory by the purchaser residing in Korea.

위 조항은 판매점에게 독점권을 부여하는 것을 전제로 하고 있어 판매지역 내에서는 수출자 자신도 일정한 예외적인 경우를 제외하고는 판매활동을 하지 않겠다는 것을 규정하고 따라서 수출자가 받은 판매지정지역 내에서의 주문은 판매특약점에 제공하기로 한다는 내용이다.

## (7) 주문 등

Orders

1) Exporter has the right to accept or refuse all or any orders for the Products placed by Distributor at the discretion of Exporter. In case of refusal of any order, Exporter shall immediately notify Distributor to such effect specifying the reason therefor.

2) No contract of sale in connection with the Products shall be deemed to have been concluded until and unless an order therefor shall have been finally accepted by Exporter.

3) Distributor shall not rescind or amend any order which has been accepted by Exporter without the written consent of Exporter.

수출자의 주문인수와 주문거부를 할 수 있는 권리를 규정하고, 수출자가 최종적으로 주문인수를 하기 전까지는 매매계약이 체결된 것으로 볼 수 없고, 이 같은 최종 인수를 한 주문은 서면에 의한 동의가 없는 한 판매특약점이 취소나 변경을 할 수 없다고 규정하고 있다.

(8) 재고 및 광고

Stock and Advertising

1. Distributor shall maintain at its expense a stock of the Products for the purpose of display, demonstration and distribution.

2. Distributor shall exert its best efforts for the sale of the Products in the Territory at its own cost and advertise the Products in a reasonable and suitable manner in accordance with such advertising program as shall be delivered by Exporter. Exporter shall provide Distributor for free of charge with such quantities of catalogues , leaflets, posters and other advertising materials  as Exporter considers adequate with information and advice necessary for the advertising of the Products. Upon termination or expiration of this Agreement, Distributor shall return Exporter all catalogues,

leaflets, posters and other advertising materials left in hand which have been supplied to Distributor.

판매(특약)점이 자기 명의와 자기 계산으로 판매활동을 하는 것이므로 재고보유도 당연히 요구된다. 광고선전비에 관하여는 판매점이 부담하는 경우와 수출자가 부담하는 경우가 있을 수 있다. 전세계적으로 통일적인 광고선전을 하는 경우에는 제조사인 수출자가 부담하는 경우가 더 많다.

(9) 신용·평판의 유지

Maintenance of Good Reputation

Distributor shall, in its sales activities for the Products in the Territory, pay utmost attention to prevent the occurrence of situations or circumstances that might impair the good reputation    of Exporter and shall make every possible effort for speedy settlement of any claim made by customers against Exporter under the warranty as stipulated in Article _____of this Agreement.

판매점에게 수출자의 신용, 평판을 훼손하는 상태나 환경을 피하기 위하여 주의하고, 고객의 클레임을 조속히 해결하도록 노력할 의무를 부여하는 규정이다.

## (10) 판매촉진 및 판매보고

Sales Promotion & Report

The Distributor shall diligently and with all reasonable efforts promote the sales of the Products in the Territory and shall faithfully fulfill the following provisions:

1) The Distributor shall establish its branches and/or appoint dealers in order to organize an efficient sales and service network throughout the Territory to the satisfaction of the Exporter.

2) The Distributor shall make periodical reports on the sales and the stock of the Products and its business activities in promotion of sales together with the information on the market situation in the Territory, and shall whenever requested by the Exporter, submit such reports as are required by them.


판매대리점·판매특약점을 기용하는 목적은 판매지정지역 내에서 판매활동을 맡겨 대상 상품의 판매를 촉진하는 것이다. 이를 위하여 간접적으로는 최저판매수량 혹은 최저구입의무를 규정하고, 보다 직접적으로는 적극적인 판매활동을 약속하게 하고, 그 약속의 이행 결과 보고와 판매지역의 상황보고를 적시에 하도록 하는 규정을 두는 것이다. 이를 통하여 판매지역의 판매상황을 수시로 확인하고, 신판매대리점/특약점을 추가로 둘 것인지, 신제품을 투입할 것인지 등과 같은 판매전략을 어떻게 할 것인지 등을 판단하기 위한 자료로 활용한다.

## (11) 품질보증서비스

Warranty Service

All of the Products shall be subject to the applicable warranty and warranty procedures which are in effect for the Products on the date of each sale. The remedies provided in such warranty are exclusive remedies and performance under such warranty shall constitute the complete obligation of the Exporter, and are in lieu of all other warranties whether written, oral or implied.

The Distributor shall also service all and any the Products manufactured by the Manufacturer in accordance with the warranty provisions for the Products throughout the Territory, inclusive of those which were imported by any person whether before or after the conclusion of this Agreement, in such a manner as may be satisfactory to the Exporter.

For this purpose, the Distributor shall always maintain a reasonable stock of spare parts and accessories for the Products, in the quantity considered adequate by the Exporter.


상품의 품질보증은 대상상품의 판매시점에 유효한 품질보증조건과 절차에 따라 실시된다. 물론 상품에 따라서는 인도시점에 명백한 하자 이외에는 품질보증서비스가 필요하지 않은 경우도 있다.

이러한 품질보증서비스는 판매지정지역에서는 판매점이 이행하도록 할 필요가 있기 때문에 이것을 의무로 확인함과 동시에 서면, 구두, 묵시에 의한 것인가를 묻지 아니하고 이 이외의 보증을 모두 대신하는 것으로 규정하고 있다. 통상 이러한 품질보증서비스로는 하자보수, 신제품으로의 교체, 대금 감액 등이 제공되는 경우가 많다. 이를 위하여 이러한 조건을 인용하든가 별도의 부속서로서 본계약에 첨부함으로써 그 내용을 판매점 등과의 사이에서 사전에 확인하여 두는 것이 바람직하다.

위 조항 예에서는 대상상품에 관한 본계약 체결 전후를 묻지 아니하고 다른 자에 의하여 수입된 상품에 대하여서도 품질보증서비스를 할 것을 의무지우고 있다. 이러한 품질보증서비스를 위하여 판매점 등은 수출자가 적절하다고 생각하는 정도의 양의 합리적인 보수부품과 부속품을 유지할 의무가 있다.

## (12) 지적재산권침해

Infringement on Intellectual Property

In the event that the patents, inventions, know-how and other technical information made available by the Exporter and/or the Manufacturer should infringe the patents, utility model, design rights or copy rights whatever already registered or not in the Territory, the Exporter and/or the Manufacturer shall assume no responsibility whatsoever for such infringement.

If any disputes or claims should arise in respect of the aforementioned rights, the Distributor shall settle them at its own expense and shall have no recourse to the Exporter for any expense, loss and damages arising therefrom.

대상상품에 관한 특허권, 실용신안권, 디자인, 저작권 등의 지적재산권의 침해가 일어난 경우 대응을 확인하는 규정이다. 위 조항 예에서는 수출업자 혹은 제조업자로서는 이러한 침해에 대하여 어떠한 책임도 지지 아니한다고 규정하고 있다. 대신에 판매특약점 등이 자기비용 부담으로 이를 해결하여야 하고, 수출업자 등에 대하여 보상을 청구하지 못한다는 내용이다.

이 조항 예는 대상상품에 관하여 특허권 등 지적재산권에 관하여 판매지정지역에서의 등록상황을 미리 조사하는 등의 방법으로 제3자의 지적재산권을 침해하고 있지 않다는 것을 확인한 경우이고, 계약 체결 후에 있어서는 그 문제에 관하여 판매특약점 등이 책임지고 대응하기로 한 규정이다.

그러나 일반적으로 판매지정지역 내 대상상품에 관하여 발생할지도 모르는 지적재산권침해의 가능성에 관하여는, 그것은 제조업자의 문제로 되는 경우가 많다. 이러한 경우에는 지적재산권의 침해를 이유로 하는 소송이나 클레임이 제기되면, 이하의 규정과 같이 당해 제품의 제조업자가 그 침해에 관하여 방어조치를 강구하여야 한다는 취지의 규정을 두는 방법도 있다. 이를 위하여 이 같은 침해 클레임 등에 관한 정보를 접한 경우에는 적절한 대응을 적시에 할 수 있도록, 지체없이 수출자 등에게 연락하여야 한다는 규정을 둘 필요가 있다.

**제3자의 지적재산권침해에 대응하기 위한 조항 예**

In the event that any third party claim is made or suit is brought against the Distributor during the term of this Agreement on the basis that the sale or use of the Products infringes any proprietary rights of such third party in the Territory, the Manufacture shall have the sole right to conduct or defend any action relating to such infringement of the Products set forth above.

The Distributor shall promptly notify the Exporter and/or the Manufacture of any infringement or attempted infringement or misappropriation of any patents, copyrights, trademark or trade-secrets of the Products.

## (13) 계약해제

이와 관련하여서는 국제계약에서 일반적으로 통용되는 계약위반에 관한 규정이 사용되는 경우가 많다. 이러한 규정을 두는 이유 중의 하나는 대리점보호법제가 있는 나라나 지역의 경우, 판매특약점에서 발생한 계약위반, 도산 등의 경우에는 계약해제가 정당하다고 주장할 수 있게 하기 위하여서이다.

이 조항에서는 일반적인 불이행으로 일정기간 내에 그 불이행이 치유되지 아니하는 경우 이외에, 상대방 당사자의 도산, 중요한 자산의 처분으로 영업중지사태에 이른 경우 계약을 해제할 수 있다고 규정한다.

Termination

1) The Exporter shall have the right to forthwith terminate this Agreement at any time with a written notice to the Distributor in the event that the Distributor shall commit any breach of the provisions of this Agreement and shall fail to

rectify such breach within two (2) months after the service of a notice in writing from the Exporter requiring such rectification.

2) Any of the parties of this Agreement shall have the right to forthwith terminate this Agreement unconditionally with a written notice to the other parties upon the occurrence of any of the following events.

a. When any of the other parties to this Agreement becomes bankrupt or insolvent .

b. When any of the other parties to this Agreement assigns the whole or any substantial part of its business undertaking or assets or ceases to carry on its business.

(14) 계약해제의 효과

계약해제의 일반적인 효과로서 그 시점에 미이행된 개별매매계약을 어떻게 할 것인가 하는 문제가 생기는데, 아래 조항에서는 계약해제권을 행사할 수 있는 당자사측에 해약옵션, 즉 해약할 수 있는 해약권을 부여하고 있다.

한편, 계약해제에 관하여는 그 해제사유에 따라 다르겠지만, 계약위반이나 도산 등으로 계약이행이 불능으로 되는 경우에는 상대방으로서는 불이행으로 인한 손해가 발생하므로, 그 손해배상청구를 할 수 있다고 규정해 둘 필요가 있다.

또한 계약해제의 경우, 판매특약점으로서는 영업권 손실을 입게 되므로 이러한 영업권 손실에 대하여 손해배상을 인정할 것인가에 관하여 정하여 둘 필요가 있다. 특히 계약기간 도중에 판매점 측에 계약불이행이나 계약해제 원인사유가 있는 경우 등은 손해배상청구 유무를 명확히 규정하여 둘 필요가 있다. 물론 전술한 바와 같이 대리점보호법제가 있는 나라에서는 법적으로 손해배상의무를 지우는 경우도 있어 유의하여야 한다.

Effect of Termination

1) In the event of this Agreement being terminated pursuant to the terms and conditions of this Agreement, the terminating party shall have the option to terminate all outstanding Individual Sales Contracts, provided that if the terminating party does not exercise such option, all outstanding Individual Sales Contracts under this Agreement shall be carried out pursuant to the terms of this Agreement even after the termination thereof.

2) Termination under this Agreement shall not prevent the terminating party from claiming any loss or damages incurred by the cause of termination.

3) Distributor shall be entitled to an indemnity for goodwill or similar compensation in case of termination of this Agreement and/or Individual Sales Contracts.

(15) 윤리와 부당지불금지

이 조항은 판매점 등에 대하여 제조업자 등의 기업행동규범 혹은 기업윤리규범을 준수할 것을 요구하는 것이다. 판매특약점 등은 판매 지역의 법을 준수하여야 할 뿐만 아니라 제조업자 등의 규범화한 기업 행동기준 등을 준수할 것을 요구하고 있다. 이것은 기업의 사회적 책임의 일환으로 최근 대부분의 기업에서 규범화하고 있다.

Code of Ethics

This Agreement is subject to the "Code of Ethics"of the Manufacturer and any modifications thereto which are available to the Distributor, whether in hard copy or electronically. The Distributor agrees that it shall comply with such Code of Ethics which is hereby incorporated by reference and made a material part hereof.

이 조항은 판매특약점 등이 대상상품의 판매촉진을 위하여 공무원 등에게 부당한 금품 등의 지불을 금지하는 규정이다.

이러한 조항은 굳이 판매특약점계약에 규정하는 이유는 제조업자나 수출업자가 이러한 부당한 이익공여행위에 직접 관여하지 아니하여도, 판매대리점의 이러한 행위에 의하여 이 같은 문제에 연루될 가능성이 있고, 그렇게 되면 대상상품의 제조업자나 수출업자도 위반당사자가 되어 버리는 경우가 생길 수 있기 때문이다.

Improper Payment

The Distributor shall (i)comply with all applicable laws relating to anti-corruption or anti-bribery, including but not limited to legislation implementing the Organization for Economic Co-operation and Development "Convention on Combating Bribery of Foreign Public Officials in International Business Transactions" (the "OECD Convention") or other anti-corruption/anti-bribery convention in the Territory; (ii) comply with the requirements of the Foreign Corrupt Practices Act, as amended,(FCPA) (15 U.S.C. 78dd-1,et.seq.); and also the requirement of the Bribery Act 2010 in UK; and (iii) neither directly or indirectly, pay, offer, give, or promise to pay or give, any portion of monies or anything of value received from the Exporter and/or the Manufacturer to any person in violation of the FCPA, the Bribery Act and/or in violation of any applicable country laws relating to anti-corruption or anti-bribery.

(16) 분쟁해결

여기서는 판매특약점계약에 있어서의 당사자간에 생기는 분쟁을 해결하기 위한 틀을 규정한다. 일반적으로 클레임이나 분쟁 등은 먼저 당사자간에 협의에 의하여 먼저 해결하고, 그것이 성사되지 아니하는 경우에는 조정(調停)절차를 취한다. 최종적 분쟁 해결 수단인 소송이나 중재 등에 이르기 전에, 당사자간의 협의에 의한 해결, 더 나아가 그 연장선상에 있는 조정이라고 하는 당사자가 납득하여 해결하는 수단인 ADR(재판외 분쟁처리)의 장점이 재검토되기에 이르러, 최근에는 미국 등에 있어서도 소송 혹은 중재절차에 회부하기 전에 조정(mediation)이라고 하는 중간적 분쟁해결 수단을 채용하는 케이스가 증가하고, 여기에 따라 분쟁해결 조항이 규정되는 일이 많아지고 있다.

이하의 규정은 상호협의에 의한 해결이 불가능한 경우, 조정에 의하여 해결될 것을 규정한 것이고 여기서는 캘리포니아주에서 행하는 것으로 하고 있다.

여기에서의 조정절차에 있어서는, 조정인은 양 당사자의 합의에 의하여 관련 사건에서 10년 이상의 실무 경험을 가진 변호사 중에서 지정되는 것으로 하고 있다. 조정절차가 법제도로서 존재하고 있는 경우에는 그 제도에 따라서 하는 것으로 한다. 일본 민사조정 등과 같이 재판소에서 행하는 경우에는 그 비용을 당사자가 부담하는 경우는 적지만, 그러하지 아니하는 경우에는 이러한 조정인의 비용을 포함하여 조정비용을 어떻게 할 것인지 하는 문제도 있다. 여기서는 그와 같은 것들은 당사자가 절반씩 부담하는 것으로 확인하고 있다. 그러나 각 당사자가 상담한 각자의 변호사 비용은 각자 부담으로 하는 것을 염두에 두고 이를 확인하고 있다.

Mediation

If the parties hereto are unable to informally resolve a Claim by mutual agreement pursuant to Section _____above, the parties hereto agree that such Claim shall be next be subject to mediation in [ , California]. Mediation shall be scheduled as soon as practicable after the issuance of an Impasse Notice, but in no event later than sixty (60) days after the Impasse Notice is received by the parties hereto.

The mediation proceedings shall not exceed two (2) days unless

the parties hereto agree otherwise. The mediator shall be
selected by mutual agreement of the parties hereto and shall be
an experienced mediator who is an attorney with at least ten
(10) years of experience in matter of the type in dispute
between the parties hereto.
The cost of mediation shall be borne equally by the parties
hereto. However, the parties hereto shall bear their own legal
fees and costs.

만약 당사자가 조정인의 선정에 합의할 수 없거나 조정에 의하여 클
레임을 해결할 수 없는 경우에는, 분쟁해결을 구속력 있는 중재로 가
져갈 수도 있다.

이상 판매특약점계약에 관련된 조항 예와 그 내용 등을 검토하여 왔
지만, 이 외에도 판매특약점계약에서는 해당 상품의 매매거래 등의 관
련 조항을 담고 있기 때문에 대상 상품의 제조물 책임에 관한 조항도 필
요하다. 또한 수출자와 판매특약점과의 사이에 직 · 간접적으로 자본
관계가 있다고 인정되는 경우에는 해당 상품의 매매가격 등이 적정하
게 책정되었는지 하는 문제, 즉 이전가격문제가 발생할 가능성이 있다.

# Ⅷ. 기술라이선스계약

## 1. 들어가며

미국 기업으로부터 한국 기업이 기술라이선스를 받는 것을 전제로 라이선스계약의 중요한 부분을 검토한다.

## 2. 기술라이선스의 전제문제

### 1) 기술라이선스의 대상

i) 특허받은 발명이 대상이 됨은 당연하다.

ii) 그러나 특허 부여 전 발명도 대상이 될 수 있다. 특허부여되기 전이라도 출원공개(특허법 제64조)가 이루어진 이후에는 당해 공개 후 특허 전에 이를 실시한 제3자에 대하여 실시료 상당을 특허 후에 청구할 수 있다(특허법 제65조). 가(暇)보호권리를 받게 된다.

iii) 공개되기 전에는 노하우로서 대상이 된다. 라이선스 대상이 되는 노하우는 주로 영업비밀 혹은 Trade Secret로서의 노하우이다. 미국의 많은 주에서 채용하고 있는 Uniform Trade Secret Act에서는 Trade Secret를, 독립된 경제적 가치를 가지고 있고 일반적으로 알려져 있지 아니하며, 정당한 수단에 의하여 용이하게 얻을 수 없는 것으로 합리적 노력에 의하여 보호되고 있는 제법(製法),

패턴, 편집물, 프로그램, 장치, 방법, 기술, 프로세스 기타 정보로
정의되고 있다.[61] 2016년부터는 영업비밀이 주(州)간 혹은 국제
거래에서의 제품 및 서비스에 관한 영업비밀에 관하여는 연방영
업비밀보호법 DTSA(Defend Trade Secrets Act of 2016)이 적용된다. 이
법에 의하여 연방법 차원의 영업비밀부정사용(misappropriation)에
대한 규제가 행하여진다. 그러므로 영업비밀에 관한 주법과 연방
법이 공통하여 적용되는 부분이 생기게 된다. 이러한 점을 고려
하여 주법과 DTSA어느 법이 적용되는지, 부정사용에 대하여는
어느 법률을 적용할 것인지에 관하여는 각 법의 내용, 변호사 비
용, 손해배상의 범위 등을 고려하여 판단할 필요가 있다.[62]

iv) Computer software

저작권 대상으로서 라이선스의 대상이 된다.

## 2) 기술라이선스의 지위

기술라이선스는 기술이전 혹은 획득의 한 수단이다. 아래와 같은 다
른 수단과 비교하면서 최적수단을 선택하여야 할 것이다.

### (1) 기술양도(Assignment)

특허권 기타 기술에 대한 권리 그 자체를 양도하는 것으로, 기술획
득을 희망하는 기업으로서는 가장 확실한 방법이나 라이선스에 비하
여 대가가 고액이다.

---

**61** Uniform Trade Secrets Act ("UTSA")1.4
**62** 淺井敏雄, 국제계약법연수기초강좌, 제22회 기술라이선스와 법(1), 국제상사법무 Vol.44.
No.7, 2016, p.1103

### (2) 공동연구(Cooperative Research)

타사와 협력하여 목적하는 기술을 개발하는 것으로, 상호보완관계에 있는 기업과 협력하여 기술개발을 하는 경우와 개발비용이 다액이거나 개발에 고위험이 따르는 경우 이를 분담하기 위하여 행한다.

### (3) 매수 · 합병(M&A)

목적으로 하는 기술을 기술자와 판매망 등을 일괄하여 획득하는 방법이다. 다액의 투자가 필요하고 운영상의 위험도 따르지만, 미개척 분야에 조기에 효율적으로 진출할 수 있다는 장점이 있다.

### (4) 합작회사(Joint Venture) 설립

위 공동연구의 형태를 최상의 단계로 끌어올린 것으로, 목적한 기술을 사용하여 생산된 제품의 판매도 합작회사에 맡기는 경우가 많다.

### (5) 기술지원 혹은 기술컨설팅

통상, 기술양도, 기술라이선스에 부수하는 경우에 많이 사용된다. 목적한 기술을 습득하기 위하여 기술정보 제공, 기술자 파견, 컨설팅 등을 받는다.

### (6) 기술개발위탁계약

소프트 개발위탁 등 타사에 기술개발을 위탁한다. 그 개발성과에 관계되는 지적재산의 양도 혹은 라이선스에 의하여 기술을 이전한다.

### 3) 기술라이선스의 목적

#### (1) 실시권허락자 라이선서(licensor)로서는,

자사 특허권의 경제적 활용, 대상기술의 개발, 권리화에 들어간 비용의 조기회수, 특허제품의 제조위탁에 수반하는 특허라이선스, 합작회사에의 기술라이선스 등의 목적을 가지고 있다.

#### (2) 한편 실시권자 라이선시(licensee)로서는,

자사개발이 곤란한 기술의 획득, 개발리스크 회피, 개발을 위한 투자와 시간의 절약, 타사권리침해를 회피하거나 타사와의 침해분쟁을 해결하는 수단[63]으로서의 라이선스 등의 목적이 있을 수 있다.

#### (3) 라이선서 혹은 라이선시로서의 목적으로서는,

① 상호실시허락(Cross License)

이는 둘 이상의 당사자가 자기가 보유하고 있는 특허를 서로 라이선스하는 계약이다. 이는 특허분쟁을 해결하기 위한 수단이기도 하고, 장래에 발생할지도 모르는 특허분쟁을 사전에 회피하면서 제품의 개발이나 판매를 행하기 위하여도 주로 이용한다.

② Patent Pool

어떤 기술에 관하여 특허를 갖고 있는 복수의 특허권자가 당해 특허

---

**63** 제품판매개시 후 타사로부터 특허침해주장이 있게 되면 이를 해결하기 위한 화해의 일환으로 라이선스를 받는 경우가 있다. "Covenant Not To Sue", "Non-assertion Agreement"로 표현한다.

를 일정한 조직체에 집중하여 당해 조직체를 통하여 patent pool의 구성원 등에 일괄하여 라이선스하는 구조를 말한다.

기술진보가 급격히 일어나는 분야, 예를 들면 정보통신분야에서 신제품 시장을 신속히 만들어 수요확대를 도모하기 위하여 관련 당사자가 공동으로 기술규격을 정하고 이를 널리 보급하기 위한 활동이 필요하다. 그러나 표준규격으로 규정된 기능 등을 실현하기 위하여는 필요한 기술에 특허를 갖고 있는 자가 다수인 경우 복잡한 권리관계를 처리하여야 하는데, 이것을 개별협상에 의하여 처리하는 경우 방대한 노력과 비용이 든다. 이를 해결하기 위한 것이 patent pool이다.

③ 필수특허라이선스

위 patent pool과 동일한 상황에서, 표준필수특허(Essential patent, 표준규격으로 정하여진 기능을 실현하기 위하여 필수적으로 요구되는 필수특허)나 규격필수특허(Standard Essential Patent)의 보유자가 이러한 특허를 이용하려는 자에 대하여 사용금지청구소송 등을 제기하는 사례가 증가함에 따라 표준화 기관으로서는 신속히 규격을 보급하여 신시장을 확대하여야 하는데, 이러한 사태는 바람직하지 않다.

그리하여 표준화규격책정의 참가자인 필수특허 보유자에게 표준규격책정 후에는 필수특허를 다른 사람에게 공정, 타당, 무차별적인 조건(Fair, Reasonable and Non-Discriminatory), 이른바 "FRAND조건"으로 라이선스할 의무를 부여하고 있다. 필수특허보유자가 FRAND조건으로 라이선스할 의사를 표준화 기관에 대하여 문서로 명확히 하는 것을 "FRAND선언"이라고 한다.

④ Patent Troll[64] 대책으로서의 상호 라이선스

이에 대한 대책으로서는 RPX사에 의한 라이선스와 LOT(License on Transfer Network)[65] 네트워크를 통한 라이선스가 있다. 전자는 미국에서 설립된 기업으로, 특허침해소송이 예상되는 기업들로부터 Patent Troll이 특허를 사들이기 전에 먼저 이를 매입하여 이것을 회원 기업들에게 나누어 주어 회원 기업의 리스크 경감을 도모하기 위한 것이다. 후자는 네트워크를 통하여 이 같은 리스크를 경감하는 것이다.

즉 이 네트워크에 LOT Agreement를 체결하여, 이 네트워크에 참가한 회원 기업은 자사 혹은 관련회사의 보유특허에 관하여 당해 특허가 PAE에 양도, 승계되는 시점에서, 다른 회원 기업 혹은 그 관련 회사에 대하여 그 특허발명을 세계적으로 실시하기 위한 라이선스를 허락한다(LOT Agreement Section 1-1). 따라서 설령 PAE가 당해특허를 취득하여도 회원 기업을 제소할 수 없고, 회원 기업도 안심하고 특허를 매각할 수 있다.

그 이외에도 Allied Security Trust[66] 나 Open Invention Network LLC.[67]에 의한 라이선스도 같은 기능을 한다.

---

**64** Patent Troll은 공식적인 정의는 없지만, 일반적으로는 자기의 특허권을 침해하고 있는 기업에 특허권을 행사하여 거액의 배상금이나 라이선스료를 얻어내려는 자를 비하하여 부르는 명칭이다. 많은 경우 자신은 특허를 이용하여 제품의 제조판매나 서비스의 제공도 하지 아니한다. Patent Assertion Entity (PAE)라는 용어도 Patent Troll을 염두에 둔 용어이다. 미국 특허소송의 상당부분이 Patent Troll에 의하여 제기된 것이고, 그중 70% 정도가 현재 사업을 행하고 있는 기업에서 유출된 것이라고 한다. 淺井敏雄,, 앞 책 참조.

**65** http://lotnet.com/index.cfm

**66** http://www.alliedsecuritytrust.com/

**67** http://www.openinventionnetwork.com/

## 4) 기술라이선스의 종류 및 태양(態樣)

### (1) 분야를 한정한 라이선스(Field of Use License)

특허권자는 자기가 특허발명을 이용하고 있는 분야 이외에서도 당해 발명이 이용될 수 있는 경우, 당해 분야에 한정하여 제3자에게 라이선스하고 자기의 실시분야에서는 경쟁을 회피하면서도 수익을 얻을 수 있다. 이 경우 라이선스하는 분야는 특허발명의 용도별로 정한다. 라이선시가 복수인 경우 이들 사이에 분야를 정하여 독점적으로 라이선스하는 경우에는 부당하게 경쟁을 제한하는 일이 없도록 하여야 한다.

### (2) 개량발명실시허락(Grantback License)

Licensee가 연구개발력이 있는 경우, licensee가 허락특허의 주위에 개량기술특허를 출원, 취득하고, 허락특허의 유효이용을 위하여 licensee의 개량기술 특허가 필요불가결한 경우에 licensor로서는 이를 확보해 둘 필요가 있다. 이 경우 grant-back의 대상이 되는 기술의 범위를 정의하는 문제(통상은 라이선스 기술을 이용하는데 관계되는 기술로 규정한다)와 이러한 규정을 두는 경우 경쟁법상 문제를 고려하여야 한다.

### (3) 재실시(Sub License)

라이선스된 권리를 재차 license하는 것으로 자회사를 두고 제품을 제조하는 licensee로서는 이러한 자회사에 대한 sub license는 반드시 필요하다.

## 5) licensor 파산과 licensee의 보호

파산절차개시 전 쌍방이행완료 전 쌍무계약은 파산관재인의 선택에 의하여 그 운명이 좌우된다. 즉 파산관재인이 이를 해제·해지하거나 파산자의 채무를 이행하고 상대방에게 채무이행을 청구할 수 있다 (채무사회생 및 파산에 관한 법률 제335 조 제1항). 이 경우 특허권의 라이선스 계약이 있는 경우는 어떻게 될 것인가? 파산관재인의 선택에 따라 해지 혹은 이행이 되는 것인가? 우리 법은 제3자 대항요건이 있는 경우를 임대차에 국한하여서만 적용하고 있다. 즉 계약당사자 쌍방이 미이행한 쌍무계약에 관한 선택이 적용되지 않는 경우를 임대차에만 국한하는 것으로 규정하고 있다(위 법 340조 제4항).[68]

미국에서는 특허권의 라이선스계약은 제3자(특허권의 양수인 등) 간에도 효력이 인정되고, 등록 등 대항요건을 필요로 하지 아니한다. 더 나아가 미국 파산법은 특허의 licensor가 파산한 경우, licensee는 license계약을 종료시킬 것인지 아니면 유지할 것인가를 오히려 선택할 수 있다.[69]

우리 법은 통상실시권은 등록하여야만 효력이 생긴다고 하고 있다 (특허법 제118조). 일본의 경우에는 실무상 등록절차 비용부담 등록에 의한 라이선스 존재의 부각을 꺼려 하는 분위기 등이 있어 이용이 거의 되지 않자 licensee 보호의 필요성에서 통상실시권은 등록 없이도 당연히 대항력을 갖는다는 취지로 법률을 개정하였다(일본 특허법 제99조).

우리 법과 다른 나라 법과의 상이한 규정으로 인하여 특허라이선스

---

**68** 그러나 일본의 경우는 2004년 파산법 개정에 의하여 임차권뿐만 아니라 기타 사용 혹은 수익을 목적으로 하는 권리를 설정하는 계약에 있어서도 적용되는 것으로 하였다. 그리하여 특허권이 라이선스계약도 대항요건을 구비한 경우에는 해제할 수 없다(일본 파산법 제56조 제1항).

**69** 11 U.S.C. 365 (n)(1)

계약이 파산자와의 사이에 있게 되는 경우를 대비하여 신중한 검토가 (대안을 포함하여) 요구된다.

## 6) 기술라이선스와 경쟁법

### (1) grant-back license

일본 공정거래위원회는 licensor가 licensee에 대하여 licensee가 개발한 개량기술에 관하여, licensor 혹은 licensor가 지정하는 사업자에 그 권리를 귀속시키는 의무 혹은 licensor에 독점적인 라이선스를 주게 하는 행위는, 기술시장 혹은 제품시장에 있어서 licensor의 지위를 강화하거나, 혹은 licensee에게 개량기술을 이용하게 하지 못하게 함으로써 licensee에 기술개발의욕을 저하시키는 것이고 통상 이 같은 제한에 합리적인 이유가 없으므로 원칙적으로 불공정한 거래방법에 해당한다고 하고 있다.[70] 나아가 licensor에게 개량기술에 관한 권리를 아예 귀속시키도록 하는 assign back이나 feed back도 licensee의 기술개발을 저해하고 시장에서의 경쟁에 영향을 미치므로 독점금지법상 우월적 지위의 남용이나 불공정한 거래방법에 해당할 가능성이 크다.

그러나 licensor가 licensee에 대하여, licensee의 개량기술을, 비독점적으로 licensor에게 부여하는 의무를 과하는 행위는, licensee가 자신이 개발한 개량기술을 자유롭게 이용할 수 있는 경우에는 licensee의 사업활동을 구속하는 정도가 적고, licensee의 연구개발의욕을 훼손할 염려가 있다고 보기 어렵다는 이유에서 불공정한 거래방법에 해당하지 않는다고 하고 있다.[71]

---

**70** 지적재산이용에 관한 독점금지법상의 지침 제4-5(-8)-ア

미국 법무성과 연방거래위원회는 1995년에 지적재산의 라이선스에 관한 반독점가이드라인(Antitrust Guidelines for the Licensing of Intellectual Property)을 발표하였다.

Grant-back 조항에 관하여는, 당해 라이선스계약의 전체적인 구조 및 관련시장 상황에 비추어 그것이 가져오는 영향을 "합리의 원칙(rule of reason)"에 의하여 평가한다고 하고 있다. 이 경우 licensor가 관련시장 및 혁신시장(innovation market, 장래 licensee에 의한 연구개발에 의하여 생산될 가능성이 있고, 라이선스기술적용제품과 경합할 가능성이 있는 제품을 포함한 시장)에서 시장지배력(market power)을 가지게 되는가 하는 점이 중요한 판단요소로 된다. grant-back 이 licensee의 개량의욕을 크게 훼손할 가능성이 있는 경우, 당국은 다음으로 그것이 당해 grant-back의 경쟁촉진효과(예를 들면, 개량기술의 보급촉진, licensor의 당해 license 기술보급의욕증진)에 의하여 상쇄되는가 등을 검토한다. 그러나 비독점 grant-back의 경우에는 licensee가 개량기술을 타인에게 라이선스 가능하므로 독점적 grant-back에 비하여 반경쟁적 효과가 적다.[72]

EU의 경우,[73] 독점적 grant-back은 일괄적용면제에서 제외되어 사건마다의 사정에 따라 그 위법성 유무가 판단된다.[74] 여기서 사정이라고 함은 예를 들면, grant-back에 대한 대가의 유무, 그 내용, licensor의 시장에서의 지위, licensee가 장래 licensor의 경쟁자가 될 가능성, licensee 이외와의 동종 계약의 유무 등이다. 한편 비독점 grant-back은 일괄적용면제의 대상이다.[75]

---

**71** 위 지침 4-5-(9)-ア
**72** 미국 가이드라인 56.

## (2) 특허유효성不爭의무와 해제

우리 판례의 주류적 입장은 특별한 사정이 없는 한, 실시권자는 특허를 무효로 할 구체적인 이익이 없다[76]이거나 실시권자는 그 허여기간내에 권리의 대항을 받을 염려가 없으므로 이해관계인이 아니라고하고 있다.[77] 그러나 한편으로 통상실시권을 받은 사실만으로 이해관계가 상실되었다고 볼 수 없다는 판결도 [78]있어 대체로 특별한 사정이없는 한 실시권자는 특허를 무효로 할 구체적인 이해관계가 없는 것이원칙이고 특별한 사정이 있는 경우에만 권리의 효력을 다툴 수 있는것으로 해석된다.

---

**73** 유럽연합기능조약(Treaty of Functioning on European Union) 101wh 1항은 EU 가맹국 간의 통상경쟁을 제한하는 일정한 합의(가격유지, 생산.시장.기술개발제한, 시장분할, 차별적 거래조건, 계약과 무관계한 조건의 강제 등)를 금지하고, 동 2항은 그 같은 합의는 당연무효로 된다고 규정하고 있다. 그러나 유럽위원회(European Commission:EC)는 합의의 경쟁촉진효과가 반경쟁효과보다 큰 경우 위 제1항의 적용을 면제한다고 선언할 수 있고(3항), 당연면제(일괄적용면제, block exemption)의 규칙이 별도로 정하여 진다(103wh 2항 b). 이에 더하여 기능조약 102조 제1항은 역내시장에서 지배적 지위의 남용도 금지한다고 규정하고 있다. 특허 등 지적재산권의 라이선스계약에 관하여는 종전 룰을 대체하여 2014년 3월 21일 공표한 다음과 같은 규칙 및 가이드라인이 있다. I)기술이전 일괄적용면제에 관한 규칙TTBER ii) 기술이전계약의 일괄적용면제 및 면제범위외에 관한 가이드라인 (EU 가이드라인) 위 TTBER에 의하면 일괄면제가 적용되기 위하여는 라이선스 당사자간의 관련시장에서의 합계시장점유율이 20%이하(라이선스 당사자가 상화 경합회사인 경우)와 30%이하(라이선스 계약당사자가 경합회사가 아닌 경우)로 규정되어 있다. 한편, 경쟁 당사자간 일정한 합의(가격유지, 생산량 상호제한 등) hard core 제한은 일괄면제의 적용을 받을 수 없다(TTBER 4조).

**74** EU가이드라인 130

**75** EU가이드라인 131, 132

**76** 대판 79.4. 10, 77 후 49

**77** 대판 81. 7. 28. 80 후 77

**78** 대판 80.7. 22, 79 후 75, 대판 80. 3. 25. 79 후 78

일본의 경우에는, 실시권자는 실시특허의 무효심판을 청구할 이해 관계가 있으므로 당연하게 부쟁의무가 인정되는 것은 아니라고 하고 있다.[79] 일본 공정거래위원회의 지침에 의하면, LICENSOR가 licensee 에 대하여 라이선스 기술에 관한 유효성에 대하여 다투지 말라는 부쟁 의무를 부과하는 행위는 원활한 기술거래를 통하여 경쟁을 촉진하는 면도 있고 직접적으로는 경쟁을 감쇄시킬 염려는 크지 않으나, 무효로 하여야 할 권리가 존속하고 당해 권리에 관한 기술의 이용이 제한되므 로 공정경쟁 저해성을 갖는 것으로서 불공정한 거래방법에 해당한다 고 하고 있다. 그러나 licensee가 권리의 유효성을 다투는 경우licensor 가 라이선스 계약을 해제할 수 있다고 정하는 것을 원칙적으로 불공정 한 거래방법에 해당하지 않는다고 한다.[80]

미국의 경우에는 부쟁조항을 반트러스법상의 문제로 다루지 않고, 계약법과 특허법의 대립문제로서 파악하고 있다. 과거 미국 판례는 "실시권자 금반언원칙"(licensee estoppel doctrine)에 의하여 licensee는 허 락특허의 유효성을 다툴 수 없다는 입장을 취하고 있었다. 그러나 1969년 Lear 사건에서 연방대법원은 무효특허를 배제하는 것이 보다 중요하다고 하여 위 금반언원칙을 부정하였다.[81]

---

**79** 일본판례 소개의 상세는 최치호, 특허권실시계약에서 실시권자의 부쟁의무에 관한 법직 고찰.

**80** 지적재산이용에 관한 독점금지법상의 지침(2016. 1. 21. 개정판) 4-4-(7)

**81** Lear, Inc. v. Adams, 395 U.S. 653 (U.S. 1969) 이 판결 이후 하급심에서는 이 사건판결 의 사정범위를 한정하려는 노력이 계속 나타났다. D. Patrick O'Reilley, D. Brian Kacedon(Finnegan, Henderson, Farabow, Garrett & Dunner, LLP) Drafting Patent License Agreements, Eight Edition, Nov. 2015, Bloomberg BNA p. 407

2007년 MedImmune사건에서 licensee는 계약을 해제하고서도 혹은 계약을 해제함이 없이 로열티를 지급하지 않고서도, 당해 특허의 유효성을 다툴 수 있다고 하였다.[82] Lear 사건의 원칙은 2015년 Kimble 사건에서도 재차 확인되었다.[83]

이러한 부쟁조항에 대한 판결의 취지에도 불구하고 실무상으로는 여전히 부쟁조항이 계약상 사용되고 있다. 그리하여 실제로 라이선스계약 중에 licensee 기 특허의 유효성을 다투는 경우 손해배상액의 예정조항(liquidated damage clause)이나 특허료를 자동적으로 대폭 인상시키는 조항 등을 두는 것도 고려할 필요가 있다고 한다.[84]

유럽의 경우에도 이에 관한 원칙이 있다. 먼저 부쟁의무를 과하는 조항에 관하여는 일괄면제가 아닌 case by case로 위법성을 판단하고 있다. 그리고 부쟁해제조항에 관하여는 독점적인지 아닌지에 따라 상이한 취급을 한다. 먼저 독점적 라이선스계약인 경우에는 시장점유율, 기타 면제요건을 충족하면 일괄면제대상이 된다(EU 가이드라인 139).

다음으로 비독점적인 경우에는 일괄면제가 아닌 사건마다 위법성이 판단된다(EU 가이드라인 136). 해약의 결과 licensee가 licensor의 기술에서 다른 기술로 갈아탈 수 없어 과거의 투자를 포함한 다액의 손실이 생기는 경우 등 부쟁의무 조항과 동일한 효과가 생기기 때문이다.[85]

**82** MedImmun, Inc. v. Genentech, Inc. 549 U.S. 118 (2007)

**83** Kimble v. Marvel Entertainment, 135 S. Ct. 2401, 2407 (2015) 지적재산이용에 관한 독점금지법상의 지침(2016. 1. 21. 개정판) 4-4-(7)

**84** Bryan P. Collins, Patric A. Doody " PTAB Refuses to Honor "No-Challenge"Clause " Client Alert, Pillsbury Winthrop Shaw Pittman LLP 9/22/2015

**85** 淺井敏雄,, 위 논문, p.1109

## (3) 경쟁법위반조항의 효력과 분리조항(severability clause)

계약의 어떤 조항이 각국의 경쟁법 혹은 다른 법률에 의하여 무효가
되는 경우 그 조항만이 무효로 되는지, 아니면 전체가 무효로 되는지
는 적용되는 법률, 법해석에 따라 달라진다.[86] 그리하여 국제계약에서
계약의 일부 조항이 무효가 되더라도 나머지 조항은 존속하는 것으로
정하는 분리조항을 두는 경우가 통상적이다. 그러나 무효로 되는 조항
의 중요성 혹은 적용되는 나라의 법률, 법해석에 의하여 그 거래 자체
가 의미가 없어지는 경우도 있으므로 분리조항에 한계가 있음을 유의
하여야 한다.

## 7) 라이선스기술의 수출관리규제

우리나라를 비롯한 주요국은 무기나 군사전용 가능한 화물이나 기
술이 우리나라는 물론이고 국제사회의 안전을 위협하는 국가나 테러
리스트 등의 손에 들어가는 것을 막기 위하여 국제적인 틀을 마련하고
있다. 이것이 바로 국제수출통제체제(MECR, Multilateral Export Control

---

**86** 미국의 경우, 어떤 조항이 무효로 되는 경우, 그 계약자체의 효력이 어떻게 될 것인가에
관하여 대략 세가지의 가능성이 있다. 첫째로 어느 조항이 효력이 없게 되면 나머지 부분
으로 이루어지는 계약 자체가 모두 효력이 없게 되는 것이다. 둘째로는, 효력이 없는 부분
을 제외하고도 나머지 부분이 문법적으로나 실체적으로 말이 되는 경우에는 그 계약의 효
력을 인정하고, 도저히 말이 되지 아니하는 경우에는 나머지 부분으로 이루어진 계약도
효력이 없는 것으로 한다. 이는 이른바 Blue Pencil Approach를 채택하고 있는 주의 경우
이다. 즉, 최소한의 보충적 해석을 하는 것이다. 마지막으로는 rule of reasonableness를
따라 최대한 유연하게 해석하는 입장이다. 즉 효력이 없는 조항을 수정하여 유효하도록
하는 것이다. 문제되는 조항이 유효하도록 하는 범위만큼 수정을 가하여 당초 당사자들이
의도하였던 대로 계약을 만드는 것이다. Restatement는 Blue Pencil Approach를 받아들
이지 아니하고 대신 Rule of Reasonableness를 채택하고 있다.

Regime)이다.

국제수출통제체제는 다음과 같이 현재 7개의 체제로 되어 있다.(대외무역법 시행령 32조)

바세나르체제(WA, Wassenaar Arrangement)

핵공급국그룹(NSG, Nuclear Suppliers Group)

미사일기술통제체제(MTCR, Missile Technology Control Regime)

오스트레일리아그룹(AG, Australia Group)

화학무기의 개발 · 생산 · 비축 · 사용 금지 및 폐기에관한 협약(CWC, Chemical Weapons Convention)

세균무기(생물무기) 및 독소무기의 개발 · 생산 · 비축 금지 및 폐기에관한 협약(BWC, Biological Weapons Convention)

무기거래조약(ATT, Arms Trade Treaty)


산업통상자원부장관은 수출통제체제의 원칙에 따라 수출허가 등 제한이 필요한 물자와 기술을 고시하여야 한다(대외무역법 제19조, 전략물자의 고시 및 수출허가 등). 이를 "리스트(List) 규제"라고 한다. 여기에 열거된 기술은 리스트 규제기술이라고 할 수 있다.

이렇게 고시된 기술 등은 예외적으로 허용된 경우(위 법 32조의 2)를 제외하고는 정보통신망을 이용한 이전, 교육, 훈련 등 구두나 행위를 통한 이전, 기록매체나 컴퓨터 등 정보 정보처리장치를 통한 이전 등 다양한 형태의 이전을 모두 금지된다(위 법 32조의 3). 즉 '리스트 규제' 해당기술에는 기술자료 혹은 소프트웨어의 제공, 기술자의 고용, 파견을 통한 기술지원 등도 광범위하게 포함된다.

리스트 규제 해당기술은 수출하려는 경우에는 산업통상자원부장관의 허가가 필요하다. 그리고 리스트 규제기술(즉 전략물자, 여기에는 기술도 포함된다) 이외의 기술이라 하더라도 대량파괴무기와 그 운반수단인 미사일의 제조·개발·사용 또는 보관 등의 용도로 전용될 가능성이 높은 물품, 기술 등을 수출하려는 자는 그 물품 등의 수입자나 최종 사용자가 그 물품 등을 대량파괴무기 등의 제조·개발·사용 또는 보관 등의 용도로 전용할 의도가 있음을 알았거나 그 수출이 그러한 의도가 있다고 의심되면 대통령령으로 정하는 바에 따라 산업통상자원부 장관이나 관계 행정기관의 장의 허가를 받아야 한다. 이 허가를 상황허가라고 부르고 있는데, 위의 리스트 규제 이외에 Catch-all 규제를 따로 설정하고 있다.

미국의 경우, 미국 기술수출관리법령으로서는 수출관리법(EAA, Export Administration Act)과 이를 실시하기 위한 수출관리규칙(EAR, Export Administration Regulations), 무기수출관리법 (AECA, Arms Export Control Act)과 이를 실시하기 위한 무기국제거래에 관한 규칙(ITAR, International Traffic in Arms Regulations) 등이 있다.

기술 내용에 따라 적용법령이 달라진다. ITAR은 군사용 기술에, 그 이외의 기술에는 EAR가 적용된다. 위 법령의 준수의무자는 어디까지나 수출자 licensor이다. 그러나 licensor에게 이러한 법률위반의 문제가 생기면, 수입업자인 licensee에게도 곤란하다. 즉 기술 수입이 되지 않을 뿐만 아니라 후술하는 바와 같이 licensee에 의한 당해 기술의 재수출도 제한된다. 그러므로 여하한 규제가 적용되는지 확인하면 좋다.

EAR의 적용상, "수출"에는 전자메일, 기타 인터넷을 이용한 이전, 미국 밖에서의 개시도 포함되고, 미국 내에서도 미국인, 미국기업, 미국영주자격자 이외의 자에게 기술, 소스코드, 암호소프트의 개시도 포함된다. EAR은 미국으로부터 수입한 자가 이를 재수출하는 경우, 예를 들면 제3국의 자에 대한 Sublicense하는 경우나, 미국의 기술을 직접 사용하여 만든 외국 제품 direct product를 외국에서 다른 외국으로 재수출하는 경우에도 적용된다.

EAR의 경우에는 일정한 경우에 있어서 상무성 산업안전보장국(BIS, Bureau of Indusfry and Security of U.S. Department of Commerce)의 수출허가를 받아야 한다. 일반적으로 특허기술의 라이선스는 수출허가도, 후술하는 수출제한조항도 불필요하다. 특허기술은 출원공개 등에 의하여 공개되어 있기 때문이다. 그러나 경우에 따라서는 다른 법령에 의하여 특정국가, 지역·개안·단체 등과의 거래 일체가 금지되어 있는 경우가 있으므로 주의하여야 한다.

라이선스 대상에 특허기술 이외의 기술이 포함되어 있거나 제품 수출을 동반하는 경우에는 EAR상의 허가가 필요한지 검토하여야 한다.

EAR에 의하면 당해 기술의 수출 이전에 BIS의 허가, licensee의 재수출에 관한 서면확약을 받아야 하고, 미국에서 수출된 기술 혹은 당해 기술의 direct product의 특정국으로의 재수출은 제한된다. 라이선스계약 체결 전에 이러한 허가 또는 확약이 얻어지지 아니하는 경우에는 당해 계약의 효력발생은 이러한 취득을 조건으로 하여야 한다. 이러한 사정을 감안하여 계약의 한 조항으로 해 두어야 한다. 이러한 경우 계약 종료 후에도 당해 확약이 존속함을 명기하여 두어야 한다.

ITAR 규제 기술의 경우에는 당해 라이선스 계약을 국무성국방기구취급관리부 U.S.(DDTC, Department of State, Directorate of Defense Trade Control)에 제출하여 승인을 받아야 하고, 소정의 조항(ITAR Part 124)을 당해 계약에 포함시켜야 한다.

## 8) 라이선스계약의 협상 및 계약 체결전 조사

국내계약에서도 마찬가지지만 국제라이선스계약에서는 더욱 상대방에 대한 조사가 필요하다. 상대방에 대한 경제적 신용, 계약의 이행성, 성실성 등의 영업상의 신용, 상대방이 대상특허, 기술이나 라이선스권 등을 가지고 있는 정당한 권리자인지, 독점적 라이선스인 경우에는 기존의 licensee가 없는지 등을 살펴보아야 한다. 한편 licensee의 대상기술의 실시능력, 생산·판매능력·생산설비 등을 검토하여야 한다. 라이선스에 관계되는 나라의 법제도(특히 조세문제를 포함) 규제·시장상황·라이선스를 하거나 받는 경우 장단점을 살펴보아야 한다.

## 9)기술라이선스계약 체결 전에 작성된 서면 혹은 계약

### (1) 경고서

권리침해경고서(Cease&Desist Letter)가 단서가 되어 그 결과로서 특허라이선스계약이 체결되는 경우가 종종 있다.

미국에서는 원칙적으로 특허권자가 특허침해자에게 손해배상청구를 하기 위해서는 침해통지를 하여야 한다. 통지 후의 침해에 대하여서만 손해배상을 청구할 수 있다(미국 특허법 287조 ⒜).

### (2) 비밀유지계약

라이선스의 대상에 비밀 노하우가 포함되는 경우이거나, 라이선스 협상 자체를 숨기고 싶은 경우에는 비밀유지계약이 라이선스 협상 전에 체결된다. 그리고 라이선스 계약 중에도 편의상 비밀유지조항이 규정된다.

### (3) Letter of Intent 혹은 MOU

비단 라이선스 계약뿐만 아니라 협상이 장기간에 걸쳐 이루어지는 경우, 이러한 문서를 작성한다. 이러한 서면은, 협상과정에서의 합의된 사항을 확인하기 위하여, 혹은 협상 당사자가 이사회에서 승인을 얻기 위한 자료로서, 혹은 신제품의 공표나 자금제공을 받기 위하여 작성된다.

그러나 이러한 서면은 계약의 성립유무나 법적 구속성에 관하여 분쟁이 생길 여지가 많으므로 통상 "not binding"이라는 문언을 넣어 법적 구속성을 부정하고, 정식계약에서도 이른바 완전합의조항(Entire Agreement Clause)을 두어 이러한 문서가 법적구속성을 갖지 않도록 하여야 한다. 그러나 이같은 문언을 포함하여 관련 각국의 법률, 법해석에 있어서 LOI, MOU 등의 법적 구속성을 사전 확인할 필요가 있다.

## 3. 기술라이선스계약의 주요내용

### 1) 정의
#### (1) 허락특허

"Licensed Patent" means each U.S. patent and patent application listed in Exhibit A attached hereto, any patent issuing on any such application, any continuation, continuation in part or division thereof, any reissue, reexamination, or extension of any such patent, and all patent applications filed within the Licensed Territories corresponding to any of the foregoing and all patents issuing therefrom. The term "patent"

herein shall include the utility model right under the Korean
Utility Model Act and the design right under the Korean Design
Protection Act, and any rights under other countries' law and
treaties, equivalent or corresponding to the foregoing.

전단에서는 미국 특허법상 특허 및 특허출원을 들고, 후단에서는 이
에 상응하는 미국 이외의 지역에서의 특허 및 특허출원을 포함하고 있
다. 기존의 특허 이외에 출원되었지만 아직 특허 부여 전의 발명에 대
하여도 라이선스 대상으로 적고 있다.

continuation application(계속출원), continuation in part application(일부
계속출원), divisional application(분할출원), reissue(재발행), reexamination(재
심사), extension(延長, 연장) 등은 미국 특허법상 개념이다.

본 계약상 "patent"라는 용어는 우리나라의 실용신안법상 실용신안
권 및 디자인보호법상 디자인, 그리고 다른 나라의 법률·조약상 이것
과 동등한 혹은 이와 유사한 권리를 포함한다고 적고 있다.

(2) 허락정보

"The Licensed Information "means the know-how and other
information, computer software and data base other than
licensed Patent, described or identified in Exhibit B attached
hereto.

허락특허 이외의 정보도 라이선스 대상이 되는 경우에 필요한 조항
이다.

## (3) 허락제품

'Licensed Product' means any device, apparatus, product, compound, composition of matter, product-by-process, kit, system, material, or algorithm, the manufacture, use, sale, offer for sale, import or lease of which, if unlicensed, would infringe any Licensed Patent.

허락제품의 정의는, 라이선스의 범위를 정하고 그 판매액 등이 라이선스 사용료 계산의 기초가 되므로 대단히 중요하다. 허락제품의 정의로서는 가장 간단하게 "Licensed Product" means all products covered by a claim of a Licensed Patent."라고 할 수도 있으나, 이럴 경우 "covered by"가 구체적으로 어디까지인가를 명확히 할 수 없다는 단점이 있다. 위 문언은 "허락특허"의 특허발명을 실시한 제품 전부를 "허락제품"을 정의하고 있다. 그러나 구체적인 제품을 "허락제품"으로 정의하고자 하는 경우에는 다음과 같은 문언이 사용된다.

"Licensed Product" means the product for which specifications are described or identified in Exhibit attached hereto.

## (4) 개량기술의 정의

"Improvement" means any modification of a device, apparatus, product, compound, composition of matter, product-by-process, kit, system, material, or algorithm described in a claim of a Licensed Patent, provided such modification, if unlicensed, would infringe the Licensed Patents.

## 2) 라이선스

### (1) 라이선스의 허락(License Grants)

Subject to the terms of this Agreement, Licensor grants to Licensee a non-exclusive license under Licensed Patent and other Licensed IP Rights and a non-exclusive license to use the Licensed Information in accordance with the terms of use or license set forth in Exhibit B attached hereto, to make, use, offer to sell, and import or lease the Licensed Products, in Licensed Territories, so long as this Agreement remains in effect.

라이선스의 범위를 제조, 판매 등 특허발명의 실시행위 중 어느 행위에만 한정할 경우에는, 그에 맞추어 위 문언 중 일부를 적절히 수정하여야 할 것이다.

Licensee가 특허제품의 제조를 제3자에게 위탁할 권리에 관하여는 "have made" 등의 표현을 사용하여 이를 같은 조항에서 허락할 수 있겠지만, 제조위탁을 보다 명확히 표현하기 위하여 후술하는 바와 같이 제3자에 의한 제조위탁 조항을 별도로 두는 것이 좋다. 이와는 반대로 제3자에 의한 제조위탁을 금지하는 경우라면, "The license granted hereunder does not include any right to make a third party manufacture the Licensed Products."와 같은 문언을 추가하여 그 취지를 명확히 할 필요가 있다. 왜냐하면 미국이나 일본 등에서는 제3자에 의한 제조위탁은 계약에 특별한 약정이 없는 한 make, sell 등의 문언에 포함되어 있다고 해석하기 때문이다.[87]

"Non-exclusive" license는 별도의 합의가 없는 한 허락특허 행사에 관하여, 어떠한 적극적 권리를 부여하는 것은 아니다. 이는 단지 licensee에게 license가 없으면 할 수 없는 행위를 할 수 있게 하는 데 그치는 것이다. 특약이 없는 한 licensor는 제3자에게도 license할 수 있고, 제3자에 의한 특허침해가 있는 경우에도 이를 배제할 의무가 있는 것도 아니다.[88]

　Licensor가 특허를 제3자에게 양도한 경우, 미국법상 당해 제3자는 기존의 non-exclusive license가 되어 있는 상태로 양수받게 된다.[89] 일본의 경우에도 2011년 특허법 개정으로 통상실시권의 당연대항(當然對抗, 특허법 제99조)제도가 도입되어 미국과 같은 결과로 된다.

## (2) 독점적 라이선스

Subject to the terms of this Agreement, Licensor grants to the Licensee under the Licensed Patents an exclusive license to make, use, offer to sell, import or lease the Licensed Products in the Licensed Territories so long as this Agreement remains in effect. Licensor shall neither practice nor grant others to practice the inventions claimed, under the Licensed Patents within the same scope as the Licensee's license. Licensor

---

**87** 西美友加, 米國判例における下請製造權have-made rightsの解釋, パテント２０１０ 'Vol.63　No. 7, pp.92-96' 미국은 물론이고 일본에서도 라이선스 계약에서 licensee에게는 특별한 규정이 없는 한,제3자에의 재실시 허락은 인정되지 않는다.
**88** Brian G. Brunsvold, Dennis P. O'Reilley, D. Brain Kacedon, DRAFTING LICENSE AGREEMENT Sixth Edition, BNA Books 2008, (이하 "Brian")
**89** Brian p. 22

represents and warrants that prior to the Effective Date, no
license of the same scope as the Licensee's license under any
Licensed Patents has been granted to any third party.

　미국에서는 독점적 라이선스의 경우, 별도의 약정이 없는 한 라이선
서 자신도 그 특허발명을 실시할 수 없고, 나아가 제3자에게 라이선스
하지 않을 것을 묵시적으로 의미한다.[90] 그러나 이 같은 해석이 세계
각국의 특허가 타국에서도 통용된다는 보장이 없으므로 위와 같이 명
문의 규정을 두는 것이다.

　이와는 반대로 licensor 자신은 당해 특허발명을 실시할 수 있는 경
우에는 "Licensor reserves the right to practice the inventions
claimed, under the Licensed Patents on Licensed Products in
Licensed Territories."와 같이 명확히 기재하여야 한다.

　미국에서는 exclusive license의 경우에는 선행하는 non-exclusive
license가 있어도 가능하므로[91] 위 조항 예에서는 그 부존재에 관하여
보증을 하고 있다.

　그리고 어떤 허락지역에서는 Exclusive license를, 다른 지역에서는
non-exclusive license를 허락하는 것도 가능하다.

　일본이나 우리나라의 경우에는 전용실시권(專用實施權, 특허법 제100조)
이라는 제도가 있다. 통상실시권(通常實施權, 특허법 제102조)으로 독점적
인 것과 전용실시권과의 주된 차이는, 전자는 계약에 의하여서만 성립

---

**90** Brian p.27
**91** Brian p. 28

하는 것임에 반하여, 후자는 등록에 의하여 성립하는 것이고, 전자에는 실시권자 고유의 금지청구권이 인정되지 않으나 후자에게는 인정된다는 점이다.

Licensor가 갖는 우리나라 특허에 단지 Exclusive license뿐만 아니라 전용실시권을 설정하는 것이라면, 계약상 그 같은 취지를 명확히 기재하고 나아가 필요한 등록을 하여야만 한다.

Licensor에게 있어서 exclusive license나 전용실시권의 최대 리스크는 허락제품의 제조 또는 판매량이 작게 되는 것이고, 이로 인하여 라이선스 사용료가 적게 되는 것이다. 이에 대한 대책으로서는 각 연도의 최저 라이선스 사용료를 설정하는 규정이라든가, 사용료가 일정한 금액에 도달하지 아니하는 경우에는 독점적 license에서 비독점적 license로 전환한다는 취지의 규정을 두는 것도 고려해 볼 수 있다.[92]

### (3) 허락지역 이외에서의 제조 등의 금지

Licensee shall not manufacture the Licensed Products outside the Licensed Territories or directly or indirectly sell, ship or export the Licensed Products to any person, corporation or other entity outside of the Licensed Territories in which the Licensed Products were manufactured, without the express prior written consent of Licensor. Further, Licensee shall not

---

**92** D, Patrick O' Reilley, D. Brian Kacedon (Finnegan, Henderson, Farabow, Garret & Dunner, LLP), Drafting Patent License Agreements, Eighth Edition, November 2015, Bloomberg BNA, (이하 "Patrick")p. 69-71

directly or indirectly sell, ship or export the Licensed Products to any person, corporation or other entity if Licensee knows or has reason to know that such person or entity intends to directly or indirectly distribute, sell or transship the Licensed Products outside of the Licensed Territory in which the Licensed Products were manufactured, without the express prior written consent of Licensor.

## (4) licensee의 완전자회사에의 재허락

The license granted under Article XX above includes the right for Licensee to grant sublicenses within the scope of such license to Licensee's wholly owned subsidiaries (excluding any entity that becomes a Licensee's wholly owned subsidiary after expiration or termination of this Agreement), but only for so long as each remains a wholly owned subsidiary. Licensee agrees that each sublicense will be bound by the terms and conditions set forth in this Agreement, and that License Fee(as defined in Article xx below) will be payable by Licensee to Licensor in respect of any and all Licensed Products sold by sublicensees under this Agreement. Except for the sublicense right set forth in Article xx, Licensee shall not sublicense or assign the rights granted hereunder without the express prior written consent of Licensor.

허락지역이 복수국가인 경우, 각국에서 허락제품의 제조, 판매 등은 각국의 licensee의 자회사가 담당하는 경우에 필요한 조항이다. "excluding any entity" 이하의 규정은 미국에서는 라이선스가 특허의 존속기간 중 존속한다고 규정하고, 자회사를 계약당사자가 현재 또는 장래(now or hereafter) 그 과반수 주식을 소유하는 회사로 정의하고, 자회사도 licensee로 된다고 규정한 계약에서, 계약 종료 후 자회사로 된 회사도 licensee가 된다고 판단한 연방순회재판소 판결이 있기 때문이다.[93]

### (5) 허락지역 이외에서의 제조

Notwithstanding Article xx and xx above, Licensee may manufacture Licensed Products in the geographic area specified in Exhibit xx attached hereto. All Licensed Products manufactured in this area shall be shipped immediately after the completion thereof to Licensed Territory for sale therein.

### (6) 제3자에 대한 제조위탁

Subject to the terms of this Agreement, Licensee may make a third party manufacture Licensed Products under Licensed Patents to the extent it is necessary for the use or sale by Licensee hereunder. Licensee shall be responsible for ensuring

---

**93** Imation Corp. v. Koninklijke Phiilips Electronics N.V. (Fed. Cir. 2009)

that such manufacture of Licensed Products by the third party satisfies all the requirements of this Agreement. Licensee assumes all responsibility for any activities done by the third party in relation to such manufacture.

## (7) licensor의 개량기술의 추가 라이선스

Licensor further agrees to grant to Licensee a license of the scope specified in Article xx above under any Improvement that is first conceived and actually or constructively reduced to practice prior to the expiration or termination of this Agreement and any patent and other IP rights in and to such Improvement, as to which, prior to the expiration or termination of this Agreement, Licensor has the right to grant such licenses without payment to others than employees of Licensor.

Licensor가 라이선스 계약 유효기간 중 개발한 개량 및 이와 관련된 특허 기타 지재권에 관하여 licensee에게 추가 라이선스한다는 취지의 조항이다.

"actually reduced to practice"라는 것은 특허출원하는 것을 의미한다.[94] 발명의 착상(着想) 및 실시화(實施化)의 개념은, 2011년 9월 16일 개정 이전의 미국 특허법상 선발명주의 아래서 특히 중요성을 지닌다.

Without payment to others than employees of Licensor은 사용자

---

**94** 高岡亮一, アメリカ 特許法實務ハンドブック, 第4版, 中央經濟社, pp. 179-181

등이 직무발명을 한 종업원 등에게 부여하여야 할 상당의 이익, 상당
의 대가 등을 제외하고 제3자에 대하여 지급을 요하지 않고라는 의미
이다.


(8) Grant-back License

Licensee hereby agrees to grant to Licensor a nonexclusive,
irrevocable, and royalty-free license, with the right to grant a
sublicense under any Improvement that is first conceived and
actually or constructively reduced to practice prior to the
expiration or termination of this Agreement and any patents and
other IP rights in and to such Improvement, as to which, prior
to that expiration or termination, Licensee has the rights to
grant such licenses without payment to others than employees
of Licensee. Licensee shall disclose any such Improvement to
Licensor in writing within sixty (60) days after its actual or
constructive reduction to practice. In addition, if Licensee
intends to file an application for patent for such Improvement
in any territory, it shall, prior to such application, disclose to
Licensor the detail of such application, to the extent reasonably
required for Licensor to confirm that such application does not
include any of Licensed Patents or Licensed Information, and
obtain such confirmation in writing.

## (9) 묵시적 라이선스의 부인

Only licenses expressly granted in this Agreement shall be of any legal force and effect. No other right or license (including any have-made right and sublicense right) shall be created by implication, estoppel or otherwise. Unless expressly granted in this Agreement, Licensee shall neither practice nor grant others to practice the inventions claimed, under the Licensed Patents.

미국에는 묵시적 라이선스(Implied License)라는 개념이 있다. 특허권자의 말이나 행동이, 그 상대방이 그 특허실시품을 제조하는 것에 관하여 특허권자가 동의하였다고 합리적으로 추측될 만한 경우에는 라이선스를 구성한다고 하는 것이다.[95]

## (10) 기술지원

Licensor shall, in accordance with the conditions set forth in Exhibit xx, (a) provide Licensee with Licensed Information, (b) dispatch its engineers to Licensee's facilities, and (c) provide Licensee's employees with technical trainings.

이 조항은 특허라이선스 이외의 기술정보의 제공, 기술자 파견, licensee 기술자의 수용 및 훈련 등을 통하여 노하우 라이선스 또는 기술지원이 이루어지는 경우를 위한 것이다.

---

**95** Patrick p.p. 101-116

기술정보의 제공에 관하여는 그 내용, 시기, 대가 유무를 본 계약상에 상세히 규정하거나 별도의 합의에 의하여 규정할 필요가 있다. 기술자의 파견 혹은 수용 및 훈련에 관하여도 조건, 인원수, 기간, 대가 유무, 교통비, 체재비 등 비용부담, 숙박시설 확보, 노동 또는 연수기간, 휴일 등에 관하여 규정할 필요가 있다. 기술자의 파견이나 수용에 관하여는 파견국 혹은 수용국의 출입국관리규정상 제약이 있는 경우도 있으므로 유의하여야 한다.

## (11) 라이선스의 등록 또는 보고

If the terms of this Agreement are such as to require or make it appropriate that the Agreement or any part of it be registered with or reported to a national or supranational agency having authority over each Licensed Territory, within xx days of the Effective Date, and at Licensee's expense, Licensee shall undertake such registration or report. Prompt notice and appropriate verification of the act of such registration or report and of any agency ruling resulting from it shall be supplied by Licensee to Licensor in writing.

## 3) 라이선스 사용료 및 지불(Royalties)

As consideration for the license hereunder, Licensee shall pay Licensor a license fee ("License Fee") of Net Sales Price of all Licensed Products sold during each Quarterly Period in the United States Dollars by telegraphic transfer into the bank account designated by Licensor within thirty (30)days following the end of the Quarterly Period. Licensed Products are considered to be sold when invoiced, or if not invoiced then when they are paid for or when title passes to Licensee's customer, whichever is first. All payment shall be made without deduction for taxes, or other charges of any kind description, except that income taxes required to be withheld by the government of any country on amounts payable to Licensor hereunder may be deducted. In the event the Licensed Products were invoiced or sold in a currency other than United States Dollars, the U.S. currency amounts payable hereunder shall be determined on the basis of the New York selling rate of exchange as reported in the "Wall Street Journal" as applicable to each such payment on the payment date thereof, or thirty (30) days following the end of applicable Quarterly Period, whichever is earlier.

## 4) 원천징수세(Tax)

Licensee shall pay any and all withholding tax on the payment of License Fee to Licensor. Such withholding taxes shall in no event exceed the maximum rate provided in applicable tax treaty or treaties. Licensee shall withhold the tax from such payment to Licensor and pay such tax to the appropriate governmental authorities and shall promptly provide Licensor with tax certificate from the governmental authority and any other applicable documentation evidencing the payment of such tax to enable Licensor to support a claim for credit against income taxes for such withheld tax.

## 5) 제3자에 의한 침해

Licensor shall have no obligation to institute any action or suit against third parties for infringement of any Licensed Patent. Licensee shall not have the right to commence any action or suit against third parties for infringement of Licensed Patent.

미국법상으로 비독점 라이선스인 경우에는 특약이 없는 한 licensor 는 licensee에 대하여 제3자에 의한 허락특허 침해배제의무를 지지 않 는다. 또한 licensor로서는 침해소송의 제기, 수행에 따른 비용부담이 적지 아니하고(특히 미국의 경우는 그 부담이 엄청나다), 오히려 당해 특허의 유효성이 다투어질 경우가 있으므로, 이 같은 의무를 부인하는 경우가 많을 것이다.

이와는 반대로 licensor에 이 같은 의무를 부담시키는 경우에는 다음 과 같은 조항이 필요하다.

Licensee shall promptly notify Licensor of any and all infringement of the Licensed Patents which come to the Licensee's attention. Licensor shall have the right and obligation to enforce the Licensed Patent against infringers by asserting claims, bringing lawsuits and prosecuting such suits. Licensee shall render Licensor all reasonable assistance in connection with any matter pertaining to the protection, enforcement or infringement of Licensed Patents, whether in the courts, administrative or quasi-judicial agencies, or otherwise. If licensor fails to obtain discontinuance of such infringement or bringing such lawsuit within ninety (90) days after receipt of Licensee's notice of the infringement, Licensee shall have the right to file a lawsuit against the infringer at the Licensor's expense. Licensor consents to cooperate with Licensee in any such lawsuit brought by Licensee.

Licensor가 제3자에 의한 침해를 배제하기 위한 의무를 이행하지 아니하는 경우에는 licensee가 침해자에 대하여 제소할 권리를 부여하는 규정이다. 일본에서는 특허의 통상 실시권자가 침해소송을 제기할 수 있는가 하는 데 대한 논의가 있다. 먼저, 비독점적 통상실시권의 경우에는 금지청구는 부정된다. 통상 실시권은 채권적 권리에 불과하고, 실시허락권자인 licensor는 다른 무승낙 실시권자의 행위를 배제하여 통상실시권자의 손해를 방지하여야만 하는 의무까지 지는 것은 아니라고 보기 때문이다.

그러나 독점적 실시권자에 의한 금지청구에 관하여, 판례는 긍정하는 것과 부정하는 것으로 나누어져 있다. 긍정하는 판례의 이론구성은, licensor에 명시 혹은 묵시의 침해배제의무를 인정하고, 이것을 전제로 하여 특허권자(licensor)가 갖는 금지청구권을 독점적 통상실시권자가 대위행사하는 것을 인정하는 것이다.

그렇다고 한다면, 비독점적 통상실시권에 관하여서도 라이선스 계약에 licensor에게 침해배제의무(채무)를 부과시킨다면, licensee(이러한 채무에 대하여 채권자가 되는 셈이다)는 이러한 채권(침해배제청구권)을 피보전 권리로서, licensor(채무자)에 속한 침해자에 대한 금지청구권을 대위행사할 수 있다고 해석되고, 위 조항 예는 미국뿐만 아니라 일본에서도 실효성을 갖는다고 볼 여지도 있다.

## 6) 보증 및 보증의 부인

Licensor warrants that it is the sole owner of Licensed Patents and has the full power to enter into this Agreement. HOWEVER, NOTHING IN THIS AGREEMENT SHALL BE DEEMED TO BE A REPRESENTATION OR WARRANTY BY LICENSOR THAT ANY LICENSED PATENT IS VALID OR THAT THE MANUFACTURE, USE, OFFER TO SELL, SALE, IMPORT OR LEASE OF THE LICENSED PRODUCT IS NOT AN INFRINGEMENT OF ANY PATENT OR ANY OTHER RIGHT OF A THIRD PARTY.

먼저, '허락특허'의 "유효성의 보증"을 부정하고 있다. 이것은 일단 특허가 부여되었다고 하더라도 후일 선행기술의 존재에 의하여 무효로 되는 경우가 종종 있기 때문에, licensor 입장에서는 이 같은 보증을 부정한 것이다.

다음으로, '허락제품'이 "제3자의 특허권 등을 침해하지 아니하였다는 보증"을 부정하고 있다. 이는 허락특허의 발명이 제3자의 특허발명 등의 이용발명(일본 특허법 제72조, 한국 특허법 98조)이어서, 허락특허에 관련된 발명을 실시하면 당해 제3자의 특허권을 침해하게 되는 경우도 있을 수 있기 때문이다. 또한 licensor로서는 licensee의 설계나 제조에 관계되는 허락제품이 제3자의 권리를 침해하지 아니한다는 것을 보증할 수 없기 때문이다.

위와는 반대로 단순한 특허라이선스가 아니라 licensor가 허락제품을 종래부터 제조. 판매하여 오고 그 설계, 사양을 전부 지정하여 라이선스하는 기술공여와 같은 경우에는, 아래와 같이 보증하는 일이 있을 수 있다. 한편 중국에서는 licensee가 라이선스 계약에 따라 기술을 실시하였는데, 이것이 제3자의 권리를 침해한 경우 licensor는 licensee와 협력하여 그 장애를 배제하여야만 한다.[96]

Licensor warrants (a) that it is the sole owner of Licensed Patents and has the full power to enter into this Agreement, and (b) that the manufacture, use, offer to sell, sale, import or lease of Licensed Product by Licensee according to terms of this Agreement and Licensor's instructions will not constitute any infringement of any patent of a third party. Licensor shall defend, at Licensor's expense, any claim brought against Licensee alleging such infringement (the "Claim"). Licensor shall pay all costs and damages finally awarded or agreed to in

---

**96** 중국 기술수출입관리조례 24조, 藤本一郎, 中國ライセンス契約に關するスキーム比較, パテント, vol 65. No. 9, 2012, p. 46-55

settlement of the Claim, provided that Licensee furnishes Licensor with prompt notice of the Claim, and Licensee provides Licensor with reasonable assistance and sole authority to defend or settle the Claim. Licensor also warrants (a) that Licensed Patents and Licensed Information are the same patents and know-how and other information, computer software and database that Licensor uses to manufacture Licensed Products in his own factory and (b) that they are sufficient to manufacture Licensed Products if properly utilized according to the terms of this Agreement and the instructions of Licensor by engineers skilled in the manufacture of Licensed Products

## 7) 특허표시

Licensee shall mark all Licensed Products with the word "Patent(s)" and number or numbers of the Licensed Patent(s) applicable thereto, or give notice to the public that the Licensed Products are subject of the Licensed Patent(s) in other way required or permitted under the law of the Licensed Territory.

미국에서는 개정 전 구특허법(2011. 9. 16 개정)에서는 특허권자 등은 특허제품에 "patent" 혹은 "pat."라는 표기와 함께 특허번호를 표시하여 공중에게 특허품이라는 것을 알리도록 요구하고 있었다. 개정법 이후에는 특허품 혹은 그 포장지에 "patent" 혹은 "pat."의 표기와 더불어 특허번호가 게재된 무료 인터넷사이트 주소를 표시하는 것도 가능하도록 되었다(미국 특허법 287조).

이러한 표시를 하지 않은 자는 침해자에 대한 침해경고 전의 손해에 대하여는 손해배상을 받을 수 없다. 다른 나라의 경우에도 이 같은 유사한 상황이 있을 수 있으므로 위와 같이 일반적인 조항을 두었다.

참고로, 일본의 경우에는 특허표시는 단지 노력의무의 대상에 불과하고(일본 특허법 제187조[97]), 손해배상청구의 전제조건은 아니다(그러나 침해행위의 과실은 추정된다. 일본 특허법 제103조[98]).

## 8) 계약에 정부의 승인을 필요로 하는 경우의 규정

This Agreement shall come into force on the date when this Agreement is approved by all relevant government agencies or authorities listed in Exhibit__ attached hereto. Licensee shall use its best efforts to obtain approval as soon as possible, but if all the approvals have not been obtained by __, 20_, this Agreement shall on that date become void and of no effect.

---

**97** 제187조(특허표시) 특허권자, 전용실시권자 혹은 통상실시권자는 경제산업성령이 정하는 바에 의하여, 물건의 특허발명에 있어서 그 물건 혹은 그 물건을 생산방법의 특허발명에 있어서의 그 방법에 의하여 생산한 물건 또는 그 물건의 포장에 그 물건 혹은 방법발명이 특허와 관련된다는 취지("특허표시")를 표시하도록 노력하여야 한다.

**98** 제103조(과실의 추정) 타인의 특허권 혹은 전용실시권을 침해한 자는 그 침해행위에 대하여 과실이 있은 것으로 추정한다.

## 9) 수출관리규제

All obligations to furnish goods, technology, or software under this Agreement are subject to U.S. export control laws and regulations or other countries' export control laws and regulations (collectively "Export Control Regulations"), Licensor shall comply fully with all applicable Export Control Regulations before exporting any goods, technology or software to Licensee. Licensee recognizes that any re—export of such goods, technology or software and/or the export of the direct product of such items may be subject to Export Control Regulations and agrees to comply with them prior to undertaking any such re—export or export to the extent such actions are expressly authorized under the terms of this Agreement. Licensee recognizes that its obligations to comply with all Export Control Regulations survive the termination or expiration of this Agreement.

## 10) 준거법

This Agreement shall be governed in all aspects by the laws of the State of New York, the United States of America, without reference to principle of conflict of laws, except that questions affecting the construction and effect of any patent shall be determined by the laws of the country in which the patent has been granted.

원칙적으로 준거법은 뉴욕 주법으로 하면서도, 특허의 해석과 효력 문제에 관하여는 당해 특허가 주어진 나라의 법률에 따라야 한다는 점을 명기하였다. 일본에서 미국특허권침해의 소에 관하여, 당해 특허권의 효력 및 금지청구의 준거법은 당해 특허권이 등록된 국가(즉 여기서는 미국)의 법률에 의하여 판단되어야 한다는 판례가 있다.[99]

---

**99** 最高裁平成 14.9.26. 山田威一郎, 米國における 特許權侵害を 日本の裁判所で 判斷した 事例, 企業と發明, 2004.11. 社團法人 發明家協會 大阪支部
http//www.lexia-ip.jp/Papers/yamada/paper_yamada.sango.pdf

# IX. 국제상표라이선스계약

## 1. 들어가며

상표라이선스는 상표권 사용 자체를 거래 주목적으로 하는 경우도 있고 판매점 거래(distribution agreement) 등에 부수(附隨)하여 체결하는 경우도 있다. 전자의 예로서는 대상 상표 goodwill(상표에 체화된 업무상의 신용, 우리 상표법상 고객 유인력)을 타인에게 그 권리의 사용을 배타적으로 또는 비배타적으로 사용하는 것을 허락하는 라이선스(이하 "본래적 상표 라이선스")가 대표적이다.

이에 대하여 명칭은 상표사용허락이지만 goodwill 이용을 목적으로 하지 아니하고, 단지 상표권자(licensor)가 사용권자(licensee) '상표 사용을 금지하는 권리'를 행사하지 않겠다는 계약(이하 "금지권 불행사형 라이선스")도 있다.

아래서는 국제거래에서 기업간의 trademark license agreement나 distribution agreement에서 본래적 상표 라이선스에 관하여 미국과 유럽의 법률을 염두에 두고 보기로 한다.

## 2. 상표라이선스 전제 문제

### 1) 상표제도의 비교
#### (1) 적용되는 상표법

우리의 경우에는 상표법이 있다. 미국의 경우에는 common law인 각 주의 상표법과 연방법률인 1946년에 제정된 Lanham 연방 상표법이 있다. Lanham법에 따라 연방 등록을 하면 상표권이 미치는 범위가 미국 전역에 미치는 이점이 있으므로, 상표가 주 사이의 거래 또는 국제 거래에 이용될 때는 통상 연방 등록을 한다. EU의 경우에는 2016년 3월 23일부터 실행된 EU 상표 규칙이 있다. EU 상표 규칙은 EU지적재산청(EUIPO, Europeans Union Intellectual Property Offices)에서 하나의 절차로 EU 전역에 효력을 갖는 EU상표(UTM, European union trademark, EU 공동체 상표)를 등록, 취득하는 것이 가능하다.

#### (2) 보호되는 상표

대부분의 국가가 가입하고 있는 "지적재산권의 무역 관련 측면에 관한 협정"(TRIPS 협정)에서는 상표의 개념에 관하여 다음과 같이 정의하고 있다.

어떤 사업에 관련된 상품 또는 서비스를 다른 사업에 관련된 상품 또는 서비스로부터 식별할 수 있는 표지 또는 그 조합은 상표로 할 수 있는 것으로 한다. 그 표지, 특히 단어(인명을 포함), 문자, 숫자, 도형 및 색의 조합, 이와 함께 이러한 표지의 조합은 상표로 등록할 수 있다(15조 1항). 따라서 TRIPS 가입국은 최저한 이러한 문자 등에 의하여 구성된 상표등록제도를 구비할 의무가 있다.

### (3) 등록주의와 사용주의

등록주의란 현실적으로 상표를 사용하지 않고도 일정한 조건을 충족하면 상표등록을 할 수 있다고 하는 법제를 말한다. 또한 상표를 독점적으로 사용할 권리는 등록되어야 비로소 발생하는 것으로 하는 법제를 일컫는 경우도 있다. 등록주의 아래서는 통상 복수 인간의 동일 또는 유사한 출원이 경합한 경우, 제일 먼저 출원한 사람만이 독점권을 갖는 선원주의(先願主義)를 취한다. 이에 대하여 사용주의란 현실적으로 상표를 사용하지 않으면 상표등록을 받을 수 없는 법제를 발한다. 또한 상표를 독점적으로 사용할 권리는 사용 사실에 의하여 발생하는 법제를 말하는 경우도 있다. 사용주의는 다수의 사람 사이에서 동일 또는 유사한 상표 사용이 경합한 경우, 제일 먼저 상표를 사용한 자만이 독점권을 갖는 선사용주의와 연결되기가 쉽다.

우리 상표법은 현실적으로 상표를 사용하고 있지 않더라도 일정한 요건을 충족하면 상표등록을 할 수 있고, 또한 82조 제1항에서 상표권은 설정 등록에 의하여 발생한다고 규정함으로써 등록주의를 채택하고 있다.

미국은 사용주의를 취하고 있다. 원칙적으로 상표가 실제로 사용되고 있지 않으면 등록을 할 수 없고, 상표를 독점적으로 사용할 권리는 common law에 기초한 사용사실에 의하여 발생한다. 또한 미국은 원칙적으로 선사용주의를 취하고 있으며, 같은 지역에서 복수인 간에 동일 또는 유사한 상표사용이 경합하는 경우, 제일 먼저 상표를 사용한 자만이 상표권을 얻는다. 미국의 사용주의 아래서는 상표권이 미치는 범위는 원칙적으로 상표의 사용을 통하여 당해 상표의 존재가 인지된 지역에 한정된다. 그러나 Lanham법에 기초한 연방등록을 하면 상표권의 범위가 미국 전역에 미치게 된다. 미국 국내출원에서는 원칙적으로 상표가 등록되기 전에 상표의 사용 사실 증명이 필요하다. 이에 대하여 마드리드 의정서[100]에 의한 국제등록에서 미국을 지정국에 포함하는 경우라도 이러한 사용증명이 필요하지는 아니하다. 그러나 미국은 어디까지나 사용주의 국가이므로 미국에서 사용하지 아니하고 있는 상태에서는 권리행사가 부인된다. 또한 사용주의의 발현으로써 미국에서는 상표의 사용 재개 의도 없이 사용을 중단하면 상표권을 포기했다고 간주된다. 계속해서 3년간의 불사용은 포기하였다는 일응의 증거로 되어 있다(Lanham 제45조).

유럽연합 상표 EUTM에 있어서는 등록주의 및 선원주의가 채택되어 있다.


### (4) 심사(審査)주의와 무심사주의

심사주의란 상표 등록을 하기 위하여 행정관청이 법정 요건을 구비하고 있는가를 심사하는 법제를 말한다. 무심사주의는 출원의 형식을 갖추면 상표 등록이 가능하고 실질적 요건의 유무는 사후 이의신청 또는 무효소송에 의하여 결정하는 법제를 말한다. 그러나 실제로는 대부분의 국가에서 행정관청이 적어도 식별력의 결여 등 절대적 거절이유

---

**100** 정식명칭은 표장(標章)의 국제등록에 관한 마드리드 협정에 대한 의정서이다. 1989년 6월 27일에 마드리드에서 채택된 의정서로 각국에서 상표권을 취득하기 위하여는 원칙적으로 각국마다의 절차에 의하여 출원할 필요가 있지만, 이 의정서는 이러한 절차상의 부담을 경감하기 위하여 가맹국 국민이 그 국내 관청을 경유하여 세계 지적소유권 기관인 WIPO 국제사무국에 대하여 복수의 국가를 지정하여 하나의 절차로 국제출원을 하여 국제등록을 받을 수 있도록 하여 각 지정국에서 상표보호를 받을 수 있게 되었다(제2조). 가맹국은 2016년 3월 현재 97국이다.

는 심사한다. 또한 행정관청이 먼저 절대적 거절이유만을 심사하고, 선행 상표의 존재 등 상대적 거절 이유는 이의신청에 의하여 심사하는 법제도 있다.

우리나라의 경우는 원칙적으로 심사주의이고, 예외적으로 유행에 민감한 품목이나 문구류 등 경우에는 무심사주의를 채택하고 있다. 일본과 미국은 특허상표청이 절대적 거절이유와 상대적 거절이유 모두를 심사하는 심사주의를 취하고 있다.

EUTM에 있어서는 EUIPO가 절대적 거절이유(EU 상표 규칙 7조)는 반드시 심사하지만(동 73조), 상대적 거절이유(동 제8조)는 선행 상표권자로부터 이의신청이 있는 경우에만 심사한다(동 42조).

### 2) 미국의 naked licensing 개념

Naked licensing이란 상표권자가 라이선스 대상 제품의 품질 유지에 적절한 관리를 하지 않은 경우에 생긴다. 이 경우 당해 상표는 품질표시 기능 및 출처표시 기능을 상실하고, 상표권자는 당해 상표권을 포기(abandonment)한 것으로 간주된다. 결과적으로 라이선서(상표권자)는 당해 상표권을 행사할 수 없게 된다. 따라서 상표권자(licensor)는 품질에 관하여 일정 범위의 감독권을 유보하여야 만 한다. 어느 정도 감독권을 행사하면 충분한가는 일률적으로 말할 수는 없고, 관계되는 사업의 성질, 수요자의 기대 등에 의하여 정해진다. 그러나 여기서 말하는 품질관리란 반드시 고품질을 의미하는 것은 아니고, 품질이 계속적으로 일정하다는 것을 의미한다 .

### 3) 미국에서 프랜차이즈 규제법과의 관계

미국에서는 라이선서는 라이선스 대상 제품의 품질 유지에 관하여 적절한 통제를 할 필요가 있지만, 통제가 지나치게 되면 라이선시와의 계약관계가 프랜차이즈 계약이라고 인정되어 다음과 같은 규제를 받을 수 있다.

미국에서는 프랜차이즈 거래의 공정성 확보를 위하여 연방거래위원회 FTC법에 기한 "FTC 개시규칙" 및 각 주법에 의한 규제가 있다 .

규제는 프랜차이즈 계약 전의 프랜차이지(franchisee)에 대한 정보 개시, 프랜차이즈 등록, 프랜차이즈 계약의 내용, 종료에 관한 제한 및 규제 위반에 대한 벌칙 기타 제제 손해배상책임 등을 내용으로 한다.

프랜차이즈의 정의는 연방법 및 각 주 법 간에 통일되어 있지 않지만, FTC 개시규칙(436h)에 의하면 프랜차이즈란 아래 모든 요건을 충족하는 계속적 상업상 관계를 말한다.

① 프랜차이지(franchisee)가 프랜차이저(franchiser) 상표에 의하여 특정된 사업 혹은 동 상표에 관련되는 사업을 할 권리를 받을 것

② 프랜차이저가 프랜차이지의 사업 운영에 대하여 상당한 정도 통제권(significant degree of control)을 가질 것

③ 프랜차이즈 사업 개시 조건으로서 프랜차이지가 프랜차이저로부터 요구받은 금액을 지불할 것

여기서 FTC는 goodwill을 보호하기 위한 통제만으로는 significant control이라고 보지 않는다는 견해를 진술하고 있다. 따라서 프랜차이저가 라이선스 상표가 소정의 기준에 따라 사용되고 있는가를 확인하기 위하여, 라이선스 제품의 검사나 설계에 관여하는 것이나 포장이나 광고 선전을 승인한 것만으로는 프랜차이즈 계약이라고 인정되지 않

는다. 그러나 따라서 프렌차이저가 점포입지, 설계, 영업시간, 회계방법, 노무관리, 광고선전 등의 지정, 사업운영방법에 관한 종업원 교육, 원재료 공급, 운영 메뉴얼 제공 등까지 하는 경우에는 프랜차이즈라고 인정될 가능성이 높다. 그러므로 당사자가 프랜차이즈 거래를 의도하지 아니하는 경우에는, 그 거래가 프랜차이즈라고 인정되지 않도록 다음과 같은 사항을 포함하여 거래 및 계약 내용을 신중히 검토할 필요가 있다.

① 계약서 전문 등에 당사자가 프랜차이즈를 의도하지 않는다는 것을 알 수 있도록 분명히 기재한다.

② 라이선스 상표의 사용가능 범위를 명확히 기재한다.

③ 점포입지 지원, 광고선전, 훈련, 사업운영에 관한 컨설팅 등에 대한 보수 지불은 프랜차이즈 거래의 대가로 인정될 가능성이 있으므로 이러한 사항은 기재하지 아니한다.

④ 상표권을 보호하기 위하여 필요한 범위를 넘어 라이선시의 일상의 사업운영을 통제하지 않는다.

## 3. 상표의 기능과 상표 라이선스의 특징

상표의 가장 본질적·본래적 기능은 식별기능이다. 이외에도 상표는 출처표시 기능, 품질보증 기능, 광고선전 기능이 있다.

식별기능이란 자기의 영업에 관련된 상품 또는 서비스(이하 상품 등)를 타인의 영업에 관련된 상품 등과 식별하기 위한 표지로서의 기능이다. 그리하여 보통 명칭이나 관용적인 것, 상품의 산지·품질·서비스 제공 장소지 등을 표시하는 것은 식별력이 없는 것으로 등록되지 않는다.

이런 식별기능으로부터 상품 등의 제조·판매자를 표시하지 않아도 당해 상품에 부여된 상표만으로도 그 출처를 동일사업자라는 것을 수요자가 인식하게 하게끔 하는 기능이 생긴다. 다음으로 이러한 식별기능, 출처기능을 전제로 하여 수요자는 동일 상표가 부착된 상품은 언제나 동등한 품질일 거라는 것을 기대하고, 사업자가 그것에 부응함으로써 상표에 품질보증기능이 발생한다. 위에서 본 미국에서의 naked licensing 개념은 상표에 품질보증 기능을 확보, 유지시켜 실수요자를 보호하기 위한 것이라고 말할 수 있다.

품질보증기능에 의하여 상표에는 일정한 업무상의 신용(goodwill)이 체계화되게 되어 개개의 상품 등을 떠나서 그 상표 자체에 독자의 고객 흡입력이 생긴다. 이와 같이 상표에 의하여 품질이 보증되고 그것이 수요자를 만족시키는 것이라면 수요자는 당해 상표를 접하면 다시 그 상품을 구입하려고 하고, 경험이 없는 수요자도 구입의욕이 생겨 상표 자체에 사람으로부터 사람으로 그 상품 등 또는 사업자 명칭을 전파시키는 광고선전기능이 생기게 된다.

### 1) 라이선스의 종류(독점적 또는 비독점적)

특허 라이선스를 하게 되면, licensor 자신의 실시 또는 제3자에의 라이선스가 제한되는 것이므로, licensor가 당해 기술분야에 있어서 제조판매사업자인 경우, 그 사업이 제약되기 때문에 비독점적 라이선스가 많다. 이에 대하여 상표 라이선스인 경우에는, 독점적 라이선스가 많다. 다만, 이는 판매점계약(distribution agreement)에 부수하는 것이 아니고 그 자체가 거래 목적인 경우에 한하는 이야기다.

이것은 당해 라이선스 대상으로 되는 나라 또는 상품 등에 관하여 라이선시 이외에 라이선서 자신 또는 제3자도 동일 상표의 상품을 제조·판매하게 되면, 같은 상표가 부착된 상품 등은 언제나 동등한 품질이라고 하는 품질보증기능의 확보가 곤란하고 수요자로서는 혼란이 생길 가능성이 있기 때문이다. 또한 라이선시 입장에서는 그 같은 상황에서는 당해 상표의 고객 유인력을 충분히 향수할 수 없으므로, 라이선스를 받으려는 의욕이나 당해 상품 등의 판매나 판매를 위한 투자를 적극적으로 행할 의욕이 감퇴한다.

## 2) 라이선스에 의한 상품의 품질관리

라이선서가 라이선스 후에도 상표의 품질보증기능을 유지하기 위하여는 라이선시가 제조·판매하는 상품에 대하여 적절한 품질관리를 할 필요가 있으므로, 통상 라이선스계약 중에 다음과 같은 조항이 들어가게 된다

Article X .QUALITY CONTROL

X. 1 Licensee shall submit Licensor samples of Licensed Products and artwork and depictions of all proposed uses of Licensed Marks to Licensor at no cost, for approval prior to any use, sale or other distribution to the public thereof. Licensor shall review and approve or disapprove those items in writing within fifteen (15) days of receipt thereof; provided, however, that if Licensor fails to approve or disapprove any of them within that time period, the item shall be deemed disapproved.

X.2 Licensee shall submit to Licensor any proposed change by Licensee involving any alteration, including alterations in the structure, color, size, design or quality, of Licensed Products, or any change in the use of Licensed Marks, for approval, as a set forth in Article X.1 above.

X.3 Licensee acknowledges that Licensor requires high product quality of Licensed Products and accurate reproduction of Licensed Marks used in connection with the manufacture, sale, distribution, advertising, and promotion of Licensed Products, and that Licensor has the right to ensure that Licensed Products meet Licensor's manufacturing and quality standards. Licensee agrees that all Licensed Products manufactured and sold by it will be the same as or substantially identical to, in quality and appearance, the samples approved by Licensor under Articles X.1 and X.2 above. Licensee shall maintain said standards to ensure that all Licensed Products are consistent with such samples.

X.4 Licensor or its duly authorized representatives have the right to inspect premises of Licensee during all reasonable businesses hours of operation and the term of this Agreement to ensure that standards of manufacturing and quality, as reflected in the approved samples of Licensed Products, are being maintained.

X.5 From time to time, at the request of Licensor, Licensee shall submit to Licensor samples of Licensed Products which Licensee is selling, and the packaging, advertising and promotional materials used in connection with Licensed Products so that Licensor may determine compliance by Licensee with the terms of this Agreement.

## 3) 라이선서에 의한 상표의 사용 태양의 관리 · 감독

상표가 어떻게 사용되고 있는가 하는 것도, 상표에 체화된 goodwill 을 유지하기 위하여 관리할 필요성이 있으므로, 통상 라이선스계약 중 에 다음과 같은 조항이 들어간다.

Article X USE OF LICENSED MARKS

X.1 Licensee agrees that it will not alter, modify, dilute or otherwise misuse the Licensed Marks or bring them into disrepute.

X.2 Licensee agrees not to use any other trademarks service mark, trade name, logo, symbol or device in combination with any Licensed Mark, without the express prior written consent of Licensor.

X.3 Licensee shall, upon the request of Licensor, cause to appear on or within each Licensed Product, by means of a tag, label, imprint, or other appropriate device, such trademark, service mark, or copyright notices as Licensor may from time to time designate. Licensee shall affix trademark notice (TM )or (R) next to the Licensed Marks on Licensed Products as instructed by Licensor.

### 4) 상표 라이선스와 부쟁(不爭)의무

특허 등의 기술라이선스 계약에 있어서는, 라이선시가 라이선스 대상 특허권 등의 효력을 다투는 것을 금지하는 조항 또는 다투는 경우에는 라이선서가 라이선스 계약을 해약할 수 있다는 조항은 경쟁법상 문제가 있다. 특허 라이선스의 경우에는, 라이선시는 라이선스 대상 특허가 무효로 되면, 그 후 자유롭게 그 기술을 사용하여 라이선서와 경쟁할 수 있다. 그러나 대상상표의 goodwill 이용을 목적으로 하는 본래적 상표 라이선스에서는 원래부터 라이선시가 상표등록을 무효로 하고 싶어하는 경우는 상상하기 어렵다. 또한 설령 당해 상표등록이 무효가 되었다 하더라도, 통상의 무효이유인 경우는 유사한 선원상표가 있음에도 잘못하여 라이선스 대상 상표가 등록된 경우이다. 이러한 선원등록상표의 존재로 라이선시도 대상 상표를 사용할 수 없으므로 당해 무효에 의하여 경쟁적 저해요인이 없어지는 것은 아니다.

그렇다면 상표 라이선스 계약에 있어서는 라이선시가 권리의 유효성을 다투는 것을 금지하거나 또는 다툰 경우에 라이선스 계약을 해지한다는 취지를 정하는 것은 위법이라고 할 수 없고 유효하다고 보아야 한다.[101]

---

**101** 淺井敏雄, 商標ライセンスと法, 國際商事法務, Vol. 44, No. 10 (2016) p. 1568. 이 책의 많은 부분을 참고로 하였다.

## 5) 라이선스 대상 상품의 광고선전

라이선서는 외국에서도 자신의 상표를 부착한 상품의 제조판매권을 주어서 라이선스 수입을 가지고 goodwill의 경제적 활력을 도모하는 것이 있을 수 있다. 이러한 목적 달성을 위하여 라이선시가 적극적으로 판매를 할 필요가 있으므로 라이선스 계약 중에 라이선시에 대하여 매년 라이선스 대상 제품에 대한 광고선전계획 및 그 예산을 작성하여 라이선서의 승인을 얻고, 그것을 적극적으로 실행할 의무를 부과하는 경우도 있다.

## 6) 제조물 책임 및 제조물 책임보험

미국에서는 불법행위법 리스테이트먼트(Restatement (third) of Torts)에 의하면, 라이선서는 원칙적으로 라이선스 제품에서 생긴 일신상의 손해에 대하여 책임을 지지 않지만, 제품의 설계, 제조 또는 유통에 실질적인 관여(substantial participation)를 하는 경우에는 당해 손해에 관하여, 책임을 지는 경우가 있다(Restatement Section 14). 이른바 '표현제조물책임' 법리(apparent manufacturer doctrine)이다.[102] 이런 사정은 우리나라에서도 마찬가지다.

이러한 경우를 대비하여 라이선스 계약 중에 제조물 책임을 포함하여 라이선스 대상 제품에 관한 라이선서 일체의 책임을 부정하고, 라이선스 대상 제품에 관하여 제3자로부터 어떠한 형태의 청구, 소송 제기 등이 있는 경우라도, 라이선시가 이를 방어하여 라이선서에게 일체

---

**102** Hannibal Saldibar v. A.O. Smith Corp. http://caselaw.findlaw.com/ct-superior-court/1592390.html

의 손해가 없도록 하겠다는 취지를 규정하든가 또는 라이선시에게 제조물 책임보험을 들게 하여 라이선서가 추가 피보험자로 해야 한다는 취지를 규정하는 방법도 있다.

# X. 국제합작회사 : 법인설립형

본고에서는 국제 조인트벤처(Joint Venture)에 관하여 이미 설명한 기본적인 사항을 참조하면서 구체적인 모델을 중심으로 살펴본다.

## 1. 서론

### 1) 국제 조인트벤처란

이하에서는 국제 조인트벤처란 "국적을 달리하는 기업이 국경을 넘어 공동사업을 계획하고 공동 사업체를 운영하는 것"이라고 정의한다. Joint venture의 형태는, 사업체로서 법인을 설립하는 것과 법인을 설립하지 않는 것으로 대별될 수 있다.

### (1) 법인설립형(incorporated type)

인코퍼레이티드 형태, 즉 합작회사의 전형적인 예는 주식회사와 같은 유한책임회사를 공동출자로 설립하는 것이다. 회사의 형태는 설립지국(設立地國)의 법령에 따르면서 당해 사업수행에 적합한 것을 선택하여야 할 것이다.

### (2) 법인을 설립하지 않는 형태(unincorporated type)

이는 다시 다음과 같이 두 가지로 세분할 수 있다.

① 법인이외의 사업체를 형성하는 것(파트너십 형태)

우리나라의 조합이나 미국의 파트너십(무한책임조합 general partnership 이나 유한책임조합 limited partnership) 등 법인격을 갖지 않는 사업체조직을 결성하는 것을 말한다.

② 계약에 의한 공동사업 형태(계약형)

계약에 의한 기업 간의 결합/제휴로 다음과 같은 명칭으로 불려지고 있지만, 많은 경우가 이 형태에 포함된다.

- 공동체 계약(project agreement. Teaming agreement. joint venture)
- 컨소시엄(consortium)
- 공동운영 계약(joint operating agreement)
- 이익분배 · 손실분담 계약(risk and revenue sharing)
- 전략적 제휴(strategic alliance)

이하에서는 법인설립형을 중심으로 계약 체결 단계별로 이슈 및 참고가 될 만한 계약조문을 보기로 한다.

## 2. 합작사업의 프로세스와 유익점

합작사업의 일반적인 흐름은 법인설립형이든 아니든 간에 대체로 다음과 같은 프로세스를 거친다고 생각해도 좋다.

기업전략의 구축 ⟹ 일반적 투자환경의 조사 ⟹ 프로젝트 팀 구성 ⟹ 파트너의 선정 ⟹ Letter of Intent/MOU, Term sheet 체결 ⟹ feasibility study ⟹ 사업계획 책정⟹ 정식계약 협상 및 체결 ⟹ 합작회사 설립 ⟹ 합작사업 운영 ⟹ 합작사업 철수이 과정에서 합작사업 개시가 이루어지자면, 합작회사의 설립까지의 단계가 이루어져야 한다.

### 구체적 사례

한국 기업이 참가하는 법인설립형의 국제조인트벤처를 염두에 두고 보기로 한다. 산업용 기계 메이커인 두 회사(하나는 한국 기업, 다른 하나는 유럽 기업)가 한국에서 합작으로 산업용 기계 메이커를 설립·운영하는 경우를 가정해 보자.

### 목적

① 한국 제조사(SKIM)는 자사의 산업기계에 새로운 제품 LINEUP을 더하고 싶어한다

② 유럽 제조사(ZIMAS) 는 독자기술에 의한 산업기계를 개발 판매하고 있지만 아시아 시장 개척에 있어서 운송비, 특히 해상운임과 유로 강세의 핸디캡으로 고전하고 있다. 또한 유럽에서는 설치한 기계의 AS 등 서비스 업무가 충분히 이루어지지 않는 점도 고객의 불평이었다.

③ 한국 제조사는 신규제품을 추가하여 새로운 고객과 시장을 개척할 수 있고, 유럽 회사는 거리적인 핸디캡을 극복할 수 있다는 장점을 각기 살릴 수 있어서 아래와 같은 내용으로 합작회사를 한국에 설립하는 데 합의했다.

④ 유럽 회사는 기계의 핵심부분을 한국에 수출하고, 부피·중량이 큰 동력부, 기타 주변장치 등 심장부 이외 부분들은 한국 회사가 제조하고 유럽 회사로부터 수입한 심장부를 조립함으로써 기계

를 완성시킨다. 합작회사는 당해 기계의 발주자 및 발매자로서 이것을 한국 및 아시아 시장에 판매한다.

협상과정

① 상호 상대방 회사의 내용, 기술력 등을 조사하여 담당부서 직원 간의 실무 협상을 한 후 최고경영진과 최종 협의 · 제휴에 관한 회의를 시작한다.

② 비밀 유지 계약을 체결하고 보다 깊이 들어가 정보 교환과 협상 을 진행한다.

③ 방향성이 정착된 단계에서 합작회사 설립 스케줄을 Letter of Intent 형태로 정리하여 서로 확인한다.

④ LOI에 정해진 스케줄에 따라 여러 가지 조건의 이행 · 실행 · 부수 계약의 체결 등을 한 후, 합작계약의 상세한 점에 관하여 의견을 교환하고 협상을 거쳐 합작계약을 체결하여 회사설립에 이른다.

I) Letter of Intent/MOU

아래서는 MOU라는 표제를 달고 있다.

ZIMAS AG./ SamKee Industrial Machine, Ltd.
**Memorandum of Understanding**

This Memorandum of Understanding ("MOU") outlines the major issues and conditions under which ZIMAS AG, with registered office in ---Germany (hereinafter referred to as "ZIMAS") and SamKi Industrial Machine, LTD., with registered office in--- Korea (hereinafter referred to as "SKIM") intend to establish their collaboration for marketing of the ZIMAS Machine with peripheral equipment listed in Annex A (hereinafter referred to as "ZIMAS Machines") in the territory (as hereinafter defined) and how SKIM and ZIMAS intend to establish a new entity in Korea (hereinafter referred to as "NEWCO"; more specifically defined herein) that will conduct sales and distribution of ZIMAS Machines in the territory as well as, ultimately manufacturer, developments and maintenance and/or such other technical services (hereinafter referred to as "Services") of ZIMAS Machines in the territory .

This MOU is not intended to, and shall not, constitute any legally binding agreement of the parties hereto to enter into the agreement to form NEWCO or to pursue the business to distribute the ZIMAS Machines in the territory.

## BASIS OF MOU

This MOU will be in five (5) parts. PART A defining collaboration of the parties to be commenced upon execution of this MOU. PART B defining a Distributorship Agreement intended to be made between ZIMAS and SKIM for the distribution of ZIMAS Machines in the Territory, all of which Agreement shall be succeeded by NEWCO. PART C defining the establishment of NEWCO. PART D defining a License Agreement intended to be executed between ZIMAS and NEWCO to make NEWCO or SKIM as NEWCO's subcontractor develop and manufacture the Supporting Unit (as defined herein) for ZIMAS Machines distributed in the Territory. PART E containing miscellaneous provisions.

## (1) 표제와 전문

양사의 제휴는 ZIMAS가 제조하고 있는 기계를 SKIM이 수입하여 판매하는 데서부터 출발하여, 양사가 한국에서 합작회사를 설립하여, 그 합작회사가 SKIM이 하던 당해 기계의 판매사업을 계속 이어받아 운영하는 한편, 당해 기계의 제조와 보수(maintenance) 등 기술서비스를 하는 것으로 하고 있다.

따라서 이 MOU는 A-E까지 다섯 가지의 테마로 구성되어 있고, A-D까지는 SKIM 공장 내에, ZIMAS 기계의 시범 운전 및 기술테스트에 대응하기 위한 기술센터를 개설하는 것과 SKIM과 ZIMAS 사이에 체결할 예정인 판매 대리점 계약의 개요, 설립할 합작회사의 개요, 합작회사가 기계 제조를 위하여, ZIMAS로부터 제공받을 기술라이선스계약의 개요 등과 같이 합작회사의 설립에 이르는 프로세스와 이행해야 될 주요한 사항을 시계열에 따라 정하고 있다. E는 비밀유지의무와 준거법 등 MOU에 관한 일반조항을 적고 있다.

## (2) 합작회사 설립에 관한 조항

### 2.0 LOCATION

The parties hereto have agreed that NEWCO shall be a joint venture company of ZIMAS and SKIM and shall be established in Korea as a private stock company.

### 3.0 CAPITAL & SHARES

The parties hereto have agreed that, each of the parties share have 50 percent(50%) of the total shares of NEWCO. The amount of the capital of NEWCO to be contributed at the time of its establishment will be decided through in-depth consultation between ZIMAS and SKIM.

### 4.0 BOARD OF DIRECTORS & OFFICERS

The followings shall apply to NEWCO. The board of directors of NEWCO shall consist of four (4) Directors; two (2) of whom shall be elected from among those appointed by SKIM and two (2) of whom shall be elected from among those appointed by ZIMAS. The Chairman of the Board of Directors shall also be a Chief Executive Officer (CEO )and shall be appointed from the Directors elected from among those appointed by SKIM.

### 5.0 BUSINESS OF NEWCO

NEWCO will start its business from sale and distribution of ZIMAS Machines in the territory, then provide Services for the users of ZIMAS Machines in the territory, and further shall step into the manufacturing, engineering and the development of the ZIMAS Machines.

위 사례에서는 양사의 출자비율을 50대 50으로 하고 있다. 사장CEO 는 한국측에서 내세우기로 하고 있지만, 양사 이사의 수가 동수이기 때문에 교착상태(deadlock)가 생길 가능성이 있다. 따라서 합작계약에서 교착상태를 회피 혹은 해소할 수 있는 수단을 강구해 둘 필요가 있다.

50대 50의 대등한 출자비율의 합작 회사에 있어서는 위와 같은 deadlock은 절대적으로 피해야 된다고 하는 의견도 있는 반면에, 합작 당사자간에 좋은 의미에서의 긴장감과 자기 의사를 관철하기 위하여는 필연적으로 상대방의 동의를 얻으려는 노력을 하여야 하므로 서로간에 협력 의식을 심어 주어 장기적으로는 오히려 성공 확률이 높다는 의견도 있다.

본 건의 경우, 최고경영진 사이의 협상 또는 담당부서 사이의 협상 과정에서, 상대방의 기업문화, 인간성 등에 친화감을 배양하고 무리하거나 불합리한 주장을 하지 않도록 하는 등 신뢰를 형성하여 간다면 대등 비율도 좋은 것으로 받아들이고 있다.

### (3) MOU의 효력

3.0 BINDING EFFECT

Furthermore, the parties hereto acknowledge and agree again that, except for the collaboration set forth in PART A 1.0 and 2.0 above and the provisions of PART E this MOU is not intended to impose on the parties any obligations whatsoever, but is intended as an outline of the intentions to facilitate further discussion between the parties and the no legal duties, responsibilities or rights are created hereby. The parties hereby agree not to institute or to participate in any proceedings seeking to establish a contrary position.

전문 부분에서도 기술되어 있지만 이 MOU는 기본적으로는 법적 구속력이 없는 것으로 하고 있다. 그러나 MOU 체결 후에 반드시 이행되어야 할 사항(예를 들면 기술센터를 개설하여 기계 데모를 실행하는 것 등 feasibility study에 관한 사항)이거나 비밀유지의무, 준거법 등의 일반조항 등에 관하여는 구속력이 있다고 확인하고 있다. MOU 혹은 Letter of Intent는 그 구속력이 미치는 범위를 명시하여 주는 것이 대단히 중요하다.

참고로, 합작계약 작성시 주된 검토사항을 정리해 보면 다음과 같다.

## 일반사항 :

| |
| --- |
| ① 신 회사 Newco의 목적. |
| ② 신 회사의 형태(설립국 법률에서 인정되어 있는 회사의 형태 중에서 선택해야 한다.) |
| ③ 법규제 동향(투자규제나 업법(業法) 등이 있을 수 있다.) |
| ④ 기존 계약 등에 미치는 영향(합병 계약 체결이 타 회사와의 기존 계약에 위반하지 않는가 등에 관한 검토를 하여야 한다.) |
| ⑤ 조세측면의 고려 |
| ⑥ 내부적 배려(예를 들면 자사의 기존 사업이나 관계 회사에 미치는 영향 등이다.) |
| ⑦ 비밀유지계약 체결의 유무(계약 협상이나 자료 수수 등이 일어날 때 검토가 반드시 행해져야 한다.) |
| ⑧ MOU 체결 유무 |
| ⑨ 계약당사자(계약당사자를 어디까지 포함시킬 것인가, 합작회사 자체도 당사자로 할 것인가 등에 관한 검토가 필요하다.) |

## 계약조항자체 :

| |
|---|
| ● 자본금 · 출자비율 등에 관한 검토가 필요하다. |
| ● 기업의 거버넌스에 관한 것으로,<br>i) 경영체제<br>ii) 회의(여기에 출자자는 합병 당사자를 말하고 주주총회 이외의 출자자 회의<br>   체를 둘 것인지에 관한 검토가 필요하다.)<br>iii) 이사 구성<br>iv) 감사에 관한 사항<br>v) 보고 의무(사업보고서 등 출자자에게 제출케 하는 보고서 등의 종류와 빈도)<br>vi) 동의 요구사항(출자자의 동의를 필요로 하는 경영상의 결정사항)<br>vii) 경영계획과 예산<br>viii) 분쟁해결수단(출자자 사이의 협의, 조정, 중재 등. 합작사업 철수권을 보장<br>   해 줄 것인지 여부) |
| ● 운영관계로는,<br>i) 사업내용<br>ii) 이익과 손실의 분배<br>iii) 자금조달(출자자의 보증, 차입의 유무, 조건 등) |
| iv) 출자자의 협력(출자자는 어디까지, 언제까지, 어떻게 협력하는가)<br>v) 기술 · 지적재산권(출자자로부터 받는 기술, 상표 등 라이선스에 관한 조건 등)<br>vi) 출자자와의 거래<br>vii) 경업금지의무(출자자가 받는 경업금지의무, 합작회사가 받는 경업금지의무)<br>viii) 합작계약위반(계약해제 대상이 되는 위반사항의 명확화) |
| ● 주식(지분)의 처분에 관한 사항으로서는,<br>i) 양도제한<br>ii) 주식양도 조건(first option : first offer/first refusal right, put/call<br>   option, buy-sell option, Russian roulette 등, tag-along/drag<br>   along 조항도 검토) |
| ● 철수에 관한 사항으로서는,<br>i) 초과채무의 조치<br>ii) 양도주식의 가치평가<br>iii) 철수권행사의 조건<br>iv) 종료, 청산 |
| ● 기타 |

## 2) 합병계약서의 내용

양사는 letter of intent(MOU)에서 정한 스케줄에 따라 ZIMAS의 순정
기계 판매대리점 계약(Distributorship Agreement)를 체결하고 SKIM이 당해
기계를 한국 및 아시아 국가에 판매 활동을 개시하여 그 시장성을 확인
하는 한편, 그 동력부 및 주변장치 등을 SKIM에서 제조할 경우, cost
performance를 확인한다고 한 feasibility study를 진행한 결과를 바탕
으로 양사가 합작회사(판매회사)를 한국에 설립 하기로 결정했다.

합작 회사는 양사 평등 정신에 기초하여 MOU에서 정한 대로 출자
비율은 각 50%씩, 선임이사 수도 양사 동수의 주식회사로서 설립하기
로 하였다.


### (1) 표제 및 전문

JOINT VENTURE AGREEMENT

This JOINT VENTURE AGREEMENT (the "Agreement") is
executed the first day of October ,2012 by and between :

(1) ZIMAS AG, accompany organized and existing under the
laws of Germany having its headquarter at ------
Germany(ZIMAS); and

(2) SamKi Industrial Machine, Ltd., a company organized and
existing under the laws of the Korea having its headquarters at
-----Seoul, Korea(SKIM).

(Each maybe occasionally referred to individually as a "Party
"and, together, as the "Parties")

## RECITAL

WHEREAS, the Parties have entered into an agreement concerning Confidentiality on September 14, 2016 ("Confidentiality Agreement"); and

WHEREAS the Parties have entered into a Memorandum of Understanding dated January 7, 2017 (the "MOU") which is not binding (except for specified clauses) but describe an outline of both parties' intention to cooperate, including but not limited to establishing a new company in Korea jointly owned by the parties (the "JVC ") ; and

WHEREAS, the Parties have entered into the Distributorship Agreement dated January 14, 2017, a copy of which is attached hereto as Exhibit 1 (the "Distributorship Agreement"); and

WHEREAS, the Parties now understand that they are ready to establish the JVC and desire to set forth herein the detailed and definitive terms and conditions of their relationship in relation to the JVC' s activities, formation and management and the party' s responsibilities and the other matters related to the JVC.

NOW THEREFORE, in consideration of the mutual covenants and agreements herein contained and the four other good and valuable consideration,  the receipt and sufficiency of which are hereby acknowledged, the Parties have agreed as follows :

Recital(WHEREAS clause)에서 협상을 위한 비밀유지계약 체결 ⇒

MOU/LOI 체결 ⟹ 판매대리점계약 체결 ⟹ 합작계약 체결까지의 경위
를 확인하고 있다.


(2) 회사의 개요

### Article 5. Basic structure and characteristics of JVC

5.1 The Parties shall cause JVC to be incorporated with the following structure and the characteristics :

(a) the JVC shall be formed as a joint stock corporation having a Board of Directors and Statutory Auditors.

(b) the name of the JVC shall be "SKIM &ZIMAS Machinery, Ltd."

(c) The purposes of business of the JVC shall be as follows:

  (i) Technology development, manufacture and sales of ------ machines:

  (ii) Technology development, manufacture and the sales of machines and equipment peripheral to ------machines;

  (iii) Design and sales of production lines for--- machines;

  (iv) Any other business ancillary to items mentioned above.

(d) The number of shares authorized to be issued shall be ten thousand (10,000) shares of which number two thousand (2,000) shares shall be issued at the Closing.

(e) The JVC shall not issue any share certificates.

(f) The registered office of the JVC shall be in Seoul, Korea.

5.2 The Articles of Incorporation of the JVC as of the Closing, the original copy of which shall be in Korean, shall be in the

form and with the content attached hereto as Exhibit 3. An English translation of the Articles of Incorporation shall also be attached hereto in Exhibit 3 which shall serve for reference purposes and support the interpretation of the Korean original.
5.3 The shareholding ratio of the Parties shall be as follows unless changed it by share transfer, share issue or any other procedure permitted in accordance with this Agreement.

ZIMAS 50%

SKIM 50%

위 예문에서는, 회사법에 근거한 주식회사이고 주권을 발행하지 않는다는 것, 등기부상 본사는 서울에 둔다는 것, 수권주식 수, 설립 시 발행할 주식수, 양사의 주식 비율, 회사정관 내용 사업 내용 등 회사설립에 기본이 되는 사항을 명시하여 확인하고 있다. 또한 아래 6에서 서술하는 것과 같이 신 회사는 주식양도 제한이 있는 비공개 회사이다. 설립 시 발행할 주식가격은 별도의 설립에 관한 조항에서 다룬다. 또한 양사가 각기 선임할 수 있는 이사의 수와 초대 대표이사의 이름도 별도의 설립에 관한 조항에 규정한다.

(3) 자금조달

신설회사가 독자적으로 운전자금을 조달할 수 있으면 좋겠지만, 신설회사이기 때문에 신용부족 등으로 독자적으로 은행차입이 불가능한 경우가 있을 수 있기 때문에, 모회사의 지원 방법 및 조건을 미리 정해 주는 것이 좋다.

## Article 6. Further Finance

6.1. The JVC may issue new shares from time to time as it may be mutually agreed upon pursuant to Article 15, provided that the Shareholders may prevent preemptively subscribe such Shares in proportion to the then prevailing shareholding ratio.

6.2. If the JVC shall, in the opinion of the Board of Directors, require further finance, the JVC shall first approach its own banking sources. If finance cannot be obtained from the JVC's own banking sources, neither party shall be obliged to provide any such further finance to the JVC. Any such finances which the Parties do agree to provide shall (unless otherwise agreed) be provided by the Parties in proportion to the then prevailing shareholding ratio (whether by way of subscription of Shares, loan or otherwise).

6.3. The Parties shall not be obliged to provide guarantees for the JVC's liabilities in respect of such finance but, if they do so, they shall be given in proportion to the then prevailing shareholding ratio. If a claim is made under any such guarantee against a Party, that party shall be entitled to a contribution from the other party of such amount as shall ensure that the aggregate liability is borne by the Parties in proportion to the then prevailing shareholding ratio.

6.4. The principles of cost allocation between the Parties and the JVC are set forth in Exhibit 4. In any case such cost allocation shall always be governed by the principle of transparency.

신설회사가 자금을 얻기 위하여 증자를 하는 경우에는, 양사의 지분 비율이 변동되지 않도록 신주를 인수하는 것을 원칙으로 한다(pre-emptively subscribe). 그리고 융자를 하든 보증을 하든 양사는 지분 비율에 따른 부담을 지는 것으로 하는 것이 원칙이다.

이 경우 자회사를 위하여 보증을 하는 경우에는 보증료를 받지 않으면, 세무상으로는 보증료 상당의 증여가 있었다고 볼 가능성이 있으므로 유의하여야 한다. 또한 자금조달에 필요한 비용 부담에 관하여는 사후에 생길 수 있는 분쟁을 예방하기 위해서도 신설회사를 포함한 당사자간에 비용부담의 원칙이나 조건 등을 상세히 서면으로 정해 두어야 한다.

### (4) 사전승인사항

신설회사의 경영진에 의한 독주를 방지하기 위하여, 중요사항의 결정에 관하여서는 양사에 사전승인을 필요로 한다는 취지를 규정해 둘 필요가 있다.

Article 15. Reserved Matters
The following matters shall require the prior written approval of both Parties to be granted by resolution in Ordinary or Extraordinary General Meeting of Shareholders or, in case of events which are to be resolved by a resolution of the Board of

Directors, to be granted by a resolution at meeting of the Board of Directors:

(a) Any issue of Shares, stock acquisition rights or bonds with stock acquisition rights :

(b) Any alteration to the Articles of Incorporation ;

(c) Any increase or decrease of the number of shares authorized to be issued, any increase in stated capital (whether by transfer from legal reserves, distributable profits or otherwise), any decrease in stated capital (whether by stock repurchase or otherwise), or any stock splits, stock combinations or any other change in the terms of the stated capital ;

(d) Any declaration or payment of the dividends;

(e) Approval of any financial statements;

(f) Any borrowings which would result in aggregate borrowings being in excess of 10 million Korean Won;

(g) Approval of the annual budget and operating plan;

(h) The formation of any subsidiary;

(i) Any contract or commitment having a value or likely to involve expenditure in excess of five million Korean Won with the exclusion of any orders for the JVC' s ordinary business ;

(j) The commencement, settlement or abandonment of litigation or admission of liability involving a dispute in excess of 5 million Korean Won :

(k) Any repayment of any loan made by either Party, a member of ZIMAS groups or the SKIM group; or

(L) Filing for bankruptcy, corporate reorganization, civil rehabilitation or any other bankruptcy or insolvency procedure ;

(m) Dissolution(except dissolution based on any provision in this Agreement) ;

(n) Merger, corporate divesture, transfer or acquisition of business, share exchange or share-transfer.

예문에서는 (a) 신주의 발행(신주인수권, 신주인수권부 사채 등), (b) 정관의 변경, (c) 수권자본의 증감 및 자본금의 증감, (d) 배당금의 결정과 지급, (e) 결산의 승인, (f) 총액 천만 원 초과의 차입, (g) 예산 및 사업계획의 승인, (h) 자회사의 설립, (i) 통상의 거래 이외로 500만 원 초과의 경비를 동반하는 계약, (j) 500만 원 초과하는 금액을 다투는 소송 제기, 포기 및 화해, (k) ZIMAS 또는 SKIM 혹은 그 자회사로부터의 차입금의 변제, (L) 파산, 회생절차의 신청, (m) 회사의 해산, (n) 타사와의 합병 등 기업 결합을 사전승인 사항으로 열거하고 있다. 구체적인 사안에 따라 이 같은 내용이나 금액에 관하여는 상황에 따라 적절히 추가하거나 수정해야 할 것이다.

(5) 교착상태(Deadlock)

양 회사의 출자비율이 50대 50이고, 이사의 수도 양사 모두 동수인 이 같은 상황에서는 소위 교착상태를 어떻게 방지하고 해소할 것인가가 매우 중요한 문제이다. 교착상태에 관하여는 정의(定義) 조항에서 다음과 같이 정의하고 있다.

> Deadlock means a situation in which a dispute or difference in opinion between the Parties prevents them from reaching a mutual agreement pursuant to Article 15(사전승인조항), or from making a resolutions in the Board of Directors or the General Meeting of Shareholders and which significantly affects the business of the JVC.

전 항의 사전승인 조항도 모회사의 사전 컨센서스를 얻기 위한 틀(framework)이다. 그러나 이는 교착상태 방지의 한 방법으로써 말할 수 있지만 이 단계에서 양사의 의견이 달라지게 되면 결국에는 이를 피할 수 없게 된다. 또한, 교착상태 그 자체는 50대 50이 아니더라도, 일방이 거부권을 가지고 있고, 그것을 남발하는 경우에도 초래될 수 있다. 이 모델 사례에서는 다음과 같이 3단계 해결수단을 준비하고 있다.

Article 16. Deadlock

16.1. In the event of a Deadlock the matter shall be referred to the respectable chairman or chief executives of the Parties who shall seek to resolve the matter on an amicable basis.

16.2. If the matter cannot be resolved by the chairman or chief executives, then either Party may give notice that it wishes formerly to resolve the situation within ninety (90) days. The Parties shall continue to negotiate in good faith to resolve the matter by one of the following methods:

(a) The purchase by a Party of the other Party's Shares (or the sale of the other Party's Shares to one or more third parties designated by the first Party); or

(b) Dissolution of the JVC.

16.3. If no such method of resolution has been agreed upon ninety (90) days after the notice is given under Article 16.2, either Party may terminate this Agreement by a written notice to the other Party. Upon the termination of this agreement pursuant to this Article, the JVC shall be dissolved and liquidated pursuant to Article 22.2(해산조항).


먼저 양사의 최고경영진 회의에 의한 해결을 도모한다. 거기서 해결할 수 없는 경우에는 어느 일방으로부터 신청에 의하여 90일간의 기간을 정하여 다음과 같은 어느 한 방법에 의하여 해결을 도모한다.

① 일방의 주주 혹은 그가 지정하는 한 사람 또는 수 명의 제3자가 상대방 주주가 보유하는 신설회사의 주식 전부를 매수한다.

② 신설회사를 해산한다.

소정의 90일 이내에 전 항에 의한 해결에 이르지 못할 경우에는, 어느 일방의 서면에 의한 통지에 의하여 합작계약은 해소되고 신설회사는 예산 조항에 따라 해산, 청산되게 된다. 그리고 위 조항과는 별도로 합작계약에 관한 분쟁해결 수단으로서 중재조항이 마련되어 있기 때문에, 양사가 합의하여 중재에 의한 해결을 선택할 수도 있다.

### (6) 주식의 양도제한과 양도절차

합작회사는 "공동으로 특정한 사업을 수행"한다는 명확한 목적의식과 이를 위한 "특정한 사업자와의 결합이 최적"이라고 판단한 사업자들이 출자하여 설립한 것이고, 단지 이들이 금전적 출자자에 지나지 않는 것은 아니기 때문에, 여러 가지 형태로 합작회사의 경영에 적극적으로 참여하고, 인재(人材), 노하우, 라이선스(license) 제공 등 합작회사의 경영을 원조하는 것이 통상적이다. 따라서 보통은 (적어도 합작사업 개시 후 한동안은) 상대방 사업자가 바뀔 수도 있다는 것을 예정하지 않는다. 이러한 이유로 합작회사의 주식양도를 제한하는 것이 일반적이다.

Article 17. Transfer of Shares

17.1 Without the prior written consent of the other Party, neither Party shall sell, transfer, pledge or otherwise encumber, charge, dispose of or deal with any right or interest in any of its Shares in the JVC (including the grant of any option over or in respect of any Shares).

17.2 Consent to a transfer by a Party to a member of its respective Group shall not be unreasonably withheld. Each Party undertakers to procure that, if any member of its Group which holds Shares in the JVC ceases at any time to be a member of that Group, that member shall transfer all its Shares in the JVC to the relevant Party or another member of its Group prior to so ceasing.

위 사례에서는, 상대방의 동의 없이는 신설회사의 주식을 양도해서는 안 되지만, 자기 그룹회사에게는 양도하는 것은 가능하다는 규정을 두고 있다. 그룹회사는 정의조항에서 "의결권부 주식 또는 지분의 과반수를 가진 자회사 혹은 모회사"라고 규정하고 있다.

"Group" means a group of companies consisting of a Party's subsidiary (which means companies where the majority of outstanding shares or equity interests with voting rights is directly or indirectly owned by the respective Party), a parent company (which means a company which directly or indirectly owns the majority of the Party's outstanding shares or equity interests with voting rights) and any other subsidiaries of that parent company.

17.3항 이후에는, 일방 당사자가 자기가 보유하는 합작회사의 주식을 제3자에게 매각하려고 하는 경우에는 타방 당사자가 그 매수청구권을 행사할 수 있다고 하고 있다. 이른바 "first refusal right" 또는 "right of first refusal"의 규정이나 타방 당사자도 자기가 보유하는 주식을 공동으로 매각할 수 있도록 청구할 수 있는 권리(tag-along right)라고 하는 일방당사자가 제3자에게 주식을 매각하려고 할 때 타방 당사자가 행사할 수 있는 권리를 규정하고 있다. 당해 권리의 내용이나 주식을 사는 경우에 가격의 결정 방식에는 모델 사례의 first refusal right 이외에 여러 가지 방식이 있을 수 있다.

주식의 양도제한이 있음에도 불구하고, 혹은 양도 제한기간 만료 후에 합작사업의 상대방이 보유하는 합작회사의 주식을 제3자에게 양도하고 싶다고 주장하는 경우(이것은 보통 이미 우호적으로 공동사업을 계속할 의사가 없는 경우이다), 타방 당사자가 단지 양도제한을 고집하는 것 이외에, 어떻게 대응할 수 있는지를 미리 약정하여 둘 필요가 있다.

17.3 Notwithstanding Article 17.1 and the 17.2, if either Party desires to sell or transfer the shares owned by it, in whole or in part, to a third party who is not a member of the selling Party's Group, the selling Party shall notify the other Party in writing (the "Transfer Notice") of the intended sale or transfer ( including the price and proposed transferee ). The Transfer Notice shall be signed by the selling Party and the proposed transferee, and shall set forth the number of Shares which the selling Party proposes to transfer, together with all material terms and conditions of the proposed transfer, and shall constitute a binding commitment on both such parties for the transfer of Shares subject to the conditions provided for in this Article 17. The other party shall have a right of first refusal for ninety (90) days after the date the Transfer Notice is delivered to purchase the selling Party's Shares at the Substance of Value of the Shares at the date of the Transfer Notice or at the purchase price set forth in the Transfer Notice, which is lower (the "Right of First Refusal"). The other Party shall exercises its

Right of First Refusal by giving a written notice to the selling Party within the ninety (90) day period provided above. If the other Party does not exercise this Right of First Refusal within the ninety (90) day period provided above or has given its written consent according to Article 17.1, the selling Party may conclude a transfer of the Shares to the proposed transferee on the terms and conditions and for the price set forth in the Transfer Notice. Any proposed transfer on terms and conditions different from those described in the Transfer Notice or to an entity or persons other than the proposed transferee identified in the Transfer Notice, as well as any subsequent proposed transfer by the selling Party, shall again be subject to the Right of First Refusal. The transfer of any Shares elected to be acquired pursuant to the Right of First Refusal shall be consummated within forty-five (45) days following the selling Party's receipt of the other Party's written notice.

17.3항은 일방 당사자가 자신이 보유하는 합작회사의 주식을 제3자에 매각하려고 하는 경우에, 타방 당사자가 그 매수권을 행사할 수 있다고 하고 있다. 이른바 "First Refusal Right" 또는 "Right of First Refusal" 규정이다. 이 모델 사례 조문에서는 제3자에의 매각 예정가격 또는 "Substance Value"(정의규정에서 SKIM과 ZIMAS가 합의에 의하여 지명한 공인회계사에 의하여 평가된 가액으로 정의되고 있다) 중 낮은 가격으로 매수할 수 있다고 하고 있다.

합작계약에 일방 당사자가 상대방의 주식을 매입할 권리를 확보해 두고 싶거나 혹은 당해 권리를 행사할 필요가 생기는 사태로서는, 이 17조 3항과 같이 "상대방이 자신이 보유하는 합작회사의 주식을 제3 자에게 매각하려고 하는 경우" 이외에도 'deadlock이 생긴 경우'가 있다. 이유야 어떠하든 간에 구입하는 주식가액의 평가방법, 매수 가격의 결정방법에 관하여, 매수인측과 매도인측의 의견이 일치하는 것은 매우 어렵기 때문에, 양도절차 중에 가격결정의 메커니즘을 약정하여 둘 필요가 있다. 이하에서는 이에 관하여 보기로 한다.

17.4 If the selling Party sends the other Party the Transfer Notice after receiving a third party's offer to purchase all of the selling Party's Shares in the JVC, the other Party may choose to exercise a tag-along right in place of exercising the Right of First Refusal by giving written notice of its intent to tag along within ninety ( 90 ) day period provided above. The selling Party shall then make reasonable efforts to ensure that the third -party offer extends also to all of the other Party's Shares in the JVC at terms the same as, or more favorable than, the terms and conditions specified in the Transfer Notice within forty-five (45 ) days from the day following the selling Party's receipt of the other Party's written notice regarding the exercise of tag- along right. If the third party does not agree to extend its offer to all of the other Party's Shares within this forty-five (45) day period, the other Party may either (i) agreed to sell such portion of its Shares as the third party has agreed to purchase, or (ii) exercise the Right of First Refusal if time remains in that ninety (90) day period. If the other Party has chosen neither (i) nor (ii) in the forty-five (45) day period and has given its written consent in accordance with Article 17.1, the selling Party may sell its Shares to the third party on the terms and the conditions described in the Transfer Notice. As from the third anniversary of the date of the Closing, the selling Party may sell its Shares to the third party on the terms and conditions described in the Transfer Notice, if the other Party has chosen neither (i) nor (ii) in the forty-five (45) day period or has given its written consent according to Article 17.1.

17.4항은 "tag-along right" 혹은 "piggy-back right" 등으로 불려지는 권리, 즉 일방 당사자(매각 당사자)가 자기가 보유하는 합작회사의 주식을 제3자(구입자)에게 매각하려고 하는 경우에는, 타방 당사자(追隨 당사자, 따라하는 당사자)는 자기가 보유하는 주식을 당해 매각처에 동일한 (혹은 追隨 당사자에게 있어서 보다 유리한) 조건과 가격으로 함께 매각하도록 매각당사자에게 청구할 수 있는 권리를 정하고 있다. 쉽게 표현하면 1대 주주가 보유지분을 매각할 때 2, 3대 주주가 그것이 좋은 조건이라고 판단되면, 1대 주주와 동일한 조건으로 팔아달라고 1대 주주에게 요구할 수 있는 권리를 말한다.

아래 모델 조항은 매입자가 추수 당사자의 보유주식의 매수를 거절할 경우, 추수 당사자의 선택지(選擇肢)는 '매각을 인정'하든가 'first refusal right을 행사'하든가 한정되어 있지만, 다음과 같이 "(매수자가 추가매수를 받아들이지 않는 경우에는) 매각 당사자 및 추수 당사자는, 그 당시 각자가 보유하는 합작회사의 주식 비율에 따라, 그 비율을 매수자가 매수를 희망한 합작회사의 주식수에 곱한 수의 주식을 각자, 매수자에게 양도 할 수 있다"는 선택지를 추가하고 있다.

In the event such third-party shall not agree to buy shares in the JVC more than the number agreed with the selling Party, the selling Party and the other Party may sell shares in JVC to the third party in proportion to their shareholdings at that time.

## (7) 주식매매방법, 가격결정 메커니즘

이하에서는 전에 소개한 first refusal right 이외의 주식매매방식 및 가격결정 메커니즘을 보기로 한다.

### ① Right of First Offer

First Refusal의 경우에는, 당해 주식을 매수하고 싶어하는 제3자(매수예정자)가 구체적으로 존재하고 있을 것이 전제로 되어 있지만, First Offer는 아직 구체적인 매수예정자가 존재하지 않는 상태에서 먼저 상대방에게 매도 의사표시를 행하는 것이다.

1. Right of First Offer

If either party (the "Offering Party") intends to enter into negotiations or discussions to sell or otherwise transfer all (but not less than all) of its equity securities of JVC, it would give notice to the other party (the "Offeree Party") of such intent. If the Offeree Party notifies the Offering Party of its desires to purchase such equity securities, the Offering Party would negotiate in good faith to reach an agreement with the Offeree Party for the sale of the equity securities prior to engaging in any negotiations or discussions for the sale of transfer of any of such equity securities with (or making any offer to sell such as securities to) any third party. If the Offeree Party does not desire to purchase the equity securities, or if the Offering Party does not reach an agreement with the Offeree Party within 30 days of receipt of the Offeree Party's notice of its desire to purchase, then for 90 days thereafter, the Offering Party would be entitled to sell the equity securities to a bona fide purchaser.

## 2. Tag-along Right

Subject to the right of first offer discussed above, the Offering Party would have the right to sell all (but not less than all ) of its equity securities in JVC to a third party, provided that the Offeree Party would have a right to sell all (but not less than all) of its equity securities to the third party, upon the same terms and conditions.

## 3. Drag- along Rights

Subject to the right of first offer discussed above, the Offering Party would have the right to compel the Offeree Party to sell its equity securities in JVC upon the same terms and conditions as agreed with a third party, and the Offeree Party would waive any dissenter's or similar rights.

주식을 매각하려고 하는 당사자(양도 당사자), 타방의 합작 당사자 (타방 당사자)에 대하여, "내가 주식을 매각하려고 하는데, 귀사가 사주지 않겠느냐?"라고 제의하여, 타방 당사자가 이를 거절하거나 매매교섭이 결렬된 경우, 제3자에게 매각할 수 있다고 규정하고 있다. 이 문례는 전술한 "tag-along right"에 더하여, "drag-along right"(또는 "bring along right"), 즉 양도 당사자가 타방 당사자가 보유하는 합작회사 주식도 함께 같은 양수인에게 매도할 것을 청구할 수 있는 권리를 정하고 있다 (제3항). 또한 "dissenter's right"(appraisal right라고도 한다)란 주식매수청구권을 말한다.

② Buy/Sell 방식

교착상태(deadlock)에 빠진 경우에는, 일방 당사자가 타방 당사자의 주식을 사는 것으로 합작관계의 해소를 도모하게 된다. 모델 사례에서는 후술하는 바와 같이 이 경우의 매수가격은 "Substance Value"[103]로 되지만, 매수를 신청한 자(매수신청자)가 제시하는 매수가격으로 거꾸로 매수신청을 받은 상대방이 신청자의 보유주식 전부를 살 수 있게 하는 것이 "Buy/Sell 방식"이다.

이 당사자간에 매매 입장의 역전(逆轉) 리스크가 오히려 공평한 가격 선택의 메커니즘을 제공한다고 보아 고안된 방식이다. 즉 신청자는 가

---

**103** 전술 6. 17. 3 항 참조

능한 한 낮은 가격으로 사고 싶다고 생각하지만, 너무 지나치게 낮은 가격을 제시하면, 그 가격으로 상대방에게 자기가 가지고 있는 보유주식을 팔 수밖에 없는 상황에 내몰릴 가능성이 있으므로, 신청자가 생각하고 있는 매입가격의 최고치와 (자기의 주식을 상대방에게 매각한다고 할 경우에 청구할) 매각가격의 최저치의 경계선 부근에서 제시가격이 설정될 것이라고 보는 메커니즘이다.

In the event of a Deadlock and matter cannot be resolved by the chairmen or chief executives, the following procedures shall apply ;

1. (a) either party ("First Notice Party") gives the other party ("Notified Party") a written notice which shall specify the price to offer all of the Notified Party' s shares to the First Notice Party (the "Deadlock Notice') ;

(b) if the Deadlock Notice is given, then the Notified Party shall, within a period of twenty (20) days after receipt of a Deadlock Notice, at its sole option elect either:

(i) to sell all of its shares at the price stated in the Deadlock Notice; or

(ii) to require the first Notice Party to sell all of shares collectively held by the First Notice Party at the price stated in the Deadlock Notice.

2. If no election is made in writing by the Notified Party within the said period of twenty (20) days after receipt of the

Deadlock Notice, then it shall be deemed to have elected for option (i).

3. When an election under the above-mentioned 1. or 2. is duly made, the parties shall be bound to complete the sale and purchase of the relevant shares at the relevant price within thirty (30) days after such election.

③ "러시안룰렛(Russian Roulette)" 혹은 "Shoot-outs"

전술한 Buy/Sell과는 반대로 매각을 신청한 자가 제시하는 매각가격으로, 그 신청을 받은 당사자가 자신의 전 주식을 매각신청자에게 매수하라고 요구할 수 있는 방식이다.(문례로서는 위 Buy/Sell 문례의 제1항을 다음과 같이 약간 수정만 하면 된다.)

1. (a) either party ("First Notice Party") gives the other party("Notified Party") a written notice which shall specify the price to offer all of its shares to the Notified Party (the "Deadlock Notice"); (b) if the Deadlock Notice is given, then the Notified Party shall, within a period of twenty (20) days after the receipt of a Deadlock Notice, at its sole option elect either;

(i) to purchase all of the First Notice Party's shares at the price stated in the Deadlock Notice ; or

(ii) to require the First Notice Party to purchase all of shares collectively held by the Notified Party at the price stated in the Deadlock Notice.

④ Texas Shoot-out

가격 결정이 한판승부로 되는 Buy/Sell 방식 혹은 러시안 룰렛 방식의 결점을 보완하여, Buy/Sell에 있어서 반대 매수의 프로세스에 재차 가격결정을 할 수 있도록 한 것이다.

In the event of a Deadlock and the matter cannot be resolved by the chairmen or chief executives, the following procedure shall apply;

(a) either party ("First Notice Party") gives the other party ("Notified Party ") a written notice which shall specify the price to purchase all of the Notified Party' s shares (in this Article referred to as the "Offer Notice");

(b) if the Offer Notice is, then the Notified Party shall, within a period of twenty (20) days after receipt of Offer Notice, at its sole option elect either and give a notice to the First Notice Party;

(i) to sell all of its shares to the First Notice Party at the price stated in the Offer Notice; or

(ii) to purchase all of the First Notice Party' s shares.

(c) When an election under above-mentioned (b) (ii) duly made, the parties shall exchange the purchase price per share of JVC at the tenth (10) day after such notice and the party who offers higher price than one of the other party is entitled to purchase the relevant shares of the other party.

The parties shall be bound to complete the sale and purchase of the relevant shares at the relevant price within thirty (30) days after such election.

Buy/Sell과 마찬가지로 일방 당사자(신청자)로부터 주식을 구입하고 싶다고 하는 청구를 받은 당사자가, 거꾸로 자신이 신청자의 보유주식을 구입하겠다고 제안할 때, 신청자나 신청받은 자나 모두 재차 상대방 보유주식의 매수가격을 제시하여, 보다 높은 가격을 제시한 쪽이 당해 가격으로 취득할 수 있다고 하는 방식이다. 이는 결국 "입찰" 방식이므로, "highest sealed bid"라고도 불린다.

⑤ 봉인공정입찰(Fairest sealed bid) 방식

전술한 텍사스 슛아웃 방식에 있어서, 낙찰조건에 공정화를 담보하기 위하여 감정인을 세워, 자금력이 있어 고가의 낙찰가격을 제시할 수 있는 당사자에게만 유리하기 쉬운 Buy/Sell, 러시안룰렛, 텍사스 슛아웃의 결점을 수정하려고 하는 방식이다. 문례로서는 전술한 텍사스 슛아웃 방식의 (c)항 이하를 다음과 같이 변경한 것이다.

(c) When an election under above mentioned (b) (ii) duly made, the parties shall consult with each other and nominate an independent appraiser within tenth (10) days after such notice. The independent appraiser make a decision on an appraisal price of the share of JVC and notify the parties of completion of its appraisement with thirty (30) days after the nomination.

(d) The parties shall furnish its purchase price per share of JVC to the appraiser within ten (10) days after such notification. The party who offers closer price to the appraisal price shall be entitled to purchase relevant shares of the other party. The parties shall be bound to complete the sale and purchase of the relevant shares at the relevant price within thirty (30) days after such election.

독립된 감정인으로부터 주식 감정가격을(양 당사자에게 비밀로 한 채로) 받아두고, 당해 가격에 근접한 입찰가격을 제시한 자가 최종적으로 매수인이 되게 함으로써, 자금력이 있고 보다 고가를 제시한 당사자가 반드시 낙찰받을 수 있다는 불공평을 해소하기 위하여 고안된 방법이다.

⑥ 투매방식(Sales shoot-out)

Deadlock 등 공동경영이 곤란하게 된 경우, 가능한 합작사업으로부터 나가고 싶다고 양 당사자가 모두 생각하고 있는 경우에 보유주식을 싸게라도 팔고 나가는 이른바 투매방식이 채택되는 일이 있다.

1. (a) either party ("First Notice Party") gives the other party ("Notified Party") a written notice which shall specify the price to offer all of its shares to the Notified Party (hereinafter referred to as the Sellout -Notice");

(b) if the Sellout Notice is given, then the Notified Party shall, within a period of ten (10) days after receipt of the Sellout Notice, at its sole option elect either;

(i) to purchase all of the First Notice Party's shares at the price stated in the Sellout Notice; or

(ii) to require the First Notice Party to purchase all of its shares collectively held by it at the price more than five percent (5%) discount from the price stated in the Sellout Notice.

2. If 1. (b) (ii) is selected in writing by the Notified Party, the First Notice Party all elect either acceptance of the Notified Party's offer or re-offer to sell its shares to the Notified Party at the price more than five percent (5%) discount from the price stated in the Notified Party's notice within ten (10) days after receipt of such notice.

3. The above- mentioned procedure shall be repeated until one party select to purchase all of the other party's share.

4. Notwithstanding the abovementioned 3, if the sale and purchase of the relevant shares is not completed, the parties shall enter into any arrangement of dissolution of JVC.


가격인하 경쟁이지만 소폭으로 가격인하를 지속적으로 하는 번잡성을 피하기 위하여 예문과 같이 아예 처음부터 할인최저요율을 정해 두는 일이 많다.

⑦ 할인 · 할증 양도 방식(Discount or Premium transfer)

Deadlock에 이른 경우, 주식양도라는 선택지를 너무 쉽게 활용하는 것을 억제하기 위하여 채택된 방식이 할인 · 할증 양도 방식이다.

매각 또는 구입을 위하여 주식가격을 평가하는 자(감정인)를 선택할 권리를 행사한 신청인은, 상대방이 i) 감정인이 감정한 평가가격에 소정의 요율의 할인을 한 가격으로 신청인이 보유하는 주식을 구입할 권리 또는 ii) 평가가격에 소정의 요율의 할증을 한 가격으로 자기가 보유하는 주식을 신청인에게 사게 할 권리를 행사할 수 있다고 하는 리스크를 진다. 이렇게 함으로써 deadlock 자체를 방지하는 효과를 기대하고 있다.

(a) either party ("First Notice Party") gives the other party ("Notified Party") a written notice which the First Notice Party shall start to have a third party provided in Article ___evaluate the price of shares of JVC (hereinafter referred to as the "Evaluation Notice"). Such third party shall give the parties a report of the Evaluation Price within one (1) month after the Evaluation;

(b) if the Evaluation Notice is given, then the Notified Party shall, within a period of twenty (20) days after receipt of the Evaluation Price, at its sole option elect either and give a notice to the First Notice Party;

(i) to sell all of its shares to the First Notice Party at the premium price which is one hundred and twenty percent (120%) of the Evaluation Price; or

(ii) to purchase all of the First Notice Party's shares at the discount price which is eighty percent (80%) of the Evaluation Price.

⑧ 풋옵션/콜옵션(Put Option/Call Option)

풋옵션은 어떤 상품을 일정한 가격으로 팔 수 있는 권리, 간단히 말하면 매도예약에 선택권이 부여된 것이고, 콜옵션은 어떤 상품을 일정한 가격으로 살 수 있는 권리, 즉 매수예약에 선택권이 부여된 것이다.

합작계약에서 deadlock이 생기거나 상대방이 계약을 위반한 경우에, 합작 당사자는 자신의 보유주식을 일정가격으로 상대방에게 매각할 수 있다고 하는 것이 풋옵션이고, 거꾸로 상대방의 보유주식을 일정가격으로 구입할 수 있다고 하는 것이 콜옵션이다.

"Put Option"

1. In the event that the other party ("Breaching Party") commits a material breach of this Agreement, non-breaching party ("Non-breaching Party") shall have the option to sell all or any of the Non-breaching Party's shares in JVC by issuing a notice which shall specify the number of shares intended to be sold.

2. The price of the shares in JVC shall be determined by a public accounting firm of international application and mutually accepted by both parties, provided, however, that the price so determined shall be not less than the book value

of the as shown by the balance sheet of JVC as at the end of its most fiscal year.

"Call Option"

1. In the event that the other party ("Breaching Party") commits a material breach of this Agreement, non-breaching party ("Non -breaching Party") shall have the option to purchase all or any of the Breaching Party's shares in JVC by issuing a notice which shall specify the number of shares intended to be purchased.

2. The price of the shares in JVC shall be determined by a public accounting firm of international application and mutually accepted by both parties, provided, however, that the price so determined shall be not less than the book value of the as shown by the balance sheet of JVC as at the end of its most fiscal year.


풋/콜옵션에 국한되지 않는 문제이지만, 감정인(회계사나 회계사무소를 지정하는 경우가 많다)에게 주가평가를 의뢰하는 경우, 그 평가방법을 미리 정하여 두는 편이 많다. 합작회사는 비상장회사인 경우가 많기 때문에, 순자산가액(純資産價額) 방식이나 수익환원(收益還元) 방식(그 중에서도 DCF, Discount Cash Flow법)이 사용되는 경우가 많지만, 이 점도 검토사항의 하나이다.

## (8) 경업피지(競業避止)[104]

합작 당사자는 합작회사를 보호 · 육성해 나가기 위하여 측면지원을 하는 등 합작회사에 여러 가지로 협력할 일반적인 의무가 있지만, 그 중에서도 당사자 스스로 혹은 자회사 등을 통하여 합작회사와 경합하는 사업 및 업무를 하지 않도록 하는 것(경업피지)이 중요한 의무이다.

Article 18. Non-Competition

18.1 During the term of this Agreement, neither Party nor any member of its respective Group shall, without the other Party' s written consent directly or indirectly or solely or jointly with any other person, firm or company carry on or be engaged in or hold interests in any business in Korea competing with the JVC' s Business or the other Party' s business concerning ------------ and -------- (the "Restricted Business").

18.2 If other Party wishes the other Party' s consent as per Article 18.1 to carry on or be engaged in or hold an interest in Restricted Business, the other Party shall consider such request in good faith.

18.3 Notwithstanding the foregoing, the following activities shall be exempt from Article 18.1:

  (a) Direct Business of ZIMAS as defined in Article 3 of the Distributorship Agreement;

---

**104** 宮田正樹, グロ-バル企業法研修講座, 國際商事法務 vol.41, No.1 (2013), P. 142 이하 참조

(b) Competitive business concerning ----------- which is or will be conducted by SKIM or its related companies; or

(c) Holding shares or equity interests, both dealt on a stock exchange, of any company which conducts Restricted Business, provided the shares or equity interests of such listed company held by the respective Party do not exceed -------- % of the issued share capital of the listed company and the voting rights contained in such shares or equity interests do not exceed ----------- % of all voting rights in the listed company.

합작회사의 사업과 직접 경합하는 사업을 피하는 것은, '경합하는 사업'이란 무엇인가를 명확히 하여 주지 않으면 분쟁의 원인이 되고, 또한 불필요하게 사업확대에 손발이 묶이게 되기 쉽다. 문례에서는 합작회사의 사업뿐만 아니라 합병 당사자가 현재 행하고 있는 사업도 포함하여 서로간 제한하고 있다(18.1항).

그러나 합작회사가 행하는 사업과 직접 경합하는 사업은 피하여 합작회사의 보호·육성에 필요한 범위를 넘어서까지 상호간의 사업을 제한(경업피지)하는 것은 독점금지법상 문제가 될 수 있으므로 유의하여야 한다.

문례에서는 합작회사의 사업과 경합하는 것뿐만 아니고, 합작 당사자의 특정사업도 제한하는 것으로 규정되어 있기 때문에(the other Party's business concerning ----------and ---------), 이 부분에 관하여는 '영업제한의 결정으로써 원칙적으로는 공정거래법위반이다. 다만, 당해 사업, 제품에 관한 각 당사자의 단독 및 합산한 시장점유율(market share)이 그다지 크지 않는 경우에는 그 적용이 면제되는 경우가 많기 때문에 이 같은 부가적인 경업피지의무를 부과하는 경우에는 합작회사의 설립지국에서의 독점금지법 혹은 경쟁법의 규정이나 가이드라인을 조사하여 적용 제외를 받을 수 있는 범위가 있는 것인지를 사전에 확인해 두는 것이 좋다.[105]

문례 18. 3항에서 정하는 바와 같이, 경업피지의무의 대상으로 되지 않는 사업 및 거래를 사전에 명확히 하여 두는 것이 중요하다. 모델 사례에서는 합작회사는 ZIMA사 제품의 판매 특약점이기 때문에, 그 판매·알선에 의하여, ZIMA가 자사제품을 합작회사의 판매지역에서 합작회사의 고객에게 판매하는 것이 있을 수 있기 때문에, (a)호 규정을 두고 있다. (b)호는 SKI의 현재 혹은 계약시점에서 계획하고 있는 사업으로 합작회사의 제품과 경합할 가능성이 있는 사업 및 제품을 특정하여 경업피지의 적용 제외로 하고 있다.

(c)호는 합작당사자인 ZIMA 혹은 SKIM가 자산운용의 일환으로서 하고 있는 주식보유나 얼라이언스의 증표로서 주식시장에서 구입하는 주식 종목에 제한이 미치는 일이 없도록, 일정의 주식보유 비율까지는 자유롭게 구입할 수 있게끔 한 것이다.

---

**105** 미국의 경우, 수평협정가이드라인Antitrust Guideline for Collaboration among Competitor, EU의 경우 수평협정가이드라인 Guidelines on the applicability of the Treaty on the Functioning of the European Union to horizontal co-operation agreements에 있어서는 각 당사자 합산의 market share 가 20% 이하의 경우를 일괄적 용면제(safe harbor)로서 하고 있다.

(9) 계약기간 및 해제

합작계약은 합작 관계가 계속되는 한 존속하는 계속적 계약의 일종
이기 때문에, 계약기간을 정한 조항과 계약해제에 관련된 규정은 중요
한 조항이다.

① 계약기간

Article 20. Term

The term of this Agreement shall be ten (10) years from the
execution date of this Agreement; provided, however, that the
term of this Agreement shall be automatically renewed for five
(5) years unless a written notice of either Party's intention not
to renew the term is delivered to the other Party at least one (1)
year prior to the first and any following expiration date of the
term of this Agreement.

합작관계가 이어지는 한, 즉 합작 당사자가 주주인 합작계약도 하는
것이 원칙이다. 그러나 일정기간 경과한 후에는 합작계약을 종료하고,
각 합작 당사자는 단지 주주로 남아 합작회사는 정관에 기초하여 자체
적으로 독립회사로서 경영을 계속해 나가는 길을 채택하는 것도 선택
할 수 있는 방안의 하나이다.

특정한 목적을 위하여 설립된 회사의 경우에는, 당해 목적을 달성한
때에는 회사 그 자체를 종료시키는(청산하는 것) 것도 있을 수 있다. 모델
사례의 경우에는 10년간의 기간을 설정하고 기간 만료일의 일년 이상
전에 어느 쪽 당사자로부터 반대의사 표시가 없는 한, 다시 5년 간 계속

갱신되는 것으로 하고, 그 이후로도 또한 마찬가지로 하는 것으로 하고 있다.

② 계약해제

21. 1 If any of the following event occurs to either ZIMAS or SKIM ("Party Concerned"), the other Party ("Terminating Party") may terminate this Agreement by a written notice to the Party Concerned:

(a) The Party Concerned files or has filed against it a petition for bankruptcy, insolvency or commencement of dissolution; or

(b) The Party Concerned materially breaches any provision of this Agreement (including but not limited to Article 4 [Representation and Warranties]) and does not remedy such breach within thirty (30) days after notification of such breach by the Terminating Party; or

(c) A third-party not being in the Group of the Party Concerned directly or indirectly acquires the majority of the Party Concerned's outstanding shares or equity interests with voting rights.

21. 2 If any of the following events occurs, ZIMAS and SKIM each may terminate this Agreement by a written notice to the other Party:

(a) The JVC is adjudicated bankrupt or insolvent

(b) Any law, Rules regulation or regulations of any

competent governmental Authority are enacted, changed or abolished or their interpretation, application or enforcement changed, resulting in materially adverse effects on the operation or the profitability of the JVC;

(c) The JVC suffers aggregate losses for a period of five (5) consecutive years equivalent to a total of at least eighty percent (80%) of the stated capital of the JVC;

(d) An event of Force Majeure as defined in Article --------- prevails for a period in excess of six (6) months;

(e) The JVC fails to obtain or maintain any official permits which has material adverse effects on the ability of the JVC to carry on Business and such situation has not been cured within thirty (30) days; or

(f) in any other event provided for in this Agreement entitling each party to terminate this Agreement.

21. 3 If either Party ceases to own any of the shares in the JVC, this Agreement shall be automatically terminated, unless otherwise agreed in writing by the Parties.


합작계약을 해제할 사유로서 여러 가지가 있지만, 크게 두 가지로 대별할 수 있다.

하나는 합작 파트너에 대한 신뢰관계의 파탄이고, 다른 하나는 합작 회사 자체의 경영이 불가능하다고 판단되는 경우이다.

문례 21. 1항은 상대방 당사자와의 신뢰관계 파탄 유형으로 파산,

기타 도산 상태에 빠진 경우, 계약위반(진술위반의 경우 포함)의 경우 제 3자에게 기업이 매수된 경우이다.

문례 21. 2항은 합작회사 자체의 경영이 불가능하다고 판단되는 경우이다. 이른바 Exit Policy(출구전략)라고 하는 것으로, 특히 (c)호에 기재된 바와 같이, 누적 결손이 일정규모에 달하면 철수한다고 하는 것과 같은 것이다. 이러한 조항은 함부로 손실을 팽창시키는 사태에 빠지는 것을 피하기 위해서도 중요하다. 철수방법은 합작계약을 해소하고 i) 다른 당사자에게 주식을 매각하거나, ii) 합작회사를 청산한다고 하는 두 가지 중에 하나가 될 것이다.

(f)호는 포괄적 조항(basket clause)으로 기타 본 계약에 있어서 당사자가 계약해제를 선택할 수 있다고 하는 경우가 규정되어 있지만 모델 사례에서 있어서 구체적인 해제사유로서 합작회사를 설립할 수 없는 경우이거나 deadlock을 해소할 수 없는 경우로 되어 있다(문례 16. 3).

문례 21. 3항은 합작회사의 주식을 타에 양도하는 것으로 써 합작회사의 주주가 아니라 하더라도 합작계약이 존속하고, 그 계약의 당사자인 한 합작계약에서 정한 의무를 부담하여야만 한다.

즉 주주가 아니라는 것과 합작계약의 당사자가 아니라는 것과는 같은 것이 아니다. 따라서 어느 당사자가 합작회사의 주식을 더 이상 보유하지 않게 되는 경우에는 자동적으로 합작계약이 해제된다고 하는 규정을 둘 필요가 있다.

## (10) 계약 종료의 효과

합작계약과 같은 계속적 계약에서는 계약이 종료될 때까지는 새로운 채권채무가 계속 발생하므로, 이러한 것들이 계약종료 후에 어떻게 처리되어야 하는지를 사전에 규정해 두는 것이 바람직하다. 합작계약의 경우에는 보유주식, 부수계약, 지적재산권 등에 관하여 어떻게 처리할 것인지를 미리 정해 두어야 할 것이 많다.

## Article 22. Consequences of Termination

22. 1 Upon the Termination of this Agreement by ZIMAS pursuant to Article 21. 1, ZIMAS may elect within thirty (30) days of such termination, to either (i) purchase all of then-outstanding Shares then owned by SKIM at the Substance Value of the Shares at the date of such termination or (ii) dissolve the JVC and its net assets to be distributed as a set forth hereinafter as promptly as possible. If ZIMAS fails to make an election under this Article within thirty (30) days of such termination. ZIMAS is deemed to elect to dissolve the JVC.

22.2 Upon the expedition of the Term of this Agreement or the termination of this Agreement pursuant to Article 16.3 [Deadlock] or 21.2 a) -e) or the termination by SKIM pursuant to Article 21.1. the Parties shall cause the JVC to be dissolved and its net assets to be distributed as set forth hereinafter as promptly as possible. After the payment of liquidation expenses, wages of employees, social insurance premiums, outstanding taxes and the settlements of all of the JVC's outstanding debts, the balance shall be distributed to each Party in accordance with the equity ratio. The Parties shall cooperate to have the JVC fulfill all existing contracts entered into by the JVC prior to the completion of such liquidation. The Parties shall also duly fulfill any contract entered into by them with the JVC prior to the completion of the liquidation. Furthermore, the Parties shall corporate in good faith in order to facilitate the support which customers may need in an interim period after termination of this Agreement.

22. 3 If neither SKIM nor a member of SKIM Group owns any Shares anymore, the term "SKIM" shall be deleted from the JVC' s name and "SKIM" shall be deleted from the Trademark and the Logo within three (3) months as from such withdrawal of SKIM or SKIM Group.

According, if neither ZIMAS nor a member of ZIMAS Group owns any Shares anymore, the term "ZIMAS" shall be deleted from the JVC' s name and "ZIMAS" shall be deleted from the Trademark and the Logo within three (3) months as from such withdrawal of ZIMAS and ZIMAS Group. Upon the expiration of the three months' period, the JVC shall no longer use the term "SKIM" or "ZIMAS", respectively, in any manner whatsoever, and shall no longer use---------------and ------------, respectively, in any manner whatsoever.

22.4. The rights and obligations provided for in this Article 22 shall survive the termination of this Agreement.

22.5. Article 19 [비밀유지], 22.24[손해배상], 35[준거법] and 36 [중재] shall survive any expiration or termination of this Agreement.


문례 22. 1항은 ZIMAS 측이 계약해제를 선택한 경우(즉 SKIM에 ZIMAS 와의 신뢰관계를 파탄시킨 책임사유가 있는 경우)이고, ZIMAS는 (i) SKIM이 보유하는 합작회사의 주식 전부를 사들이거나(매입가격은 "Substance Value" 즉 양자가 합의하여 지명한 공인회계사에 의하여 평가된 가액) (ii) 합작회사를 해산(최종적으로는 청산)하든가 어느 한쪽을 선택하는 것으로 하고 있다.

문례 22. 2항은 기간 만료로 합작계약이 종료한 경우, deadlock이 해소되지 못하여 합작회사를 청산하게 된 경우, 합작회사의 경영이 어렵다고 판단된 경우, 또는 SKIM측이 계약해제를 선택한 경우(즉 ZIMAS 에 SKIM과의 신뢰관계를 파탄시킨 책임이 있는 경우)이고, 이 경우에는 합작회사를 청산하는 선택으로만 한정되고 있다(ZIMAS측은 기본자세로서, 자사의 비밀이면서 또한 경쟁력의 원천인 기계의 핵심부를 제3자에게 제공되는 것은 피하고 싶다는 입장이다. 따라서 스스로 주주가 아니어서 control이 미치지 않게 된 경우에는 합작회사는 청산한다고 하는 선택지만을 남겨놓게 하여, SKIM에 의한 사업 계속 여지를 처음부터 남겨놓지 않게 한 것이다).

문례 22. 3항은 SKIM, ZIMAS라고 하는 회사명, 약칭 등의 취급에 관한 규정이고, 지적재산권에 관한 조항이라고 할 수 있다. 합작회사의 명칭, 합작회사가 제조·판매하는 기계, 사용하는 서류, 팸플릿, 간판 등에 사용되는 SKIM, ZIMAS 등의 문자가, 어느 쪽 당사자가 주주가 되지 않는 경우에는 더 이상 자본관계가 없게 되는 회사의 명칭, 약칭 등은 합작회사에 사용하지 않는 것으로 확인하고 있다. 여기에 -----등은 ZIMAS가 합작 회사에 사용 허락하는 상표를 가르치고 있다.

문례 22. 4항과 22.5.항은 이른바 "존속조항"이다.


## (11) 라이선스 계약의 취급

전 항의 계약 종료의 효과에 포함되어 있지 않았던 부수계약(특히 라이선스 계약)의 취급에 관하여 본다. 모델 사례에서는 라이선스 계약에 관하여는 신 회사의 사업에 관련하여 다음과 같이 규정하고 있다.

---

Article 12. Business of JVC

12.1-12.5(판매특약점계약, 애프터서비스업무, technical center
　　　운영 등을 SKIM으로부터 승계하는 것에 관한 규정)

12.6 After the JVC's commencement of the business as a
distributor based on the Distributorship Agreement, if both
Parties agree that the development of the JVC has reached
the stage of manufacturing, engineering and assembling
the ZIMAS Machines, the Parties may cause the JVC to
enter into a technology license agreement with ZIMAS
based on which relevant technology and information may
be licensed from ZIMAS or another company of the ZIMAS
Group to the JVC (the "the License Agreement"). The
License Agreement shall be as described in Exhibit 7
hereto and shall in any case terminate automatically if

neither ZIMAS nor any other company of ZIMAS Group
does hold any Shares in the JVC anymore. However, in
case ZIMAS transfers its Shares in the JVC to a third party
pursuant to Article 17 of this Agreement or to SKIM
pursuant to Article 16. 2 hereinafter, ZIMAS shall negotiate
in good faith the conclusion of a new License Agreement
with the JVC taking into account all relevant
circumstances.

문례 12.6 라이선스계약은 ZIMAS와 합작회사간에 체결되어, SKIM
은 합작회사의 하청기업으로서 제조를 도급받은 입장에 있다. 즉
SKIM은 licensee의 입장이 아니고, 합작회사가 발주하지 않는 한 독립
적으로 ZIMAS 기계를 제조·판매하는 것이 불가능하다.

또한 ZIMAS와 합작 회사와의 사이에 체결된 라이선스계약 자체도,
ZIMAS가 합작회사의 주식을 내던진 경우에는 자동적으로 해제되는
것으로 되어 있다. 이렇게 함으로써 ZIMAS는 자사 기술을 SKIM이 스
스로를 위하여 활용하여 경쟁자가 되는 것을 막기 위함이다.

SKIM으로서는 ZIMAS로부터 합작회사가 라이선스를 받는 형태가
아니고, ZIMAS로부터 자신이 직접 라이선스를 받는 형태로 하면, 합
작회사의 존속과 관계없이 제조사업을 계속할 수 있겠지만, 그러한
license 계약 아래서도 ZIMAS가 "합작회사의 주식을 처분한 경우에는
자동적으로 해제된다"고 하는 조건을 단다면 마찬가지 결과가 된다.

따라서 단독으로 (또는 제3자와 공동하여) 사업을 계속 해나간다고 하는
선택지를 남겨 두기 위하여는, 조건을 다소 변경해서라도 라이선스계

약을 계속할 수 있는 여지를 남기는 것으로 타협한 것이 위 문례의 마지막 문장(However 이하)이다.

## (12) 기타 조항

### ① 전화 · 화상회의 시스템 등에 의한 이사회

Article 8. Directors, and Board of Directors

8.5. Unless otherwise agreed upon in writing between the Parties, any meeting of the Board of Directors requires the presence of all members of the Board of Directors. Decisions adopted at the Board meeting at which not all Board members are present are invalid. Members of the Board of Directors may participate in a meeting of the Board by means of telephone conference or other similar communication equipment by which all persons participating in the meeting can hear one another. A Director participating by such means shall be deemed to be present in person at such meeting.

각 합작 당사자가 지명하는 이사가 모두 상근이사인 경우는 특별히 문제가 없지만, 해외에 소재하는 당사자가 자사의 이사를 비상근 이사로서 지명한 경우에는(그 소재지가 멀리 떨어져 있는 경우에도 동일한 문제가 생긴다), 이사회가 개최될 때마다 출장가는 것이 시간적 · 경제적으로 부담이 되고, 시급한 안건인 경우 시간상 이를 맞추는 일도 쉽지 않다. 그리하여 컨퍼런스 콜(전화회의)이나 화상회의 시스템 등을 이용한 이사회가 개최될 수 있도록 해 둘 필요가 있다.

전화, 화상회의 시스템 등에 의한 이사회가 유효한 것인가 하는 문제는, 합작회사 설립지국의 회사법 규정에 따라 판단한다. 모델 사례는 한국의 주식회사이므로, 모든 이사가 음성을 동시에 송수신하는 원격통신에 의한 이사회 결의는 유효하다(상법 제391조 제2항). 일본의 경우도 이를 유효하다고 하고 있다.

이사회 이사들 간의 협의와 의견교환이 자유롭고 상대방의 반응을 잘 알 수 있는 경우에는, 즉 각 이사의 음성과 화성이 바로 다른 이사에게 전달되어 적시에 적확하게 의견진술이 상호 가능한 경우에는 전화나 화상시스템을 이용한 이사회개최가 가능하다고 한다.

② 중재조항

Article 36. Arbitration

All disputes, controversies or differences between two Parties, arising directly or indirectly out of or connected in any way with this Agreement shall be settled by the Parties amicably through good face negotiations. In the event that any such disputes, controversies or differences cannot be resolved thereby, such disputes, controversies or differences shall be finally settled by arbitration upon the written request of either party, in accordance with the Rules of Arbitration of the International Chamber of Commerce. The place of arbitration shall be Seoul, Korea, if the arbitration is being initiated against SKIM, and Munich, Germany, if the arbitration is being initiated against ZIMAS. In either case, three (3) arbitrators shall be

appointed in accordance with the said Rules. Any such
arbitration shall be conducted in English. The arbitration award
shall be final and binding upon the Parties.

문례는 중재지를 피고지주의(被告地主義)로하여 ICC 룰에 의한 중재를
선택한 것이다. 일반적으로 국제계약에서는 분쟁해결의 수단으로서
중재가 선택되는 일이 많지만, 국제합작계약의 경우에는 특히 그 경향
이 강하다.

또한 중재지 선택을 두고 생기는 분쟁을 피하기 위하여, 문례에서와
같이 피고지주의 아니면 제3국을 중재지로 하는 경우가 많다.

중재지를 제3국으로 하는 경우에는 그 중재 판단의 승인과 집행을 구
하는 입장에서는, 상대방 당사자의 소재지국과 중재지국이 뉴욕 조약
(정식명칭은 '외국 중재 판단의 승인 및 집행에 관한 조약')에 가맹되어 있는지를
확인해 둘 필요가 있다.[106]

또한 중재기관을 지정하는 경우, 상대방 당사자가 중국 기업인 경우
에는 중국 국제경제무역중재위원회(CIETAC, China International Economic
and Trade Arbitration Commission)를 중재기관으로 하는 중재가, 그 외 아시
아의 다른 기업일 경우에는 제3 중재기관으로 싱가포르 국제중재센터
(SIAC, Singapore International Arbitration Center)를 이용하는 일이 많다.

---

**106** 아시아 국가의 뉴욕 조약 가입 상황은 다음과 같다. **가맹국** : 한국,일본, 중국, 홍콩, 인
도, 인도네시아, 캄보디아, 싱가폴, 타이, 방글라데시, 부르나이, 베트남, 필리핀, 말레
이지아, 라오스 **비가맹국** : 미얀마, 대만, 피지, 파푸아뉴기니

③ 부수(附隨) 계약(안)의 첨부

JV를 만드는 경우, 몇 가지 부수계약을 수반하는 경우가 많다. 모델 사례의 경우는 합작회사가 사업을 행하기 위하여 ZIMAS로부터 기계 판매특약점으로서 지명되는 것과 기계 제조를 위한 기술 라이선스를 받는 것이 절대적 조건이다. 그 내용 여하에 따라서 합작회사의 사업성이 좌우된다. 따라서 이와 같은 중요한 부수계약에 관하여는, 합작계약의 일부로서 그 내용이 협상되어, 부수계약의 서식을 합작계약서에 부속서류(Exhibit)로서 첨부하게 된다.

모델 사례의 경우는 다음과 같은 서식이 부속서류로 첨부되어 있다.


기계판매대리점 계약관계

ZIMAS와 SKIM 간에 이미 체결되어 있는 Distributorship Agreement 사본,

SKIM에서 합작회사로 위 판매대리점으로서의 지위를 승계하는 계약서(Transfer Agreement)의 서식[107]

ZIMAS와 합작회사 간에 새롭게 체결되는 Distributorship Agreement 의 서식


기계제조에 관한 기술라이선스계약

ZIMAS와 합작회사와의 사이에 체결되는 License Agreement의 서식


---

**107** SKIM이 ZIMAS의 판매대리점으로서 고객으로부터 주문을 받아, ZIMAS가 제조중인 제품으로 아직 고객에게 인도되지 아니한 기계의 매매계약을 합작회사가 그대로 승계하기 위한 것이다.

중요한 부수계약은 합작회사의 사업계속 그 자체에 직결되는 것이므로, 그 존속에 관한 조항과 합작 계약의 존속에 관한 조항(해제, 종료, 주식 양도 등)과의 정합성에 검토, 계약 종료까지의 유예기간에 설정, 기타 조건 협상의 필요성 검토가 요구된다.

**아시아 국가의 합작회사 형태로 진출 하는 경우에 유익점**

① 진출전단계 : 해외에서의 합작사업을 선택하는 이유의 확인

해외진출 목적은 기업에 있어서 다양하고, 또한 한 가지 이유만에 한정되지는 않을 것이다.[108]

자사의 목적 또는 이유에 맞추어, 최적의 제휴방법이 합작회사(incorporate형)인가 아니면 다른 적당한 방법(파트너십, 계약형 Joint Venture, 공동개발계약, 생산위탁계약, OEM 공급계약, 라이선스계약 등 계약만에 의한 제휴, 혹은 M&A)은 없는가를 자사의 협상력을 고려하여 잘 검토하여야 할 것이다.

② 사내 인재의 확인과 교육

해외 합작회사를 경영할 만한 인재를 가지고 있는지를 미리 점검하여야 한다. 그리고 이 같은 계획을 가지고 있다면, 미리 다양한 프로그램을 통하여 미래경영진을 양성하여야 한다. 그것도 없다면, 현지에서나 사외에서 이러한 경영자를 영입하여야 할 것이다.

---

**108** 비용삭감(저렴한 인건비 또는 물류면에서의 우위성 등), 리스크 분담, 당해국에서 회사설립를 위하여는 자국의 법인과 합작하여야 하는 등의 외자규제, 기술력의 이용(현지 파트너의 생산설비, 직원의 이용 등), 고객확대 (시장확대), 현지 파트너의 인맥이용 (인허가의 취득, 노동력, 인재확보supply-chain확보, 등), 신 기술의 개발, 자금력 이용(현지은행, 자산가 등과의 합작) ,시너지효과, 무역마찰 회피, 신규사업 자 또는 중요 고객의 해외진출에 동반하여 진출, 기타 등이 있을 수 있다.

③ 현지에서의 compliance 상의 문제

이에는 독점금지법(경쟁법), 고용·노동법, 환경보호문제, 증수뢰(부패방지법) 등이 비교적 큰 문제이다.

④ post-alliance

이 같은 제휴 이후에 합작회사가 어떻게 관리되어 갈 것인가에 관한 고려가 있어야 한다. 사업개시 후 모니터링이 필요하다.

합작회사 설립 후에는 현지에 권한을 이양하는 것보다는 합작 당사자의 공동으로 정기적인 모니터링이 바람직하다. 그리하여 목표달성의 점검, 문제점의 원인규명, 개선책 제시 등을 행하여 그 이사록과 보고서가 합작회사에 제출되도록 하여 합작회사의 운용이 개선되도록 지속적인 도움과 긴밀한 소통이 필요하다.

# XI. 국제합작회사 : 파트너십형

## 1. 들어가면서

합작회사의 설립 형태를 앞에서 본 바와 같이 회사설립형으로 할 수
도 있지만, 조합(Partnership) 형태로 할 수도 있다. 회사설립형 합작회사
의 경우에도 동일한 문제가 있지만, 파트너십형 합작회사가 설립되어
사업활동을 하고 있는 국가나 지역이 달라지면, 당해 파트너십형 합작
회사(Joint Venture)라는 사업주체가, 사업활동을 하고 있는 국가나 지역
에서 법적 권리능력을 가지는가? 혹은 그 사업주체에 적용되는 법률
(준거법)은 어느 나라의 법이 되어야 하는가라는 문제가 생긴다. 또한
파트너십에 관하여 나라에 따라 세무상 취급이 상이하므로, 이러한 조
세상 효과를 감안한 투자형태의 검토가 필요하다.

이러한 문제들을 염두에 두고, 특히 파트너십 형태가 비교적 많이
이용되는 미국에서의 부동산 개발 · 운영사업을 예로 들어 미국의 파
트너십형 합작회사에 관하여 발생하는 문제를 미국법을 기본으로 하
여 검토한다.[109]

---

**109** 河村寬治, 후술 논문 참조

## 2. 미국에 있어서 파트너십 형태의 조인트 벤처

### 1) 미국에서 파트너십

미국 파트너십에는 유한책임조합(LPS, Limited partnership)이라는 형태가 사업주체로서 자주 이용되고 있다. 이 LPS란, 대외적으로는 무한책임을 지는 무한책임사원(GP, General Partner)과 유한책임을 지는 유한책임사원(LP, Limited Partner)이 일정한 사업목적을 위하여 공동으로 결성하는 조직형태이다. LP는, 유한책임을 지는 출자자이기 때문에 파트너십 경영이나 운영에는 주체적으로 참가할 수 없고, 만약 경영이나 운영에 참가하고 있다고 간주되는 경우에는 유한책임이라고 하는 대외적인 책임제한은 인정되지 않게 된다. 이러한 LPS에 관한 기본적인 사고방식은, 미국 통일 유한책임조합법(Uniform Limited Partnership Act)에 나타나 있지만, 설립 자체는 각 주마다 위 통일 유한책임조합법에 따른 법률에 의하여 이루어진다.

미국에서는 무한책임조합(General Partnership)이라는 조합 형태가 인정되고 있는데, 그것은 모든 조합원(멤버)이 무한책임을 지는 경우에 이용된다.

또한 위 유한책임조합, 즉 LPS와 유사하지만 무한책임사원, 즉 GP가 없는 Limited Liability Partnership(LLP)이라는 사업형태가 인정되고 있다.[110] 그 후 조직적으로는 유한책임의 파트너(출자자)로 구성되어, 세무상으로는 그 사업으로부터의 손익을 직접 파트너(출자자)가 가져가는 형태의 유한책임회사(LLC, Limited Liability Company)라는 새로운 조직

---

**110** 세무상으로는 조합으로 취급된다.

형태가 인정되고 있다. 이 형태는 통일 유한책임회사법이라는 미국 모델법에 기초하고 있고 미국의 각 주에서 제정되어 있는 유한책임회사법(Limited Liability Company Act)에 근거하여 설립이 인정되고 있는 것으로 일반적인 회사와 파트너십의 중간적 조직이다. 파트너(출자자)의 유한책임이 인정되는 법인으로서 장점과 파트너십으로서 세무상 장점을 동시에 향유할 수 있어서 공동사업 등에 널리 이용되고 있다.

### 2) 조합형태를 이용하는 이유

일반적으로 해외에서의 사업활동을 위하여 조합(파트너십)형태가 좋은가, 법인형태가 좋은가라는 점은 어려운 문제이다. 일반적인 설명 이외에도 실제로는 사업을 실시하는 나라나 지역, 사업내용, 이에 더하여 세무상 효과까지를 고려한 다음에 적절한 형태를 선택 하여야 한다. 이하에서는 미국에 있어서 파트너십 형태의 사업조직을 전제로 하여 검토한다.

이와 관련하여 미국에서 사업체로서 파트너십 형태가 많이 이용되는 것은 출자자에게 세무상 장점이 있다고 하는 점이다. 법인형태 과세가 아니고, 공동사업에서 얻은 수익에 관하여 사업주체인 파트너십에게 과세하지 아니하고, 출자자인 파트너에 대하여 직접 과세한다고 하는 점이다. 다시 말하면 파트너십형 사업주체의 경우, 각 출자자는 사업주체의 출자에 동반한 손익을 출자자 자신이 별도 사업의 손익과 합산하여 과세대상 이익을 산출할 수 있다고 하는 점이다.

특히 부동산 개발·투자 등과 관련하여 다액의 투자가 필요하고, 공사기간을 포함함 개발기간 등을 고려하면 장기 프로젝트가 되고, 개발 당초의 수년간은 사업주체에 있어서 손실을 일정비율로 부담하게 되지만, 그 결과 각 출자자의 과세대상 이익과 상계하는 것이 가능하기 때문에, 출자자로서는 세무상 절세효과가 얻어지게 된다. 이 때문에 개발 초기의 투자 부담을 세무상 손실로서 처리하는 것이 가능하므로, 초기 투자에 부담이 많은 투자안건 등에 이 파트너십 형태가 이용되는 수가 많다. 전술한 LLC도 운영은 법인형태로 하는 것이지만, 조합의 세무상 장점을 향수하고 싶다는 이유에서 인정된 형태이다.

우리나라는 상법상 조합인 익명조합이 잘 이용되지 않고 있으나, 일본에서는 상법상 조합인 익명조합의 영업자가 익명조합원인 출자자로부터 출자를 받지만, 이 출자로 이루어지는 사업은 영업자의 사업으로서 운영하고, 그 사업에 관한 과세대상이익은 출자자인 파트너에게 직접 과세하는 공동사업 형태라는 점에서 위 미국의 파트너십과는 매우 닮은 형태이기 때문에 외국으로부터의 투자에 많이 이용되고 있다.[111]

이러한 조직형태의 사업체에 있어서 세무상 조합(파트너십)의 취급을 받을까? 미국에서는 이른바 'check the box' 룰에 의하여 납세자가 '조합으로서의 과세'(즉 pass-through rule의 적용)를 선택할 수 있는 제도가 있어서 비교적 이러한 과세상 장점이 무리없이 주어진다. 그러나 이 점은 연방조세상의 문제이고, 고정자산세와 같은 지방세의 경우에는 파트너십 자체가 과세 주체로 되는 등 별도의 취급이 행하여지는 점이 있으므로 주의가 필요하다.

---

**111** 河村寬治, 國際ジョイント.ベチャ(6), 國際商事法務 vol. 41, No. 3, p. 459

## 3. 미국에 있어서 부동산 개발·투자 사업형태

미국에서는 개발사업에 관하여 전문적인 노하우를 갖고 있는 부동산 개발업자가 중심이 되어 필요한 개발자금을 투자가나 금융기관 등으로부터 모아 부동산 개발을 실행하고, 그것이 오피스 빌딩이나 쇼핑몰 등 수익형 상업시설인 경우에는, 필요한 임차인을 모집하여 임대료 수입을 금융기관으로부터 차입한 차입금을 갚는 데 사용하고, 동시에 일정한 출자금에 대해서는 배당금을 분배하는 형태로 대단히 많이 이용되고 있다. 그 경우의 사업주체로서 전술한 바와 같이 권리주체로서 법률상 또한 세무상으로도 장점이 있는 파트너십이 이용되는 경우가 많다.

개발업자는 일반적으로 무한책임조합원(GP, general partner)으로서 사업주체의 경영·운영 책임을 부담하고(일부 자금을 거출하는 경우도 있다), 투자자(출자자)는 유한책임조합원(LP, limited Partner)으로서 자금을 출자함과 함께 사업에서 얻어지는 손익의 일정비율을 향수하는 형태로 이용된다. 즉 조합이라는 partnership 조직형태를 주로 이용한다. 많은 경우, 출자금으로 30% 정도를 충당하고 나머지 70%는 은행 등 금융기관으로부터 차입금으로 운영한다. 그러므로 사업주체인 유한책임조합(LPS, Limited Partnership)은 차입주체로서, 또한 개발 부동산의 소유권자 등이 될 수 있는 권리주체가 되어야 할 필요가 있다.

미국에서 LPS는 주(州)에 등기신청을 함으로써 설립되고, 소송 당사자 능력도 가지고 있으며, 그 이름으로 재산의 취득, 보유, 처분도 가능하다. 물론 차입계약이나 부동산관리위탁계약을 체결할 권능도 인정되고 있다. 즉 출자자로부터 독립된 법인격을 갖는다. 한편, 출자자로서는 금융기관의 변제채무도 포함하여 대외적으로는 유한책임이라고 하는 책임제한이 법률상 확보될 필요가 있기 때문에, LPS라는 법적 조직형태가 이용되게 되었다.

## 4. 파트너십의 과세상 문제

미국의 LLC법은 주마다 독자적으로 제정되고, 그 규정내용도 개별 주마다 상이하므로 당해 LLC가 외국 법인에 해당하는가에 대한 판단은, 개개의 법규정 등에 비추어 개별적으로 판단할 필요가 있다. 마찬가지로 미국에서 LPS의 경우도 활동상황에 따라서는 당해 주 LPS법규정으로 판단하여, 당해 LPS가 당해 외국 법령에 준거하여 설립된 조세법상 '법인'으로 해석하는 것이 가능하다고 하는 의견도 있다. 어떻든 간에 이러한 판단기준은 LPS의 설립준거법 규정에 비추어 경제적 및 실질적으로 우리나라의 법인과 마찬가지로 손익의 귀속주체가 될 수 있는가 하는 문제로 귀결된다. 이에 관하여는 국제조세법 분야에서 자세히 다루고 있으므로 이에 관한 상론은 미루어 둔다.

## 5. 미국에서의 조합 Partnership의 설립

이상과 같이 특히 과세상 문제가 있기 때문에 과세상 장점을 향수하는 것이 중요한 목적인 경우에는, 미국의 어느 주에서 파트너십을 설립할 것인가는 중요한 검토사항이다. (이하에서는 Illinoi주의 통일조합법 [Uniform Limited Partnership Act]에 준거한 형태로 LPS를 설립하여, 표준적인 부동산의 취득, 개발, 운영 사업을 실시하는 것을 목적으로 한 유한책임조합계약을 체결하는 것을 전제로 한 것이다.)

먼저 설립목적과 기타 관련사항을 규정하고 있는 LPS계약 체결목적을 기재하고 있다. 이 점은 회사설립형의 합작계약서 등과 마찬가지로, 당사자간에 있어서 공동사업의 목적을 만약을 대비해서 확인하는 것이고, 이 같은 기본적인 계약목적이 당사자간에 확인, 공유됨으로써 장래적으로 당사자간에 당해 사업의 기본방침에 견해 차이가 생기는 일이 없도록 하기 위한 것이다.

The General Partner and the Initial Limited Partners wish to enter into and form a limited partnership (the "Partnership") under the Illinois Uniform Limited Partnership Act (the "Illinois Limited Partnership Act") to acquire a certain parcel of land located at ----------,------ County, Illinois (the "Property"), to construct thereon an office building and other suitable facility, and to hold and lease or operate the Property and such facility for income-producing purposes and the possible future sale or developments, all in accordance with the terms of this Limited Partnership Agreement (the "Limited Partnership Agreement").

파트너십 설립목적을 규정하는 조항에서는, 먼저 토지를 준비하여 그 위에 오피스 빌딩 등을 건설, 임대하여 수익물건으로서 관리, 운영한다는 목적과 동시에 장래에는 매각, 재개발을 포함하지만 이것에 관한 조건은 모두 파트너십 계약에 의한다고 하고 있다.

이 목적 규정은 계약의 주요 조항의 본문에 기재하는 수도 있지만,

Recital 등 전제사항을 기재하는 곳에 규정하는 경우도 많다.

## 6. Limited Partnership 계약의 주요조항

### 1) 파트너십의 설립과 목적

#### 1. Formation

The parties hereto hereby enter into and form a limited partnership (the "Partnership") under the RULPA.[112] The rights and obligations of the Partners shall be as stated in the RULPA, except as otherwise provided herein.

#### 2. Name

The name of the partnership shall be "ABC Land Development Limited Partnership".

#### 3. Principal Office

The principal office of the Partnership shall be located at --------, Illinois or such other location as the General Partner may determine. The Partnership may have such additional offices at the General Partner may in its discretion deem necessary or advisable.

#### 4. Purpose.

The principal business of the Partnership is to undertake and

---

**112** 미국에서의 조합 설립은 주마다의 조합법에 의거하여 설립된다. 여기서는 Illinois Revised Uniform Limited Partnership Act (2001) ("RULPA")에 의거하여 설명한다.

perform the activities described in the Recital to this Partnership Agreement and to engage in any and all activities that maybe related or incidental thereto. The partnership shall not engage in any other business or activity.

파트너십의 설립에 관하여는 설립준거법이 되는 주 파트너십법의 내용을 확인해 둘 필요가 있다. 여기에 기재되어 있는 바대로, 파트너십 계약에서 별도의 규정이 없으면 파트너십 법의 규정에 의하도록 되어 있기 때문이다. 미국에서 파트너십을 설립하자면 등기가 필요하다. 등기를 할 때에는 이에 관한 명칭, 주된 사무소를 결정해 두어야 한다. 등기 시점부터 파트너십이 유효하게 된다.

또한 파트너십의 설립목적을 규정해 둘 필요가 있지만, 이에 관하여는 앞에서 적은 바와 같이 "토지를 마련하여 그 위에 오피스 빌딩 등을 건설, 임대하여 수익물건으로서 관리, 운영한다고 하는 목적 및 장래에는 매각 또는 재개발을 포함하지만, 이에 관한 조건은 모두 파트너십 계약에 규정한다"하여 Recital에 기재하는 방법도 있지만, 계약서 본문의 목적 규정을 별도로 두는 것도 가능하다.

## 2) 파트너의 출자

### (a) Initial Partners

The name and address, and the Capital Contribution (defined in Section _____) of the General Partner, and each Initial Limited Partner is set for on Exhibit A to this Partnership Agreement.

### (b) Initial Capital Contributions

Concurrently with the execution and delivery of this Partnership Agreement the General Partner and each Initial Limited Partner have contributed such Partner's Capital Contribution in full, in cash, to the capital of the Partnership.

(c) Additional Limited Partner

The General Partner is authorized to admit Additional Limited Partners to the Partnership in accordance with the terms of this Partnership Agreement. The Capital Contributions of all Additional Limited Partners shall be made in cash.

(d) No Interest on Capital

No Partner shall be entitled to interest on any Capital Contribution or on such Partner's Capital Account (defined in Section____), notwithstanding any disproportion that may from time to time exist therein as among the Partners.

(e) No Additional Capital Contributions Required.

No Partner shall be required to make any additional Capital Contribution to the Partnership.


파트너십에 구성원인 파트너에 관하여, 여기서는 리미티드 파트너십(LPS, Limited Partnership)에 있어서 무한책임조합원(GP, General Partner)과 유한책임조합원(LP, Limited Partner) 각각에 관하여, LPS 설립시에 파트너임을 확인하고, 그들의 출자액(Capital Contribution)을 규정하는 조항과 이 출자액은 별지로 확인하는 경우가 많다.

통상은 설립시에는 명목적 파트너와 그 출자액으로 출발하는 경우가 많지만, 그 후 자금수요에 따라서 새롭게 출자를 증액시켜 나가고 (물론 유한책임조합원으로서는 참가시에 합의한 출자액 이상으로 출자의무를 지지 않는 것이 원칙이고, 또한 이를 확인하고 있지만), 만약 자금 부족이 생긴 경우에는 새로운 유한책임조합원의 참가 등으로 대응할 수 있는 규정을 두고 있다.

여기에서의 출자는 현금출자로 되어 있지만, 필요에 따라서는 부동산 등 금전 이외의 재산적 가치가 있는 현물출자도 가능하고, 이 경우에는 시가 평가가 원칙이고 그 시가가 문제가 되는 경우가 많다.

당연한 것이지만 출자액에 대하여는, 이자가 생기지 아니한다는 규정을 두고 있다.

### 3) 파트너십의 운영

LPS의 특징으로서 LP는 유한책임의 출자자이기 때문에, LPS의 경영이나 운영에는 주체적으로 참가할 수 없고, 그럼에도 불구하고 만약 LP가 경영이나 운영에 참가하여 운영 등을 실질적으로 행하고 있다고 간주되는 경우에는 그 유한책임이라고 하는 대외적 책임제한이 인정되지 않기 때문에 파트너십에 운영 책임은 GP가 부담하는 것으로 규정하고 있다.

(a) General and Specific Powers.

The General Partner shall have all of the rights and powers of a general partner as provided in the RULPA and as others provided by law and shall have sole and exclusive management and control of the business and affairs of the Partnership. In furtherance and not in limitation of the foregoing, the General

Partner is granted and shall have the right and power to perform, in the name and on behalf of the Partnership, all acts which in its judgment are necessary or desirable to carry out the Partnership's business including without limitation:

(i) to purchase or otherwise acquire, own, lease, manage and operate real estate or other property or any interested therein and to invest and reinvest any fund of the Partnership in such property;

(ii) to improve and develop real estate; to construct, alter, demolish, repair or replace buildings, structures, or other improvements on real estate including real estate in the vicinity of the Property;

(iii) to borrow money from any Partner, lending institution or other Person (including any Affiliate of the General Partner) and, in connection therewith, to issue notes, or any other evidence of indebtedness and as security therefor to mortgage or otherwise encumber any or all of the Partnership Property;

(iv) to sell, with or without notice ,at public or private sale, and to exchange, trade, transfer, assign, convey, lease for any term, appraise or have appraised, apportion, divide in kind, or grant options for any and all Partnership Property on and, in so doing, to execute, acknowledge, seal and deliver all necessary documents or instruments;

(v) to make such elections under the federal or state tax laws as to the treatment of the items of incomes, gain, loss, deduction and credit; and

(vi) to do all such other acts and things and engage in all such proceedings, and to execute acknowledge, seal and deliver all documents or instruments, as the General Partners may deem necessary or desirable to carry out the business of the Partnership and to carry out the purposes of the Partnership.

~~~~

(d) Limited Partners to Have No Authority.

No Limited Partner shall participate in or have any control over the business of the Partnerships or have any authority or right to act on behalf of or bind the Partnership.

여기서 GP에게 부여되는 권한은 파트너십법 및 기타 법에 규정된 것 이외에 파트너십 계약에서 합의된 것으로 되어 있다. 이 경우 주의하여야 하는 것은, LP는 모든 권한을 GP에게 위임해도 좋은가 하는 점이다. 사전에 파트너 사이에서 상세하게 약정해 두는 경우는 별론으로 하고, 그렇지 않은 경우에는, 특히 중요한 자산의 양도, 다액의 차입 등 중요한 사항을 결정할 때는 사전에 LP에게 협의 또는 승인을 필요로 하게 하는 등 일정한 거부권을 확보해 두는 것이 바람직하다. 다만 그 범위는 파트너십에서, LP로서의 유한책임의 이점을 잃지 않는 정도이어야 하고, 구체적인 허용범위나 정도에 관하여는 설립준거법이 되는 당해 주법 태도에 따라야 한다. 위 조항 예 (d)에서는 일응 LP는 파트너십의 사업에 참가하지 아니한다는 점과 또한 그것을 구속할 권한이 부여되어 있지 않다는 점을 확인하고 있다.

### 4) Limited Partner의 유한책임

유한책임조합원(LP, Limited Partner)의 책임제한에 파트너십법에 있어서도 인정되어 있지만, 계약이 있어서도 출자액을 넘은 책임은 내부적으로도, 대외적으로도 일체 지지 않는 것을 확인하기 위한 규정이다.

> No Limited Partner shall have any personal liability whatever in his capacity as a Limited Partner, whether to the Partnership, to any Partner, or to creditors of the Partnership, for debts, liabilities, contracts or other obligations of the Partnership, or for any losses of the Partnership, beyond the amount committed by such Limited Partner to the capital of the Partnership as set forth from time to time in Exhibit A hereto. Each Interest of a Limited Partner shall be fully paid and non-assessable.

### 5) Partnership 재산의 소유권

미국의 LPS(Limited Partnership)에 있어서는, 그 자산은 출자자가 아닌 파트너십의 이름으로 보유하고 파트너십의 이름으로 등기되도록 되어 있기 때문에 이것을 확인하기 위한 규정이다.

Legal and record title to all Partnership Property shall be held in the name of "ABC Land Development Limited Partnership" or in such other manner as the General Partner shall determine to be in the interest of the Partnership.

미국에서 LPS는 자신의 이름으로 소송 당사자로 되는 것이 가능하고, 그 이름으로 재산을 취득, 처분할 수 있고, 또한 차입계약이나 부동산 관리위탁계약 등을 체결할 권능이 인정되고 또한 출자자로부터 독립한 법인격(separate legal entity)을 갖는다. 여기서 그 자산의 출자자가 아닌 파트너십의 이름으로 보유되고 등기되어 있는 것을 당사자간에 확인하기 위한 규정이다. 후단의 규정은 파트너십의 이익을 위해서 소유명의에 관해 다른 방법을 채용하는 것도 가능하다고 되어 있다.

## 6) 현금의 분배

파트너십은 사업운영 수입에서 필요경비를 지불한 후에 남은 현금은 파트너에게 분배하게 되어 있는데, 그 분배 비율을 규정한 규정이다.

The Cash Proceeds of the Partnership for each calendar year shall, after payment of all Partnership expenses, be distributed to the Partners within _____days after the receipt thereof by the Partnership. Each such distribution shall be made _____% to the Limited Partners and _____% to the General Partner, and to the Limited Partners shall be made among the Limited Partners in accordance with their respective Percentage

Interests.

Each distribution with respect to any Interest or portion thereof of a Limited Partner which may have been assigned during a fiscal year shall be made entirely to the Partner who is the recognized owner of such Interest or portion thereof as of the date such distribution is made.

이것이 잉여현금분배에 관한 규정이다. 본건과 같은 부동산 개발 프로젝트에 있어서는 건물이 완공되면 이것을 매각하든가 또는 임대제공 등 수익 물건으로서 운영하게 된다. 이러한 매각처분수입 혹은 임대운영수익은 필요경비를 공제한 뒤에 계약에 따라 출자 파트너에게 분배하게 된다. 미국 파트너십의 특징으로서 LP와 GP의 사이에 반드시 출자액에 따른 분배비율이 아닌 당사자간에 합의에 의한 분배비율을 정할 수 있다는 점이다.

여기서는 현금출자를 한 LP가 우선하여 분배를 받는 것도 가능하지만, 이 분배액은 출자액의 반환이라고 간주되기 때문에 장래 손실이 발생하는 경우에는 재차 당초의 출자액까지 추가로 출자를 하여야 한다는 점에 유의할 필요가 있다. 또한 LP가 다수인 경우에는 일반적으로 분배율 등은 같은 조건으로 되는 경우가 많고, 본건에서도 그와 같은 규정으로 되어 있다. 또한 위 조항에서는 도중에 파트너십의 출자 지분을 양도한 경우의 취급에 관하여서도 분배시의 출자자로 한다는 취지의 규정을 두고 있다.

## 7) 손익의 분배

과세대상 손익을 출자자(파트너)에게 적절히 배분하기 위한 규정이다. 여기서는 운영손익과 양도손익으로 나누어 출자자 사이에 배분하기 위한 조항이 마련되어 있다.

(a) Profits or Losses from Operations.

Except as provided herein, the Profits and Losses of the Partnership shall be allocated to the Partners in the same proportion as Cash Proceeds distributed for the year in question were distributed. All Profits or Losses from the Partnership for a fiscal year allocable with respect to any Interests which may have been assigned during such fiscal year shall be allocated between the assignor and assignee based upon the number of days in the year that each was recognized as the owner of the Interest, without regard to the results of the operations of the Partnership during such fiscal year and without regard to whether cash distributions were made to the assignor or assignee.

(b) Profits or Losses from a Sale

(i) Profits for any taxable year resulting from the sale, exchange, or other disposition of the Partnership Property shall be allocated, after Capital Accounts have been adjusted for all distributions made in such year under Section _____, and any allocations of Profits made under Section _____, (A) first to the Partners that have negative balances in their

Capital Accounts, in proportion to and to the extent of such negative balances; and then (B) any remaining Profit shall be allocated among the Partners in the same proportion as were the proceeds of such sales, but if there are no such proceeds, the remaining Profit shall be allocated _____% to the Limited Partners and _____% to the General Partners.

(ii) Losses arising out of such a sale, exchange, or other disposition shall be allocated after Capital Accounts have been adjusted for all distributions made in such year under Section _____ and any allocations of Profits or Losses made under Section _____, (A) first to those Partners having a positive Capital Accounts, in proportions to and to the extent of such positive balances, and then (B) _____% to the Limited Partners (in accordance with their respective Percentage Interests) and _____% to the General Partner.

(iii) Any Profits or Losses attributable to a sale or other disposition, allocable with respect to any Interest, or portion thereof, of a Limited Partner which may have been assigned during a taxable year shall be allocated entirely to the Partner who is the recognized owner of such Interest or portion thereof as of the date of such sale or other disposition.

미국에서 파트너십의 특징은, 파트너십 자체는 그 사업으로부터 얻어지는 소득에 관하여 납세 주체가 되지 아니하고, 출자자인 파트너에 대하여 직접 과세된다고 하는 이른바 "pass-through 과세"이다. 이러한 과세를 이용할 것인가 여부는 당사자가 선택할 수 있다. 이것이 check-the-box rule이다. 출자자의 과세 포지션에 따라서는 pass-through 과세를 선택하여 출자에 의한 투자부담을 조세효과를 이용하여 경감할 수 있다고 하는 이점이 있어 많이 이용되어 왔다.

따라서 사업으로부터 과세대상 손익이 출자자(파트너)에 대하여 적절하게 배분되는 것이 필요하다. 위 조항에서는 먼저 운영수익에서 생긴 과세대상 손익에 관하여는 현금분배에 따라서 배분한다고 하는 원칙이 규정되어 있고, 도중에 출자지분의 양도가 일어난 경우에는 현금분배와는 관계없이 당해 양도지분에 관련되는 과세대상손익을 양도자와 양수자 사이에 일괄로 계산한다고 규정하고 있다. 한편, 매각처분된 경우에는, 그 양도이익은, 각 출자자의 자본계정(Capital Accounts)에 관하여 현금분배나 과세대상 손익의 배분결과를 조정한 다음에, 먼저 자본계정의 마이너스(負) 부분에 배분하고, 다음으로 출자지분비율 등 당사자간의 합의한 비율에 따라 배분되는 것으로 되어 있다.

또한 매각처분의 결과로 나타난 손실부분은 각 출자자의 자본계정에 관하여, 이제까지의 현금분배나 과세대상 손익의 배분 결과를 조정한 뒤 먼저 자본계정의 플러스 부분에, 다음은 출자지분 비율 등 당사자간에 합의한 비율에 따라 배분하는 것으로 되어 있다.

## (8) 출자지분의 양도제한

파트너의 출자지분 양도를 어느 정도 제한하기 위한 조항이다.

(i) No transfer or assignment of any Partnership Interest may be made if such transfer or assignment, together with all other transfers and assignment of Interest within the proceeding twelve months would, in the opinion of counsel for the Partnership, result in a termination of the Partnership for purposes of Section 708 of the Internal Revenue code of 1986 or any comparable provision then in effect.

(ii) No transfer or assignment of any Partnership Interest may be made if, in the opinion of counsel s for the Partnership, such transfer or assignment would violate the Securities Act of 1933, as amended, or applicable State Securities laws or any other applicable provisions of law in any respect.

(iii) No transfer or assignment of any Partnership Interest may be made if, in the opinion of counsel for the Partnership, such transfer and assignment would cause the Partnership to be treated as an association taxable as a corporation rather than as a partnership subject to the provisions of a Subchapter K of the Internal Revenue Code of 1986, or any comparable Provision then in effect.

일반적으로 출자지분 양도에 제한을 가하는 것은 바람직하지 않고, 본건과 같은 부동산투자에 관한 출자지분에 관하여도 양도를 자유롭게 하는 것이 바람직하지만, 이제까지 강조해 온 바와 같이 각 출자자마다 세무상 이점(利點)을 향수할 것을 전제로 하여 출자하고 있다는 사실을 고려하면 일정한 제한이 필요하다.

본 조항에서는 출자지분의 양도가 미국 소득세법(Internal Revenue Code)상 파트너십의 종료라고 간주되는 경우 또한 파트너십으로서 과세(Pass-through과세)가 아니고, 법인과세가 행해지는 경우 또는 증권거래법상 위반으로 되는 경우에는 파트너십 출자지분의 양도는 제한되게 된다. 본 조항은 이를 위한 규정이다.

이외에 Limited Partnership의 경우 General Partner의 존재는 필수불가결하므로, 일반적으로는 General Partner의 출자지분 양도가 제한되는 것은 당연한 결과일 것이다.

# XII. 국제파이낸스계약

## 1. 국제파이낸스계약의 기본형

### 1) 들어가며

국제파이낸스계약을 포함하는 '국제금융법'이라는 전문분야는 그 커버하는 범위가 대단히 광범위하여, 국제법, 영미법, 기타 다른 나라의 법, 행정법, 민·상법, 소송법, 국제사법 등 다양한 법 규칙이나 금융관행, 제도가 관련되어 있다. 따라서, 전 분야를 통효(通曉)하는 것은 불가능하지만, 기본적인 지식은 대체로 제한되어 있다. 또한 국제파이낸스계약도 대상범위가 넓어 그 전부를 망라하는 것은 불가능하지만, 초보자가 배워야 할 내용은 한정되어 있다. 이하에서는 기본적인 거래구조와 계약조항에 대한 이해를 돕기 위하여 기술한다. 이를 위하여 먼저 금융거래의 기본구조를 이해할 필요가 있다.

둘째로, 국내금융과 국제금융은 별도 분야로서 다루어지고 있다. 국제금융은 영미의 금융실무를 대부분 반영한 것이고, 국내 금융과는 구조나 준거가 되는 법제도가 다르다.

셋째로, 국내 법제도 개념에 얽매여 국제금융 계약을 이해하는 것은 어려움이 많다. 예를 들면 loan계약이 영미법상으로는 요물(要物)계약이 아닌 낙성(諾成)계약이어서 국제금융계약이 일반적으로 commitment fee에 관하여 금전대부의 실행 이전에 수수료를 지불하는 것이 국내 관행과는 거리가 있다.

넷째로, 어느 정도 학습이 진행된 다음에는 금융거래법(예를 들면 영미 계약법)뿐만 아니고 금융거래에 많은 영향을 주는 금융규제법(예를 들면 영미은행법)이나 국제기준(예를 들면 바젤합의)[113], 국제표준계약(예를 들면 ISDA Master Agreement), 국제행동규범(예를 들면 국제 외환거래 가이드라인),[114] 나가서는 규제용어를 이해하기 위한 금융경제의 기초를 어느 정도 알아야 두는 것이 필요하다.

## 2) 국제융자계약(국제 론계약)의 구조

먼저, 국제 론계약에 가장 기본적인 형태를 본다. A국의 차주(借主)인 기업 X와 B국의 대주(貸主) 은행 Y 사이에, X 단독으로 행하는 사업자금을 Y 단독으로 융자하는 기업융자(corporate finance)를 내용으로 하는 국제 론계약을 체결하고, Y가 유로시장에서 자금조달을 하여 X에게 필요한 사업자금을 대부하는 계약을 상정한다.

---

**113** 국제적으로 활동하는 은행의 BIS 자기자본비율(자기자본을 분자, 보유자산 등의 리스크의 크기를 나타내는 수치를 분모로 하여 산출되는 비율로 은행 등의 경영의 건전성을 나타내는 중요한 지표가 된다) 등에 관한 국제통일 기준으로, 바젤은행감독위원회(BCBS, Basel Committee on Banking Supervision가 공표하는 것. 많은 나라에서 은행규제로 채택하고 있다. 우리나라는 2009년 3월에 가입하여 바젤합의에 참가하고 있다.

**114** 주요 8개국 지역(미국, 영국, 유럽, 캐나다, 호주, 일본, 홍콩, 싱가포르)의 외환시장위원회가 책정하는 외환시장 참가자가 준수하여야 할 행위규범.
http://www. Fxcomtky.com/coc/ 참조

## (1) 사전협상

이 경우 LOI(Letter of Intent)나 MOU(Memorandum of Understanding)라고 하는 예비적 합의를 하는 경우가 적지 않다. 한편으로, 정보시스템 도입에 있어서 고객 기업과의 사이에 RFP나 RFI가 교환되는 것과 같은 관행이 눈에 띈다. 즉 X가 Y를 포함하는 수 개의 은행에 RFP(Request for Proposal, 제안의뢰서)를 송부하여 견적을 받고, 은행측도 RFP 작성에 있어서 X의 신용정보제공을 구하는 RFI(Request for Information, 정보제공의뢰서)를 송부하는 케이스가 국제금융이나 영미국내금융에 있어서는 흔히 있다.

## (2) 계약 체결에서 융자실행까지

X. Y 사이의 국제 론계약이 체결되었다고 하자. 그러면 그 계약서의 개요는 다음과 같이 된다. 이 중에서도 무엇보다 중요한 것은 3에서 적은 진술보증, 서약, 디폴트 사유이다. 구체적 내용은 후술한다. 아래에서는 이 융자절차를 중심으로 설명한다.

---

**국제 론계약의 주요 조항**

1. 형식적 내용 : 전문(Recital), 정의(Definitions), 융자내용(The Loan)
2. Loan절차 : 융자의 선행 조건(Condition Precedent), 대출실행(Drawdowns), 변제조건(Repayment), 금리(Interest), 기한 전 변제(Prepayment), 지불조건(Payments), 제세공과(Taxes), 시장 혼란(Market Disruption), 추가비용(Increased Cost), 불법(Illegality), 수수료, 비용 등(Fees, Expenses, Stamp Duties), 양도(Assignments&Transfers)
3. 융자에서의 중요 조항 : 진술보증(Representation&Warranties), 서약(Covenant), 디폴트 사유(Events of Default) (기한이익상실 조항도 포함)

---

4. 법적인 정형적 조항 : 준거법(Governing Law), 재판관할(Jurisdiction), 주
   권면책포기(Waiver of Sovereign Immunity)

5. 신디케이트론 경우에는 에이전트 관련 조항이 들어가게 된다.

6. 부칙, 첨부서류(Appendix, Exhibit, Schedule) 등으로 표시된다.

계약 체결에 의하여 Y가 반드시 X에게 대부하여야 하는 것은 아니고, Y는 X가 일정조건을 충족하면 융자를 하겠다는 약속(commitment)을 한다. 이 일정조건을 선행조건(condition precedent)이라고 부른다. 이 조건은 우리 민법상은 정지조건과는 다르고, 계약에 효력에는 반드시 영향이 없는 것도 포함된다. 선행조건 중 가장 중요한 것은 계약서에 기재한 진술보증의 준수나 디폴트 사유에 해당하지 않는 것이지만, 이와는 달리 이외에도 Y가 중요하다고 인정하는 확인자료(이사회의사록, 당국의 인허가, X측 변호사 의견서 등)의 제출 등이 포함된다.

X는 선행조건 충족을 확인한 후에 소정의 양식에 따라 Y에게 차입실행통지서(Drawdown notice)를 송부한다. 이때 차입일이 차입 가능 기간 내의 은행영업일로, 차입통지를 차입일의 수일(통상은 5영업일 정도) 전에 실시하는 등 계약이 정한 바에 따를 필요가 있다. 변제조건 조항에서는 기한일괄변제인지 아니면 분할변제인지를 정하고, 금리조항에서는 변제금리가 고정금리인지 변동금리(예 LIBOR+$a$%) 인지, 지연금리(Delayed Interest)는 어떠한지(예 LIBOR+$a$+1%) 등을 정한다.

변제는 지불조건조항에 따라 지정된 통화방식으로 변제기한에 Y에게 송금하면 되지만, 기한 전에 X가 Y에게 권리로서 변제할 수 있는 경우와 의무적으로 변제가 요구되는 경우가 있고, 그것을 기한 전 변제조항에서 규정한다. 제세공과 조항에서는 X로부터 Y에로의 변제는

송금액이 세금이나 반대채권 · 상계 등으로 감소되는 일이 없는 상태로 송금해야 할 것을 규정한다. 또한 원천징수 세액공제가 의무적인 경우에는, 세부담을 차주 X와 대주 Y 중 누가 부담할 것인가를 정하고, 차주가 부담하는 경우에는 원천징수 후의 금액은 징수 이전과 동액이 되도록 송금액에 증액(gross up)하여야 한다.

한편으로, 융자 실행 후에 자금조달시장에 이상사태가 생겨 예정대로 융자가 계속될 수 없는 경우에는 X와 Y는 협의하여 대체금리를 정한다(시장 혼란 조항에 규정). 또한 법률 등의 변경으로 Y에게 추가비용이 발생한 경우에는 추가비용의 지불을 X에게 요구하고(추가비용 조항에 규정), 법률변경이나 금융당국의 해석으로 당해 대부가 위법으로 된 경우에는 Y는 X에게 통지하여 그 후에 대부를 행하지 아니하고, X는 기한전(期限前) 변제가 요구된다(불법조항에 규정). 수수료. 비용 등 조항에서는 약정수수료(commitment fee) 등의 수수료나 계약서작성 비용, 인지세 등을 어느 쪽이 부담할 것인가(통상은 X)가 규정된다. 나아가 차입인 X의 차입 채무는 X에 대한 신용 판단을 전제로 하는 것이므로 제3자에게 양도할 수 없지만, 대출인 Y의 대출채권은 X에의 통지 또는 X의 동의가 있으면 제3자에게 양도할 수 있다(양도조항에 규정). 이러한 내용들이 계약서에 규정되는 것이 일반적이다.

### (3) 분쟁해결

다른 계약과 마찬가지로 장래 분쟁 발생에 대비하여 미리 계약서에 정형화된 조항을 두는 것이 보통이다.

① 준거법 조항

중남미 등 일부 국가를 제외하고 각국에서는 당사자에 의한 준거법 합의를 일정범위에서 존중하고(당사자 자치 원칙), 법정지의 공서양속이나 강행법규 위반이 없으면 존중한다. 명시적 준거법 합의가 없으면 법원의 직권 판단에 맡겨져서 묵시적 합의[115] 를 탐구하여 인정하든가(국제사법 제25조 제1항), 아니면 가장 밀접하게 관련되는 토지의 법률이 적용된다(객관적 연결, 국제사법 제8조 제1항).

어떤 법을 명시적으로 지정할 것인가? 국제 론계약 준거법은 국제금융의 중심지이면서 판례 축적이 많고, 전문지식을 가진 재판관이나 변호사가 많아야 합리적 결과가 예측될 수 있다는 이유로 영국법이나 미국 뉴욕 주법이 지정되는 경우가 많다. 그러나 준거법 조항은 계약당사자간의 합의이기 때문에 계약당사자 이외의 제3자인 압류채권자나 파산관재인 등에 대하여서는 당연대항(當然對抗)은 불가능하다. 따라서 예를 들면 X와 Y 사이에서 영국법을 계약준거법으로 하고 런던 법원에 제소를 합의했다고 하더라도 X가 도산하여 파산관재인 Z(제3자) 가 취임하여 A국에서 도산 절차가 개시된 경우, Y는 A국 법에, A국 법원의 절차에 채권자로서 참가할 수밖에 없다고 하는 한계가 있다.

---

**115** 묵시적 합의를 어디까지 인정할 것인가에 관한 기준으로서는, 연방제국가의 법으로만 합의한 경우 당연무효로 보아서는 아니 되고, "계약 문언, 계약 전후의 사정, 거래 관행 등 모든 사정을 고려하여 당사자가 그 국가의 어느 지역의 법을 지정한 것으로 합리적으로 인정되는지까지 살펴보아야 한다" 대법원 2012.10.25. 선고 2009다77754 판결 참조.

## ② 재판관할 조항

법원에 대신하여 중재 등 재판 외 분쟁처리 절차(ADR, alternative dispute resolution)을 이용하는 것도 가능하지만, 금융분야는 다른 분야와 비교하면 ADR 활용 예는 전통적으로 많지 않다. 준거법 선택이 영국법이나 뉴욕 주법이 되는 것과 마찬가지 이유로, 런던이나 뉴욕 법원을 관할 법원으로 하는 경우가 많다.

관할지 법원을 하나로 하는 전속적 재판관할도 있지만, 여러 가지 편의를 고려하여 복수로 하는 비전속적(非專屬的) 재판관할도 있다. 협조융자의 경우는 오히려 비전속적 재판관할이 보통이다.

예를 들면, 계약 준거법은 영국법으로 재판관할을 런던지방 법원, X가 소속하는 A국은 한국이고 Y가 소속하는 B국은 영국인 경우를 생각해 보자. X와 Y가 파운드화로 된 채무 불이행을 두고 다투는 경우, Y는 어쨌든 X는 법원으로부터 통지를 받기 위하여 영국 내에 소송절차 대리인(process agent)을 둘 필요가 있고, 통상은 런던의 변호사 사무소 등이 지명된다. 만약 Y가 런던 법원의 확정 급부판결을 받아 X의 자산을 집행을 하는 경우 그 자산이 영국 내에 있으면 좋지만 오직 한국에만 있는 경우 런던법원의 판결을 한국법원이 승인·집행하는 절차가 필요하다. 여기서 역외 승인·집행의 편의를 생각하면 런던에 더하여 서울지방법원도 관할법원으로 할 필요가 있다.

만약 Y가 서울지방법원에 X를 제소하여 파운드화로 급부판결을 받았다고 하더라도 채무자 X의 선택에 의하여 원화로 대용급부(민법 제377조 제1항)가 가능하기 때문에, Y에 있어서는 한국 원화로 지불받게 되어 외화차손이 생길 수 있다. 이러한 차손을 보장하기 위한 조항 Judgment Currency Clause을 두는 경우가 많다.

### ③ 주권면책 포기 조항

X가 국가나 국가기관인 경우에는 타국의 재판권(송달, 관할, 재판, 판결, 상계, 반소, 판결집행, 압류 등)에 복종하지 않는다고 하는 주권국가의 특권(주권면책, 주권면제 특권) 행사를 포기하는 주권면책 포기조항을 두는 경우가 많다. 주권면책의 범위에는 이를 무제한으로 하는 절대면제주의와 상행위에 관하여는 이에 해당되지 않는다고 하는 제한면제주의가 있고, 현재는 후자가 지배적이기는 하나 여전히 불투명한 부분이 많다.[116] 여기서 주권면책이 가능한지에 관하여 불명확한 사태도 상정될 수 있다. 예를 들면, 국가기밀에 관련되는 물품 구매와 같은 경우이다. 특권포기를 하는 대상을 재판뿐만 아니고 집행도 포함하여 넓은 범위에서 명시적으로 합의해 둘 필요가 있다.

그러나 상대국이 합의해 주지 아니한 경우에는 사전에 물적 담보를 확보하든가, 아니면 국가법원이 아닌 민간중재기관에 의뢰하는 합의를 할 대책도 생각하여야 된다. 중재를 이용하는 경우에는 세계 150개국 정도가 참가하는 1958년 외국 중재재판소·집행에 관한 조약(뉴욕 조약)에 상대국이 가맹하고 있는 경우에는 런던이나 뉴욕 중재 판단을 상대국이 승인·집행할 것을 동의할 가능성이 높다. 이를 이용하면 이러한

---

**116** "국가는 국제관례상 외국의 재판권에 복종하지 않게 되어 있으므로 특히 조약에 의하여 예외로 된 경우나 스스로 외교상의 특권을 포기하는 경우를 제외하고는 외국 국가를 피고로 하여 우리나라가 재판권을 행사할 수 없고, 비록 최근에 이르러 상당수의 국가에서 국내입법이나 판례를 통하여 위와 같은 국가주권면제의 원칙을 완화하여 일정한 사법상의 행사에 관련된 소송에 관하여 국가의 주권면책를 인정하지 않는 사례를 찾아볼 수 있다고는 하나 그와 같은 경향이 아직 국제관습법의 지위에 이르렀다고 볼 수 없다". 서울민사지법 1985.09.25. 선고 84가합5303

조약이 없는 재판을 이용하는 경우보다 좋은 면이 있다. 그러나 뉴욕조약도 만병통치약은 아니고 중국 등 신흥국에서는 위 조약 5조의 절차적 하자(제1항)이나 공서(公序)위반(제2항) (b)을 이유로, 외국 중재 판단의 승인·집행을 거부한 사례도 눈에 띈다.

④ 대출의 중요조항

국제 론계약에서 중요한 조항은 진술보증, 서약, 디폴트 사유 등 세 가지이다.

진술보증이란, 차주(借主)가 대주(貸主)에 대하여 차주에 관한 일정한 사실을 진술하고 그 사실이 틀림없다는 것을 보증하는 것으로, 진술과 보증을 구별하지 않고, 양자는 일체화된 하나의 개념으로 사용되고 있다. 위에서 적은 바와 같이, Y가 X에 대부를 실행하기 위한 선행조건에는, X로부터 Y에 사전에 차입통지(notice of drawing)가 이루어짐과 병행하여 진술보증된 내용이 계약 체결시부터 변하지 않아야 한다는 것을 내용으로 하는 경우가 많다. 진술보증된 사실은 계약 체결일 당시뿐만 아니고 채무가 전액 변제될 때까지 전 계약 체결 기간 중에 적용된다는 취지가 명기되는 것이 원칙이다.

차주에 관한 사실로써 진술. 보증되는 내용의 예
① 차주 기업이 합법적으로 설립되어 존속하고 있다.
② 차주 기업은 보험계약 체결능력을 갖고 필요한 내부절차를 완료하였다.
③ 본 계약이 법적 구속력을 가지고, 차주 기업의 정관 등에 위반하지 않는다.

④ 차주(借主)는 대주(貸主) 이외의 제3자에게 담보권을 설정하거나 보증을 하고 있지 않다.

⑤ 본 계약 체결 이행에 필요한 당국의 인허가를 전부 취득하였다.

⑥ 차주는 재판, 기타 계쟁사건이 없고, 체납 등을 하지 않고 있다.

⑦ 차주의 재무제표는 작성시의 진실공정한 재무상황을 표시하고 있다.

⑧ 차주가 제공하는 모든 정보는 차주가 아는 한 정확하다. 차주가 아는 사실로써 차주의 재무상황 등을 악화시키는 사실은 대주에게 전달하였다.

진술보증된 내용이 사실에 반한다는 것이 후일 판명된 경우, 후술하는 디폴트 사유(채무불이행 사유)에 해당하고, 차주는 대출을 받지 못하게 되고, 이미 대부를 받은 액의 반제에 관하여는 기한의 이익을 상실하고 손해배상책임을 질 가능성이 있다. 그러나 차주의 위반 정도가 경미하고 차주가 이를 시정한다면 끝날 수 있는 것은 유예기간 중에 정정이 행하여지면, 채무불이행으로는 되지 아니한다.

또한 차주로서는 계약서의 초안단계에서 진술보증할 사실에 관하여 적절한 한정어(限定語)를 집어넣어 두는 것이 유리하다. 예를 들면 재판 기타 계쟁사건이 없다라는 조항에서 '재판'을 '중요한 재판'으로 한정하거나, 진술보증의 사실 앞에 '최선을 다하여 조사한 결과(to the best of our knowledge)'라고 하여 둠으로써 일부 사실을 다소 간과하여도 위반으로는 되지 않는 효과를 거둘 수 있다.

서약(Covenants, Undertaking)이란, 국제 론계약 존속 기간 중 차주에 관하여 일정한 작위, 부작위를 약속하는 조항을 가리킨다. 서약의 내용에는 아래와 같이 X가 재무보고나 법령준수를 약속하는 작위서약과 X가 재무제한을 약속하는 부작위서약이 있다.

---

**차주에 관한 작위서약과 부작위서약의 예**

[작위서약(affirmative covenant)]

① 대주에 대하여 정기적으로 재무보고서를 제출하고, 회계기록을 보관할 것

② 론에 중대한 영향을 미치는 사태가 있으면 즉시 대주에게 보고할 것

③ 필요한 당국의 인허가는 전부 취득 하고 론 기간 중에는 유효할 것

④ 차주의 자산상태를 유지하고 필요한 경우 보험에 가입할 것

[부작위 서약(negative covenant)]

① 차주의 재산을 제3자에게 담보로 제공하지 말 것(negative pledge)

② 차주 재산의 처분제한, 배당제한, 출자비율 변경금지 등 재무 제한

---

토지 등 물적담보를 요구하는 유담보 대부가 많은 국내금융과는 달리 국제금융에서는 물적 담보를 요구하지 않는 무담보 대부가 보통이다.

이런 이유로 무담보인 대신에 신용평가회사에 의한 신용평가가 발달하고 계약서에 서약 조항이나 디폴트 조항을 자세히 기재하는 금융거래 관행이 발달하였다. 예를 들면, 재무제한의 전형적인 예인 negative pledge 조항은, X가 Y이외의 제3자에게 자산을 담보로 하여 차입을 하지 않겠다고 약속하는 것이다. 이를 통하여 무담보 채권자

Y가 다른 유담보 채권자에 대한 관계에서 X의 열후(劣後) 채권자가 되는 사태를 피할 수 있다. 그러나 X의 장래 수익에 관하여도 이 같은 서약 대상에 포함되면 X의 재무활동을 크게 제약하기 때문에, 그 대상 범위와 기간, 내용을 X, Y간의 협상에서 신중히 정해 둘 필요가 있다. 예를 들면 담보화하지 않는 자산대상을 특정수익에 한정하지 아니하고, 실질적으로 동일한 가치의 담보가 제공되면 좋다고 하는 동순위(同順位) pari passu 조항을 합의하는 것도 하나의 대책이 될 수 있다.

디폴트 조항(채무불이행 사유, Events of Default)이란, 일정한 열거된 사유가 생긴 경우 대주가 i) 기한의 이익을 상실시켜 즉시 대여금에 대한 반제를 요구하고, ii)미이행 대출에 관하여는 실행 약속을 실효화시키는 것이 가능한 것을 말한다. 우리 법에서는 채무불이행과 기한이익상실을 구별하여 조항을 만드는 것이 일반적이지만, 국제 론계약에서는 양자를 특별히 구별하지 않는다.

---

**채무불이행으로 되는 사유의 구체적인 예**

① 지급채무불이행(원본, 이자가 지불기일에 지불되지 않은 경우, 통상은 지불기일의 유예기간을 3~10일로 정한다)

② 지급채무 이외의 채무불이행(서약위반 negative pledge 등)

③ 진술보증 조항 위반

④ 크로스 디폴트(cross default, 차입인이 별도의 계약으로 채무불이행을 한 경우, 본 계약에 관하여서도 채무불이행으로 된다는 취지의 조항)

⑤ 차입인의 파산, 해산 등

⑥ 차입인 주주의 변경(대주 허가 없이 주주를 변경하거나 차입인의 회사 정관

을 변경한 경우)

⑧ 법률위반(차입이 위법한 경우나 인허가가 취소된 경우)

이러한 디폴트 조항은 대주가 차주의 채무이행을 확보하기 위한 가장 중요한 조항이지만, 현실에서는 이러한 사유가 발생하여도 대주가 권리를 즉시 행사하는 것보다도 실무적으로 여러 사정을 고려하여 이 조항을 실행하지 않는 경우도 많이 있다. 차주와의 관계 악화를 고려하거나 경미한 계약위반인 경우에 그러하다.

채무불이행 사유 중 크로스 디폴트의 경우, X가 Y 이외 다른 채권자와 맺은 계약이 채무불이행이 된 경우, Y로서는 보다 빨리 장래 디폴트에 대응하기 위하여 마련된 조항이다. 그러나 하나의 사소한 디폴트가 즉시 다른 계약에 파급되는 결과가 되고, X는 자금경색에 몰려 도산에 빠질 가능성이 높다. 그리하여 결국 Y 등 채권자도 불이익을 받게 된다. 따라서 이 조항을 채무자에게 대외채무에 한정하거나 일정 금액 이상의 채무에 한정하는 데 그치게 할 필요가 있다. 실제로 크로스 디폴트 조항은 '전가의 보도'로 발동되는 일은 그다지 많지 않다.

## 2. 국제파이낸스계약의 응용형

### 1) 거래의 구조

#### (1) 협조융자(신디케이트론, syndicated loan)

① 개요

신디케이트론이란, 복수의 금융기관이 대주가 되고 단독 차주와의 사이에 체결하는 론계약을 말한다.

융자액이 다액이거나 여신 리스크가 커서 하나의 대주만으로서는 대출하기 어려운 경우에 복수의 대주가 함께 대출함으로써 자금수요를 충당하는 것이다.

이 계약의 특징은, 대주의 수만큼 각 독립한 론계약(우리 법상으로 금전소비대차계약)이 존재하고 각 독립한 것으로 취급되는 한편, 계약 내용은 완전히 동일한 내용으로 통일되어 대주는 집단적으로 행동한다는 점에 있다. 즉 론계약의 법 형식은 개개로 독립되어 있지만 그 내용은 거래조건을 균일화하여 다수결 원리나 안분분배 원칙에 따라 정하는 것으로 대주의 통일행동을 확보하는 내용으로 되어 있다.

최근에서는 국내시장에서도 신디케이트론이 많이 활용되고 이것과 더불어 주목도도 점점 높아지고 있다. 선행하는 영미에서는 국내외 금융에서 신디케이트론이 활발히 행해지고(1차 시장), 그것이 국제적으로 전매(轉賣)되는 2차 시장도 활성화되어 있다. 영국의 LMA(Loan Market Association)나 미국의 LSTA(Loan Syndications and Trading Association)에 의한 표준계약이 폭넓게 국제적으로 사용되고 재판 사례도 많다.

먼저, A국의 차주 기업 X가 B국의 대주은행 Y에게 백만 달러의 융자

상담을 하여 신디케이트론을 구성하는 것으로 한다. Y는 타 금융기관에 대하여 융자개요나 X의 재무상황을 나타낸 자료(information memo)를 제시하여 융자 참가자를 모집하고 이것에 응한 은행 P와 은행 Q는 은행 Y와 함께 신디케이트단(협조융자단)을 구성하고 유로시장에서 자금조달을 하여 Y는 40억 달러, P는 30억 달러, Q는 30억 달러를 X에게 대부하는 것으로 한다.

② 어레인저(arranger)

각각의 론계약은 법적으로는 별개로 성립하지만 융자조건은 동일 내용으로 통일되고 대주 사이의 수익·채권의 분배는 대부금액의 비율에 따라 안분(pro rata)하고, 대주 의견이 나누어진 경우에는 다수결 원칙에 따르게 된다. 융자가 실행될 때까지의 사이에 Y는 신디케이트단의 간사로서 information memo의 작성, 참가 금융기관의 모집, 할당조정, 통일 계약서 작성, 조정 등의 업무(어레인지 업무)를 행하는데, 이와 같은 자를 어레인저(arranger)라고 부른다. 대주와 차주는 쌍방 모두 상거래의 프로인 이른바 상인이므로 계약자유의 원칙이 광범위하게 인정되고, 그 법률관계는 신디케이트론계약서에 기초한다.

그러면 어레인저로서의 Y는 어떠한가? 어레인저 Y는 차주 X에 대하여서는 위임 또는 준위임 계약 관계에 있기 때문에, Y가 만연히 행동하여 신디케이트단이 기능하지 않게 된 경우 등에는 선관주의(善管注意) 의무를 진다.

한편, 어레인저 Y는 대주 P나 Q와의 관계에서는 계약관계가 없고 인포메이션 메모에서도 면책을 명기하고 있으므로 P나 Q의 자기책임이 원칙이다. 그러나 Y가 전혀 책임을 지지 않는 것은 아니고, 재판 예를 보면 Y가 차주 X의 중요한 신용정보를 P나 Q에 완전히 제공하지 않은 결과 손해를 준 경우, 영미법에서는 fiduciary duty(신인, 信認의무)에 기초하여 일본법에서는 불법행위 책임(신의칙상 의무 위반)에 기초하여, 정보제공의무 위반을 인정한 예가 있다. 즉 영국 법원 재판례인 UBAF Ltd v. European American Banking Corporation 1984 QB 713, 728(Court of Appeal) 은 어레인저에게 많은 의무를 인정했다.

그러나 영국 내에서는 선례성을 의문시하는 견해가 유력하다. 그 후 선례적 가치를 갖는 영국법의 판례로서 IFE Fund SA v Goldman Sachs International 2007, EWCA Civ 811이 등장하고 계약책임 이외의 책임을 지지 않는다는 원칙을 분명히 하였다. 이 판결에서는 예외적으로, 예를 들면 어레인저가 초빙한 금융기관에 당초 제공한 정보가 미스리딩하다는 정도의 새로운 정보를 얻었다는 인식을 하면서 여전히 다른 대주에게 정보제공을 하지 않는 경우에는 성실(good faith)의무 위반이 된다고 하고 있다.

한편 미국 뉴욕주 판례에 있어서도 계약자유의 원칙이 존중되고 일방 당사자가 타방 당사자보다 더 압도적인 지식을 갖고 있는 상황에서는 타방 당사자가 잘못 알고 있는 지식에 기초하여 행동하고 있는 것을 안 경우에는 정보개시의무가 생긴다(Bank of America NA v. Bear Stearns Asset Management, 669 F.Supp.2d 339, SDNY 2013)라고 하지만 그 입증은 쉽지 않다.

일본에서도 대주는 프로들이므로 기본적으로는 계약자유의 원칙이 광범위하게 적용되지만 최고재 평성 2 4 · 1 1 · 2 7. 제3 소법정판결(판례시보2 175호 75페이지)은 어레인저 책임을 인정했다. 즉 어레인저(지방은행)가 초빙한 신디케이트론에 참가자(신용금고 2, 지방은행 1)에 대하여 당초 제공한 정보가 미스리딩하게 될 정도의 차주에 대한 회계분식정보를 얻었음에도 불구하고 참가자에게 전달하지 않았기 때문에 대부금의 회수가 불가능하여 손해를 입은 참가자가 어레인저를 상대로 소를 제기한 사안에서, 어레인저에게 신의칙상에 정보제공 의무 위반을 인정하고 손해배상책임을 지웠다.

또한 JSLA 행위규범에서는 어레인저는 차입인의 의향에 따라 단지 정보를 전달하는 정도의 주체로 자리매김하여 초빙한 참가자에 대하여 책임을 지지 아니하는 것으로 하고 있지만, 본 판결은 본 사안과 같은 악질적인 경우에 한하여, 그 규범의 문언 이상의 책임을 지운 것으로 신디케이트론 시장에 거래안전을 해치는 것이 아니라 오히려 건전한 발전에 이바지하는 점으로 긍정적인 평가가 가능하다고 한다.[117]

### ③ 에이전트(Agent)

그 후 융자가 실행되면 Y는 통상은 신디케이트단의 대리인으로서 X에 대하여 P나 Q의 창구가 되어, 융자 실행 후 X의 원리금 수불 등 사무나 X의 결산정보개시의 조력자로서의 업무(에이전트 업무)를 행하는데 이와 같은 자를 에이전트라고 부른다. 어레인저와 에이전트는 동일 은행이 맡는 것이 통례이다. 에이전트로서 Y는 어떠한 의무를 지는가?

에이전트 Y는 P나 Q에 대하여서는 위임 또는 준위임의 계약관계에 있고 선관주의 의무를 진다. 다만 그 사무 내용은 재량을 동반하지 않는 사무적 사항이 중심이고 신디케이트론계약에 명기된 범위를 초과

---

**117** 久保田 隆, 國際 ファイナンス契約基本講座, 國際商事法務, Vol.44. No. 5 (2016), p.799

하는 의무를 지는 일은 원칙적으로 하지 않는다.

그러나 재량을 동반하는 경우에는 계약상 명기되어 있지 아니한 부분에도 책임이 인정될 가능성이 있다. 예를 들면 i) 여신관리 등 모니터링 의무에 관하여 동 의무를 지지 않는다고 계약서에 명기하고 있어도 에이전트가 자발적으로 인수한 행동을 취한 경우에는 그 책임을 질 가능성이 있고, ii) 이익상반행위회피 의무에 관하여서도 계약에서 책임을 지지 아니한다는 취지를 명기한 경우에도 에이전트가 정보전달을 게을리하여 자기 채권 회수를 우선시킨 경우에 선관주의 의무를 물을 수 있는 여지가 있다.

한편 에이전트 Y는 대주의 대리인이기 때문에 차주 X와의 관계에서는 계약 관계가 없고 의무를 지지 않는다. 그러나 예를 들면 차입인 명의의 신디케이트 구좌에서의 인출업무와 같이 차입인의 수권행위이어서 대부인의 대리인으로서는 설명하기 어려운 부분은 선관주의 의무나 신의칙상 의무를 부담할 가능성이 있다.

## (2) 대출채권분할매각(Loan Participation)

이는 앞에서 설명한 단일한 차주와 대주가 있다는 점에서는 변함이 없지만. 융자액이나 여신 리스크가 커서 한 사람의 대주만으로는 감내하기 어려운 경우나 채권양도금지특약이 있는 경우, 대주의 론 채권에 관련된 경제적 이익과 리스크를 대주로부터 론 파티스페이션 참가자에게 이전시키는 계약이다. 신디케이트론과 유사한 경제적 기능을 수행하기 때문에 마찬가지로 취급되고 있는 경우도 있지만, 법적인 메커니즘은 조금 다르다는 것을 알아둘 필요가 있다.

예를 들면 A국의 차주기업 X가 B국의 대주은행 Y에게 100억 달러

융자로 국제 론계약을 체결했다고 하자. Y에게 있어서 X에 대한 100억 달러 대부는 자신만으로 충당하기에는 융자액이나 여신 리스크가 지나치게 크다. 따라서 이런 계약에는 채권양도금지특약도 있다(loan participation은 양도금지특약이 없는 경우에도 가능). 여기서 법적인 채권 채무관계는 그대로 두고 40억 달러는 자기 자금으로 융자하지만 나머지 60억 달러에 관하여서는 융자 개요나 X의 재무 상황을 나타낸 자료를 제시하여 융자 참가자를 모집하게 되는데, 여기에 은행 P와 은행 Q가 각 30억 달러를 대부하게 된다.

신디케이트론과는 달리 P나 Q는 X에 대한 채권자가 아니다. 그러나 X로부터 Y에 대하여 원리금이 반제(返濟)되면 Y를 통하여 P나 Q에게도 융자 비율에 따른 원리금 반제가 이루어진다. 따라서 경제적인 기능은 신디케이트론과 아주 유사하지만 법적 관계는 다르고 앞에서 언급한 단수의 차주와 대주 사이의 기본적인 론계약과 마찬가지가 된다.

### (3) 사채와 증권화

론 파티스페이션은 Y의 X에 대한 론 채권을 다른 사람에게 유통시켜(유동화라고 한다) Y의 신용 리스크를 P나 Q에 이전하는 경제효과를 갖지만, 이것과 마찬가지 효과를 갖는 것에는 사채(bond)나 증권화(securitization)가 있다.

#### ① 사채

먼저, 사채는 이미 국내시장에서 론과 마찬가지 기능을 하고 있는데, 대주가 복수 존재하고 단일의 차주에게 자금 제공을 하는 점이나 전전유통하는 것으로 유동성이 극단적으로 높은 점에서 론 파티스페이션과 유사한 기능을 수행하고 있다.

외채(外債, 외국채권)라고 하면 채권의 발행시장, 발행체의 국적,이자지
급이나 상환에 쓰이는 통화 중 어느 하나라도 국내 통화가 아닌 채권
을 가리키고 구체적으로는 비거주자(외국기업, 외국정부, 국제기관)가 국내
시장에서 발행하는 원화표시채권으로 아리랑 본드,[118] 비거주자가 국
내 시장에서 발행하는 외화표시채권으로 김치본드, 비거주자 · 거주자
관계없이 유로시장 및 해외시장에서 발행하는 채권으로 외화표시채권
이 이에 해당한다. 또한 세계의 주요 채권 시장인 미국, 유럽, 아시아
에 있어서 둘 이상의 시장에서 동시에 발행, 모집할 때의 채권을 글로
벌 본드(global bond)라고 부른다. 원본에 지급이자 지불 상환 등을 단일
통화로 하지 아니하고 서로 다른 통화로 하는 이중통화채(dual currency
bond)라고 한다.


② 증권화

A국의 차주기업 X에 대하여 론 채권 a를 가진 B국의 대주(貸主)은행
Y(원채권자 또는 originator)가 이 채권 a를 매각하여 자금을 조달하는 케이
스를 상정하자. 먼저 특수목적 회사(SPC, special purpose company)라고 부
르는 페이퍼컴퍼니를 설립한다. 다음으로 Y는 Z에 a를 채권양도하고,
Z는 a와 균형을 맞추어 유가증권(사채 · 주식)을 발행하고 이것을 투자가
인 P, Q가 구입한다. 그러면 P, Q가 Z에 지불한 유가증권의 원본 대금

---

**118** 미국의 경우, 이에 해당되는 것이 양키 본드(Yankee bond)이다. 일본의 경우, 우리의
아리랑 본드에 대응하는 것을 사무라이 본드, 쇼군 본드에 대응하는 것을 김치본드, 비
거주자, 거주자에 관계없이 유로시장에서 발행하는 엔화채권은 유로 본드라고 한다.

은 Z가 Y에 지불하는 채권양도 대가에 충당되고, 차주 X의 이자지급 부분은 Z로부터 P, Q에 대한 유가증권의 이자지불분으로 지급되므로 cash flow가 막힘없이 순환한다. 이처럼 증권화의 대상으로 되는 자산(원자산)이 낳는 cash flow를 뒷받침으로하여 유가증권을 발행하여 채권유동화나 자금조달을 실현하는 방법을 증권화라고 부른다.

a가 우량채권(대손 등의 신용 리스크가 낮은 채권)인 경우, Z는 통상의 사채를 발행하고, 그것을 리스크 회피적 투자자가 구입한다. Z가 발행하는 사채의 신용등급(예 AAA)은 Y가 발행한 경우에 등급(예 A)보다도 통상 높게 되므로, 사채의 연이율을 낮추게 하는 장점이 있다. 예를 들면, A의 Y는 연리 3%가 아니면 시장유통성 있는 사채를 발행할 수 없지만 AAA의 Z라면 연리 1%로 발행할 수 있는 사태가 생길 수 있다.

한편 a가 불량채권(도산 등 신용 리스크 높은 채권)인 경우, Z는 주식 또는 신용 리스크를 감안한 원본 액면가액을 낮춘 사채(예를 들면 도산 가능성이 50% 있는 액면 100의 채권을 액면 50의 채권으로 한다)를 발행하여 그 리스크를 선호하는 투자자가 구입한다.

증권화는 원자산의 신용력이 유지되는 것을 전제로 하여 기능하기 때문에 증권화를 조성하는 경우에는, originator(원자산 보유자)나 기타의 거래 관계자의 도산에 의하여 원자산이 영향을 받지 않도록 하는 것(도산 격리, bankruptcy remoteness)이 무엇보다도 중요하다. 예를 들면, originator에서 SPC로 원자산의 양도가 진정한 매매(true sale)라고 인정되어, 관재인이나 법원이 양도자산을 SPC의 자산으로서 취급하게 하는 대책 및 원자산의 양도가 도산법상 부인권(否認權) 등의 행사 대상이 되지 않도록 하는 대책이 계약서 작성시 중요하다.

증권화에는 유리한 자금조달이나 신용 리스크의 이전 등의 장점도 있지만, 은행이 originator인 경우는 신용 리스크 등을 가미한 일정 이상의 자기자본비율(자기자본÷총자산)을 요구하는 국제적 규제(BIS규제) 와의 관계에서, 증권화 하면 총자산을 압축하여 비율 향상에 연결되는 것이 가능하므로 빈번히 행해진다. 주택저당증권(MBS, mortgage backed securities)나 부채담보부증권(負債擔保附證券, CDO, collateralized debt obligation)이라고 하는 신종 증권화 상품이 발달하고, 사채의 디폴트(지불불능) 리스크를 커버하는 금융파생상품인 신용부도스와프 (부도가 발생하여 채권이나 대출원리금을 돌려 받지 못할 위험에 대비한 신용파생상품, CDS, credit default swap) 거래도 빈번히 행하여지고 있다. 신용평가회사도 이러한 금융상품에 실태 이상으로 높은 평가를 부여한 결과 투자스리크가 눈에 띄지 않게 되었고, 아니나 다를까 2007년경부터 연이어 세계 금융위기를 불러일으킨 원인(물론 BIS 규제의 불비도 원인의 하나로 지적된다)의 하나로 되었다. 하나의 도구 혹은 수단에 지나지 않는 증권화 자체에 선악이 없는 것이지만, 적어도 투자가에게 리스크가 보이도록 하는 것이 무엇보다도 중요하다. [119]

### (4) 프로젝트 파이낸스

융자 대상이 기업(융자 대상으로 되는 프로젝트 이외에도 여러 형태의 프로젝트에 종사)이 아니고, 수 개의 기업이 사업주체(sponsor)로서 출자한 특정 프로젝트(전형적으로는 사업회사)가 되는 것이 프로젝트 파이낸싱이다.

Project finance는 석유화학 공장건설, 가스 채굴, 발전소 건설, 항만 등을 인프라 건설 등 특정 프로젝트에 대한 대부(통상 10년이지만 10년

---

**119** 久保田 隆, 위 책 p. 801

초과의 장기의 것도 있다)를 가리키고 그 반제(返濟) 재원은 대상이 되는 project에서 나오는 cash flow로 한정되고, 담보도 해당 프로젝트 자산(프로젝트 실시에 동반하는 계약상의 모든 권리를 포함한다)에 한정되어 있다. 그 결과 sponsor는 보증이 불필요하고 장기차입이 가능하여 리스크를 경감할 수 있다는 장점이 있는 반면, 협상이나 문서작성에 많은 시간과 비용이 들고, 사업수익의 분배는 대부은행에 열후(劣後)한다. 대부은행은 기업금융보다 수익이나 수수료 수입이 높고 사업수익으로 우선 변제를 받을 수 있다.

또한 Cash flow가 아니라 project의 sponsor와 은행 간의 리스크 분담에 착목한 정의도 있다. 이에 의하면, 프로젝트 운영에 관련되는 다양한 리스크(원료가격의 변동, 경영악화, 현지 정부에 의한 접수 등)를 sponsor와 은행이 부담에 합의하고, 만약 운영이 실패하더라도 은행은 sponsor에게 대부금액을 전적으로 소구(遡求)하지 아니하는 non-recourse finance, 일정한 경우에 한정하여 소구하지 아니하는 limited recourse finance 대부로 정의될 수 있다. 여기서 corporate finance와의 상이점을 표로 나타내면 아래와 같다.

| | 프로젝트 파이낸싱 | Corporate finance |
|---|---|---|
| 대부대상 | 특정프로젝트 | 기업 전체 |
| 반제재원 | 특정프로젝트에서 생긴 수익 | 기업 전체의 수익 |
| 담보, 심사 대상 | 특정프로젝트 자산에 한정 | 기업활동 전체 |
| 소구(遡求) 대상 | 특정프로젝트에 한정 | 기업 전체에 대하여 소구 |

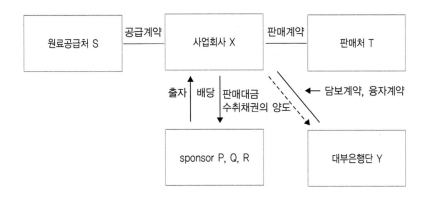

A국에 액화천연가스(LNG) 제조공장을 건설한다고 하자. sponsor로서 수 개의 회사(P, Q, R)가 출자한 합작사업회사 X를 설립하고, 원료공급처인 S사와는 원료공급계약을, 제품판매처인 T사와 판매계약을 맺고, X의 신청에 의하여 A국 정부는 X에게 공장건설 등의 인허가를 주고, 필요한 인프라(공장부지 정비, 도로건설 등)를 정비했다. 공장건설을 위하여 X는 건설회사 U사와 건설계약을, 리스크 대책으로 보험회사 V사와 보험계약을 체결했다. 프로젝트 파이낸스에서는 거액의 자금을 조달하기 위하여 신디케이트론을 조성하는 것이 통례이지만, 본 건에서는 신디케이트단 Y(수 개의 대부은행)가 필요자금을 융자하고, 그 대가로는 X는 Y에게 자산 전부를 담보로 제공하였다. 또한 sponsor인 P, Q, R은 융자의 책임을 지지 않는 것이 원칙이지만, 일정 조건하에 부족자금의 보전(補塡)보증을 약속하였다.

이에 더하여, Y는 여신 리스크에 대한 일련의 경감책으로서, ① sponsor인 P, Q, R에 공사 완성보증(completion guarantee)를 요구하고 (Y의 리스크 기간을 공사 완성 후로 한정) ② 국제금융공사 등의 공적(公的) 대출, 보증·보험, 리스를 활용하고(Y의 리스크 양을 한정), ③ 프로젝트의 순조로운 운영을 감시하고, X의 공급처 S와 판매처 T사에 일정가격으로 장기계약을 요구하고, S가 원료를 공급할 수 없는 경우에는 프로젝트가 입게 되는 손실을 보전시키고, 제품에 인수보증이나 매도자로부터 제품의 수령 유무에 상관없이 매입자가 일정금액을 지불한다는 내용의 의무인수계약(take-or-pay contract, 프로젝트의 최종 상품이나 서비스에 대한 최종 구매자가 당해 상품 또는 서비스의 실질적인 제공 여부에 불문하고 무조건적인 구매를 보증하는 계약)을 T와 X간에 체결시켜(여신 대상의 감시), ④ X로부터 판매대금 수취채권의 양도를 받아 T로부터 X로의 입금을 에스크로 계정(신탁 계정)을 설정하여 Y에의 원리금 지불을 X에게 지불(나아가서는 sponsor에의 배당)하는 것보다 우선시켰다.

신디케이트론의 은행단인 Y에 착목하여 일련의 절차를 보면 다음과 같다.

① 먼저 간사 은행이 사업 및 투자기회설명자료(information memorandum, 론 조건 프로젝트 개요 등을 기재한 설명 문서)를 작성 배포하여 신디케이트단의 참가은행을 모집하고, ② 어레인저를 선정하여, 신디케이트단을 조성하는 회의를 소집하고, ③ 대상 프로젝트 리스크 조사, 평가(due diligence)와 융자조건을 협상을 하고, ④ 계약서 작성 및 체결한다. 그 후로 ⑤ 신디케이트론이 실행되고, ⑥ 프로젝트 완성(본 선례에서는 공장 완성)으로부터 원리금의 완제일에 이르기까지는 에어전트가 프로젝트 운영을 관리하게 된다.

한편, 프로젝트 파이낸스와 함께 상환자산을 프로젝트 수입에 한정한 채권인 프로젝트 본드(project bond)를 사업회사 X가 발행하고(융자조건은 은행 론과 대체로 일치), 투자신탁 펀드 등 기관투자가에게 구입하게 하는 일도 흔하다. 이 project bond는 ① 은행 론(통상 10년 정도)보다도 장기(30년 정도) 발행이 가능하고, ② 은행 론이 서약조항에서 과하는 재무적 제한 등에 비추어 조건이 완화된 점에서 사업 회사에 유리한 면이 있지만, 전매 가능하여 보유자(채권자)가 빈번히 교체되므로 은행단의 채권보전에 영향이 있다.

이러한 점 때문에 은행단은 ① 융자조건의 변경이나 차입인의 의무면책 결정을 채권자의 다수결에 따르게 하는 조항(majority rule)를 삽입시켜 필요한 의결권을 확보하고, ② 동 본드 보유자를 대표하는 사무간사를 은행단에서 선출하여 채권보전상 필요한 권한을 확보하고, ③ 은행 론의 융자계약서에 i) 사업회사가 동 본드를 발행하는 경우에는, 발행으로 받은 금액이 전액 사용된 후 에야 비로소 은행 론의 인출이 가능하다는 것과, 최초 인출 시 그 대금이 약속대로 건설자금에 사용됐다는 증명을 제출할 것을 의무화하고, ii) 은행 론의 최초 인출 이후에 동 본드가 발행되는 경우에는, 그 대금을 에스크로 계정에 입금시켜 사업 회사가 자유롭게 인출할 수 없도록 하는 것에 노력한다.

## 2) 융자계약서의 주요 조항

프로젝트 파이낸스에는 다양한 계약이 한데 묶여 있다. ① 융자계약, 외환예약, 공적(公的) 보증·보험 등 파이낸스 계약 이외에 ② 담보관련 계약(부동산·동산 담보, 판매대금 수령 채권의 양도, 보험 청구권의 양도 등), ③ 제3자의 지원에 관한 계약(완성보증, 프로젝트 소재국의 인허가 등), ④ 프로젝트 사업에 관한 계약(합작계약, 건설계약, 원료 공급계약, 판매계약, 운송계약, 라이선스계약, 고용계약 등)이 그렇다. 이 중에서 중요한 융자계약서에 있어서 프로젝트 파이낸스에 특유한 조항(신디케이트론을 포함)에 국한하여 본다.

## (1) 프로젝트 파이낸스에 특유의 조항

### ① 대출실행의 선행조건

통상 국제 론 조항에 더하여, ① 프로젝트 사업 회사가 sponsor의 주주간 협정에 의하여 설립되어 융자 계약에 따라 차입할 능력이 있고, ② 당국의 인허가가 완료되어야 한다는 조건이 부가되어 거기에 관한 증명서류의 제출이 요구된다.

### ② 금리조항

"은행조달비용(US 달러 표시라면 LIBOR인 경우가 많다)+대출이윤(margin) $\alpha$" 로 결정되어 $\alpha$는 프로젝트 공사 완성전에는 공사 완성 보증이 있기 때문에 낮게, 완성 후에는 높게 설정되는 경우가 많다.

### ③ 변제조건

프로젝트는 공사 완성 전에는 현금흐름(cash flow)이 생기지 아니하고, 완성 후에도 가동하여 충분한 cash-flow가 생길 때까지는 시간이 걸리는 게 보통이므로, 변제 스케줄 기간이 경과함에 따라 변제할 액수가 늘어나는 경우가 많다. 프로젝트가 예상 이상으로 성공하여 잉여 cash flow가 생기는 경우, 그것을 차입인에게 전부 변제하지 아니하고, 일부 대부금의 기한 전 변제에 충당시키고 있다.

### ④ 현금흐름(cash flow)

융자의 반제(返濟) 자원은 프로젝트가 낳는 cash flow로 거의 한정되어 있기 때문에, ① 차주에게 cash flow 계획의 작성을 의무화하여 정기적으로 제출시키고, ② 입금관리를 위하여 프로젝트 계정(수탁자 명의의 신탁계좌가 가장 바람직하지만, 차입인 명의의 계좌에 담보권을 설정하는 경우도 있다)을 설정하고, ③ 입금의 지불순서를 정하는 등 세밀한 규정이 마련된다.

⑤ 진술보증

앞에서 적은 일반적인 진술 이외에, ① 프로젝트 관련 서류가 정식으로 작성되어 법적 구속력을 갖는다는 것, ② 프로젝트에 필요한 당국의 인허가를 취득하였다는 것, ③ 프로젝트의 cash flow 예측이 주의 깊게 이루어져 최신 정보를 반영하고 있다는 것, ④ 프로젝트의 진척보고 progress report 등이 정확한 정보에 의거하여 작성되고 있다는 것, ⑤ 차입인이나 관련 당사자의 채무불이행이 없다고 하는 것을 진술보증한다.

⑥ 서약(작위/부작위 서약)

앞에서 설명한 서약에 더하여 프로젝트에 관하여서도 작위서약으로서, ① cash flow 예측표 작성, ③ 프로젝트 시설의 건설 완성, ③ progress report 제출, ④ 건설비용의 지불 인허가의 취득·유지, ⑤ 프로젝트 유지·운영, ⑥ 중대한 사실의 보고, ⑦ 대주가 지정하는 기술자에 의한 입회검사의 용인, ⑧ 프로젝트 운영자금은 차주의 책임으로 조달할 것 등이 부과되고, 부작위 서약으로서 ① 프로젝트 포기 금지, ② 관련 계약의 유지, ③ 재무제한조항(차입재산의 처분제한, 담보제공 금지, 투자금지, 출자비율 변경금지, 재무비율 제한, 배당제한), ④ 타업종 진출금지 의무가 주어진다.

⑦ 채무불이행 조항

앞에서 설명한 채무불이행 조항에 더하여 프로젝트의 포기, 중단, sponsor의 의무위반이나 파산, 진술보증 위반, 서약 위반, ratio(재무비율) 위반이 있다. 자주 이용되는 ratio에는, ① DER(debt-equity ratio : 차입잔고÷불입자본금. 일정 비율 이상이 되면 대주가 차주에게 자본금 추가불입을 요구), ② DSCR(debt service coverage ratio : 일정 기간 동안의 cash flow÷같은 기간의 원리금 지불액. 일정 비율 이하로 되면 채무불이행), ③ LLCR(loan life coverage ratio : 원리금 반제전(返濟前) cash flow의 현재가치 합계액÷대출잔고. 일정 비율 이하로 되면 채무불이행)이 있다.

## (2) 신디케이트론에 관한 조항

신디케이트론(협조융자)에서는 신디케이트단의 대리인으로서 에이전트(사무간사)가 지명되어 융자계약서가 정한 바에 따라, ① 자금의 수령과 지불(대부금은 에이전트 계정을 통하여 차입인 계좌에 이체되고, 반제금도 에이전트 계정을 통하여 각 협조융자 참가은행에 지불된다), ② 금리의 결정(계약 규정에 따라 시장의 대표적 은행인 수 개 은행이 제시하는 금리의 평균치로 기계적으로 결정), ③ 정보의 전달(참가은행에 대하여 차주가 제출하는 증명서를 전달하고, 채무불이행 사유에 해당하는 경우에는 이를 통지) 등과 같은 재량여지가 거의 없는 사무처리 이외에, ④ 채무불이행 여부의 판단이라고 하는 약간의 판단 업무를 행한다.

위 업무 중, 자금 수령과 지불에 관하여는 ① 참가은행으로부터의 입금 후, 차입인에의 송금 전에 에이전트가 도산하는 경우에 대비하여 에이전트 계정을 신탁구좌로 하거나, 신탁계정이 아니더라도 보호되는 법제(영국법) 아래 에이전트를 두거나 하고, ② 참가은행으로부터 입금 전에 에이전트가 차주에게 대신하여 지급하였지만, 결국 참가은행이 입금하지 아니한 경우에, 차주는 에이전트에게 위 입체금을 반환하게 하는 clawback 조항, ③ 차주의 반제금이 부족한 경우, 참가은행에게는 융자금액의 비율에 상응한 변제를 한다는 pro rata 조항, ④ 상계 등으로 하나의 참가은행의 대부액이 감액된 경우, 감액분은 참가 각 은행의 지분에 따라 반제된 것으로 간주하는 sharing 조항을 두는 대책이 채택되고 있다.

금리에 관하여는, 시장 혼란 시에는 대체금리를 정할 필요가 있지만, 에이전트는 신디케이트단의 다수의견을 기초로, 대주은행의 대리인으로서 차주와 협상한다. 한편, 정보전달에 관하여는, 차주의 어떠한 문서에도 에이전트는 책임을 지지 않는다는 취지의 면책 조항을 두는 경우가 통상이고, ① 대부의 선행조건으로 되는 인허가 등의 사본의 진위나 각종 증명서의 내용 점검은 에이전트가 행하지 아니하고, 참가은행의 자기책임이다. ② 서약조항의 ratio 위반을 에이전트가 간과한 경우에도 에이전트는 책임을 지지 아니하고, ratio의 체크는 참가은행의 자기 책임으로 해석되고 있다(다만, 서약조항 위반은 통상은 채무불이행 사유이므로, ratio 위반을 발견한 단계에서 에이전트의 통지의무가 발생한다).[120]

또한, 채무불이행 사유가 생긴 때에 채무불이행 선언을 할 것인가 여부는, 융자계약에 따라 신디케이트단의 다수(또는 2/3이상의 다수)의 의사에 에이전트는 따르지만, 의사결정을 기다릴 수 없는 긴급한 상황에서는, 에이전트는 신디케이트단의 최대 이익을 위하여 스스로 판단하

---

**120** 久保田 隆, 전게 논문, 國際商事法務 vol. 44. No. 5.(2016) P. 804

여 채무불이행 선언을 결정할 수 있고, 모든 참가은행은 여기에 구속된다는 취지가 계약서에 규정된다. 여기서 긴급사태에 에이전트의 재량권 행사가 전체 이익보다도 자신의 이익을 우선시킨 사실이 만약 입증된 경우에는(다만, 입증은 쉽지 않다), 설령 agent가 이익충돌회피(利益衝突回避)의무를 지지 않는다는 취지의 계약조항이 있다고 하더라도, 선관주의 의무 위반을 물을 수 있는 여지는 여전히 남는다.

# XIII. 해외M&A

## 1. 들어가며

기업매수 절차는 여러 과정을 거쳐서 이루어진다. 매수계약에 이르는 과정은 매수교섭을 시작으로 클로징(Closing)으로 종결되게 되는데, 그 사이에 예비실사 ▷ 기본합의서 ▷ 비밀유지계약 ▷ 본실사/정밀실사 ▷ 조건교섭 ▷ 매수계약의 체결 과정이 있게 된다. 이 중 다시 매수 계약 체결 후의 과정을 좀 상세히 살펴보면, 매수계약의 체결 ▷ 전제조건의 실행을 포함한 정밀실사 ▷ 에스크로 설정과 클로징 조건 ▷ 클로징의 실행으로 되어 있다.[121]

한편, 기업매수를 매수 대상물을 중심으로 보면, 매수 대상회사의 일정한 사업이나 자산의 전부 또는 일부를 구입하는 방법과 매수 대상회사의 주식을 구입하는 방법이 있다. 위 양자는 나름대로의 특성이 있기 때문에 어떤 목적으로 기업매수를 실행하는 것인가[122] 및 매수 후에 기업경영 등을 고려하여 가장 적절한 매수 방식을 결정하게 된다. 물론 어떤 방식을 취할 것인지에 관하여는 당사자간의 합의가 필요한 것은 말을 나위가 없다.

구체적인 매수방법에 들어가기 전에 매수과정을 간략히 본다.

---

**121** 河村寬治, 海外M&Aに伴う 問題, 國際商事法務 41.6 (2013) 이하 참조

주식을 대상으로 한 기업매수와는 달리 영업양도나 사업양도는 양도 대상의 대부분이 자신을 중심으로 하는 양도이기 때문에, 매수 대상자산의 선택이 가능하다고 하는 장점이 있다. 또한 불량 재고, 등급 불량 자산의 인수를 피할 수 있는 것도 가능하고, 매수교섭 과정에서 인수자산을 특정하는 것이 가능하기 때문에 그에 의하여 자산마다의 평가를 할 수 있어, 매수가격의 산정이 용이하다. 물론 영업 혹은 사업 전체로서의 가치도 고려하지 않으면 안 된다.

또한, 영업이나 사업에 관련된 일정한 채무도 승계하게 되지만, 그 경우에도 양수하는 영업이나 사업에 필요한 채무만을 승계하는 것이 가능하기 때문에 예측할 수 없는 우발채무를 떠안게 되는 리스크를 회피할 수 있다. 이러한 장점에 대하여, 단점으로서는 양도 대상 자산의 선별 및 승계채무의 대상과 관련하여, 양도기업과의 매수조건, 특히 가격 교섭에서 곤란이 예상된다는 점이다. 또한 인수 자산이나 부채가 특정되기 때문에 자산마다, 예를 들면 부동산, 동산, 기타 권리나 의무

---

**122** 기업매수가 성공을 거두려면, 매수절차 자체가 원만히 진행되어야 함은 물론이고, 매수 후 기업의 경영이나 운영도 원활히 되어야 할 필요가 있다. 그를 위해서는 매수목적을 명확히 하는 것이 대단히 중요하다. 그 목적에는 해외진출을 위한 목적이라면, 그것이 기업의 국제화를 추진한다고 하는 의미인지, 시장점유율의 확대를 도모할 것인지, 아니면 보다 수익성이 높은 분야를 목표를 할 것인지, 생산 코스트를 낮출 것을 목표로 할 것인지, 핵심사업을 강화할 것인지? 신규분야를 포함한 사업의 다각화를 도모할 것인지, 국제적 분업체제를 구축할 것인지, 국제적인 경쟁력을 강화할 것인지, 새로운 기술이나 인재를 획득할 것인지, 과잉생산설비의 폐기와 합리화를 도모할 것인지, 등 다양한 목적이 있을 수 있다. 그 목적을 명확히 해두면 매도인 측의 매각목적에 맞출 수 있게 되고, 자연히 매수교섭도 성공리에 쉽게 이루어질 수 있고, 그 목적이 명확하지 아니하면, 나중에 철수의 타이밍도 놓치게 되어 손실을 피할 수 없게 되는 경우도 생기기 쉽다. 河村寬治, 위 논문, 國際商事法務 41.6 (2013), p.951

이전절차가 각각의 종류에 따라 필요하게 된다.

기업매수 계약을 생각하는 경우에는 주식매수방식으로 할 것인지 아니면 자산매수방식으로 할 것인지 비교 검토할 필요가 있다. 또한 세무상으로는 자산매수방식으로는 기업 그 자체가 양도되지 않기 때문에 양도기업이 갖는 세무상 이월결손금 등의 승계가 불가능하다. 하지만 어떻든 세무상의 장단점도 검토할 필요가 있다.

## 2. 매수방식

### (1) 주식매수방식

주식구입 방식으로 기업을 매수하는 것이 절차상으로는 간단하다고 하지만, 회사의 모든 자산과 채무를 승계하기 때문에 사전에 회사의 부채 등이 모두 밝혀진 경우에는 별론으로 하고, 그것이 불명한 경우 혹은 장부 등에 나타나 있지 않는 채무가 존재하는 경우는, 매수 후에 불측의 채무를 떠안게 되는 리스크가 있다. 또한 이 방식은 매수 대상 기업의 주주와의 사이에서 매수계약을 체결하는 것이기 때문에 그 대가는 주주에게 지급된다. 따라서 그 대가는 대상 기업의 자산계정에는 영향을 미치지 않기 때문에 매수자금을 매수 대상 기업에서 이용할 수 없다고 하는 점이 특징이다.

### (2) 사업(자산)매수방식

주식매수방식의 리스크를 피하기 위하여 대상 회사의 자산만을 혹은 일정한 사업의 양도를 받는 방법으로 기업을 매수하는 경우에는 이것은 일반적으로 사업(영업)양도라고 말한다. 이 방식은 매수 대상 회사가 매수계약의 상대방이 되고, 또한 양도대가도 대상기업에 지불되기 때문에, 향후 회사로서는 그 양도 대가를 남겨진 사업을 위하여 이용할 수 있게 된다. 한편, 일반적으로는 사업의 계속 중에 자산이나 부채의 특정은 그 타이밍을 포함하여 쉬운 일이 아니다. 이러한 것을 매매계약에서 어떻게 해결할 것인가 하는 점은 매수계약에서 서 중요한 포인트가 되기 때문에 아래에서 보기로 한다.

## 3. 구체적 조항례

여기서는 일부 사업(영업)의 양수라고 하는 사업양도, 즉 일정한 자산의 양도 및 관련 부채 인수 방식을 취하고 있는 것을 전제로 한 사례를 보기로 한다. 일반적으로 조항의 구성으로서는 기본적으로는 아래와 같다. ① 자산과 부채의 특정과 양도·승계의 합의, ② 자산 양도와 부채의 인수, ③ 양도대가와 지불, ④ 종업원에 대한 규정, ⑤ Due Diligence, ⑥ 인도실행 전 거래의 처리, ⑦ 진술·보증, ⑧ 경업피지의무, ⑨ 보상, ⑩ 인도 전제조건, ⑪ 인도 실행, ⑫ 일반조항.

아래에서는 이 중 중요한 조항에 관하여 본다.

### ① 자산의 특정과 양도합의

Assets

Subject to the terms and conditions set for in this Agreement, Seller agrees to sell, convey, transfer, assign, and deliver to Buyer, and Buyer agrees to purchase and accept the transfer, assignment and delivery of, from Seller, those certain assets of the B Business Division, including those assets identified on Exhibit A attached hereto and incorporated herein, and all other assets of every kind whether tangible, intangible, real, personal or mixed and whether located in the principal place of business of Seller or in the Territory which may be required to maintain and continue the business of the Division and necessary to use and exploitation thereof, including ,without limitation, all of the following:

(a) All trademarks, and service marks for the purpose of marketing and/or manufacturing products, including such marks based upon worlds incorporating the words "B Business" and logos, graphic images and the like, which include all registrations of any such B Business Marks in any jurisdiction of the Territory throughout the world;

(b) All production equipment and machinery related to the manufacture of the Products (hereinafter referred to as the "Production Equipment"), including, without limitation, the equipment identified on Exhibit A attached hereto and Incorporated herein, such Production Equipment to be sold on an "as-is" basis;

(c) All patents, design patents, and inventor's certificates, know-how, trade secrets, and any other rights of any kind whatsoever in intellectual and/or industrial property ;

(d) All licenses, permits, governmental authorization and/ or approvals necessary for the operation of the B Business Division;

(e) All rights of Seller under any and/or all Agreements related to or concerning the manufacture and/or marketing of the Products, including sale, purchase,, sales representative and/or distribution Agreements, manufacturer's warranties, products liability and other insurance contracts; and

(f) All inventory of the B Business Division, including goods in transit, and all products which Buyer desires to acquire taking into account past sales history and products obsolescence, subject to an Agreement between the parties of appropriate consideration for such inventory (the "Inventory ").

여기서는 일정한 사업에 관련되는 자산을 양도한다고 하는 취지의 합의와 동시에 그 양도 대상이 되는 자산을 특정하고 있다. 본 사례에서는 제조회사의 일부부문(B사업)의 영업을 대상으로 하여 양도하는 것을 예상하고 있기 때문에, 별도 대상자산표 등에서 대상 자산을 열거함으로써 특정하는 방법을 취하고 있다. 그 위에 대상자산표에서는 특정할 수 없는 무형자산 예를 들면 지적재산권 등은 상기와 같이 그 내용의 개략을 표시하는 것으로 특정하는 방법을 강구하고 있다.

일반적으로는 영업을 승계하기 위하여는 이용되고 있는 상표나 특허 등 지적재산권, 제조에 필요한 기구류, 영업이나 제조에 필요한 면허, 라이선스 등 거래의 원활한 이행에 필요한 거래조건 등을 포함한 거래처에 대한 정보나 영업 계속에 필요한 각종 계약 등도 인수해야 할 자산의 대상으로 할 필요가 있다. 자산양도의 경우는 양도를 받은 다음 날부터 바로 영업을 계속해서 실행할 수 있도록 이러한 것을 빠짐없이 지정해 주는 것이 필요하지만, 사업의 계속성을 확보하기 위하여 양도 당일 이전에 일정기간 공동으로 사업을 운영하는 등 일정한 인수기간을 결정하는 것도 자주 행해지고 있다.

만약 본 사례와 같이 어떤 기업이 일정한 사업부문을 양도 대상으로 하는 경우에는 회사분할을 비교적 용이하게 할 수 있기 때문에, 양도의 대상으로 되는 사업부문만을 양도에 앞서서 먼저 별도 회사로서 분리하든가 혹은 그 이외의 부문을 먼저 분리하고 양도 대상으로 되는 영업부문만을 보유하는 독립한 기업으로서 만든 다음에 주식을 양도한다고 하는 방법도 비교적 많이 이용되고 있다.

## ② 자산의 인도

Delivery of Assets

Delivery of the Assets to be purchased by and transferred to Buyer under this Agreement shall be made by Seller to Buyer on "as it is" or "as they are" basis, at the principal place of business of Seller, and at such other locations to be designated by Buyer in the Territory. The delivery of the Production Equipment and the Inventory shall be in the same condition as when inspected by Buyer in the course of Buyer's Due Diligence. Title and risk of the Assets shall pass from Seller to Buyer at the Closing. In case there may be any Production Equipment or the Inventory which are on the way of transportation, Seller shall provide and assign to Buyer all documents which will cover and represent the title of such products (including all insurance policies) and further agrees to indemnify and hold Buyer from harmless due to any losses caused by the delay in delivery.

위 조항은 양도대상 사업 자산의 인도 조건을 정한 것이다. 인도 장소, 인도시의 상태, 일반적으로는 "현상태 그대로"라는 조건이나, 자산의 소유권 이전시기 등을 정하는 것을 목적으로 하고 있다. 또한 통상은 사업이 계속하여 운영되고 있는 상황에서 인도하는 것이므로 양도 대상 자산이나 부채를 특정할 때의 대차대조표와 실제 양도시의 대차대조표는 차이가 있기 때문에, 자산과 부채의 변화를 어떻게 반영시킬까 하는 점이 가장 곤란한 문제로 등장한다. 인도 시에 수송 중에 있는 상품 등에 관하여는 그 소유권을 매수인에게 이전시키기 위한 서류 등을 인도하는 방법을 채용하고, 만약 이러한 인도가 지연되는 등 수송 도중 발생하는 문제로 매수인에게 손해가 발생한 경우에는 그 리스크를 어느 당사자가 부담할 것인가(위 사례에서는 매도인이 부담하는 것으로 하고 있다)라는 점까지 계약서에 규정하여 두어야 한다. 이상과 같이 현실에는 매수 대상으로 되는 자산의 내용이나 그 상태를 각각 확인하는 것이 필요하고 각각 자산 상황에 따라 처리를 하기 위하여 필요한 결정을 하게 된다.

만약 매수 대상 자산의 부동산이 포함되어 있다면 부동산 소재지의 법적 양도 절차가 필요하고, 또한 동산의 경우에는 양도증서의 교환뿐만 아니고 현실적 인도절차를 행하는 것이 필요한 경우도 있다. 이런 것들은 매수 대상 기업이 속하는 나라나 지역의 법적절차에 따를 것이 필요하므로 사전에 조사해 두는 것이 바람직하다. 클로징 시까지 양도 절차가 완료되지 않는 경우에는 클로징을 연기하든가, 아니면 그것이 형식적인 절차인 경우에는 나중에 양도절차를 완료시키는 것을 조건 으로 클로징을 완료하는 경우도 있다.

③ 매매가격과 지불

Purchase Price and Payment

Subject to Section XX below, the purchase price of the Assets shall be _____Million United States Dollars ($_____) (the "Purchase Price")and shall be paid in such manner and at such time as shall be mutually agreed upon between the parties hereto; provided, however, ninety percent (90%) of the Purchase Price shall be paid by wire transfer of immediately available funds to Seller upon the Closing of the transaction contemplated by this Agreement (the "Closing"). The remaining ten percent (10%) of the Purchase Price shall be due and payable, with a right of adjustment and offset, upon expiry of the effective period of representation made by Seller, subject to completion of delivery to Buyer of the certain Assets including the Production Equipment as defined hereunder, which shall be in the same condition as when inspected and approved by Buyer.

Any and all sales and transfer taxes arising out of or imposed on the sales and transfer of the Assets by the Seller to Buyer under this Agreement shall be borne and paid by Seller, provided however that any Consumption Taxes or Value Added Taxes imposed in ＿＿upon the transition under this Agreement shall be borne by Buyer and paid by Buyer to Seller together with the payment of the Purchase Price.

본 조항은 매매가격과 지불조건을 정한 것이다. 매수가격을 결정함에 있어서 기업 가치평가가 중요하지만, 기업 재무제표라는 것은 어디까지나 과거의 실적이나 현재 자산·부채 내용이 반영되어 있을 뿐, 기업의 장래 가치 등은 반영되어 있지 않으므로 최근에는 기업의 재무제표를 기본으로 할 뿐만 아니고 장기간의 영업계획에 기초한 수익을 베이스로 하여 기업가치를 판정하는 Cash flow환원법(DCF법) 등 기업의 장래성을 평가하는 시스템이 이용되는 경우가 많아지고 있다.

물론 자산 매수방식의 경우에도 그것이 사업 양도와 같은 경우에는, 기본적으로는 기업의 평가는 같은 방법으로 행해지는 것으로 되고 그같이 결정된 매수가격은 양도 대상 자산의 각각에 할당되게 되므로, 매수 실행시에 존재하는 자산의 내용이 매수가격의 산정 근거로 된 계약시 자산내용과 상이한 사태가 생긴 경우에는, 그 결과에 따라 지불액의 조정을 행하는 것이 필요하다. 통상은 계약시의 자산 내용과 상이한 점에 대해서는 클로징까지 일정 기간을 정하여 자산·부채 확정작업을 하는 등 일정한 양도이관 기간을 설정하는 경우가 많다. 이 기간에 자산 부채 이동 상황을 보면 대체적인 사업 운영 상황을 알게 되므로, 이 같은 이행 간을 설정하는 것은 대단히 중요하다.

위 사례에서는 매수인의 리스크를 보전할 목적으로 그 가격 조정을 위하여 매매 실행시에는 매수 가격의 90%를 지불하고, 잔액은 일정 기간 경과 후에 지불한다고 하는 가격 조정을 위한 보전조치를 설정해 두고 있다. 이같이 일부 지불을 일정기간 유보하는 것은 별도 매도인 측의 진술 · 보증(Representation&Warranty)에 관하여, 매수 후에 문제가 생긴 경우에 조정을 위하여 이용되고 있다. 매수가격의 지불은 일반적으로 본 사례와 같이 현금으로 행해지게 될 것이지만 내수기업의 발행 주식에 의하여 지불되는 경우도 있다. 이것이 주식 교환으로 불리는 것이다.

본 사례에서는 소비세 등이 발생하는 경우에는 그것은 매수인이 부담하고, 그 이외의 세금이 부과되는 경우에는 매도인이 부담한다고 하는 규정을 두고 있는데, 이 같이 세금을 부담 책임을 명확히 정하는 것은 대단히 중요하다.

### ④ 부채승계

Limited Assumption of Liabilities

Any and all liabilities and obligations which may be necessary and required by Buyer for maintenance and continuance of the B Business Division after consummation of the transaction pursuant to this Agreement shall be assumed by Buyer, subject to Buyer's approval in writing, such approval being made in its sole discretion. All contracts so assumed by Buyer shall be referred to as "Approved Contracts". All payable and other obligations of Seller incurred before and still pending as of the

Closing shall be settled in full out of the Seller's proceeds received from Buyer at the Closing. It is expressly understood and agreed that Buyer shall not be liable for any of the liabilities and obligations of any kind or nature other than those specifically assumed by Buyer under this Article.

이 조항은 인수한 B사업부문의 영업을 계속하기 위하여 필요한 부채의 관하여는 매수인의 확인을 전제로 매수인이 승계할 것을 약속하고 있다. 이것은 인수한 B사업을 원활히 계속 하기 위한 것이고, 계속적으로 B사업의 영업에 관하여 거래처 등으로부터 지속적인 협력을 받을 것이 필요하기 때문에, 위 사례와 같이 인수할 부채를 특정하여 승계하는 것이 중요한 경우도 있다. 이 같이 인수하는 부채가 특정될수 있다면 매수인으로서는 리스크를 명확히 할 수 있어 예측 불가능한 채무를 인수할 리스크는 피할 수 있게 된다. 부채인수와 관련한 문제로서 계속적 거래일 경우 어느 시점에서 부채가 매도기업으로부터 매수기업으로 승계되는가 하는 문제이다.

일반적으로는 인도 실행 시, 즉 클로징 시점에서 인계가 되는 것이지만 그 시점 이전에 발생하여 미정산한 것을 어떻게 할 것인가 하는 문제가 있다. 여기서는 이에 관하여서는 종전과 같이 매도기업의 부담으로 하는 것으로 하고 있다.

또한, 위 사례에서는 계약에서 명확히 승계할 것을 약속한 채무 이외는 매수인으로서는 일체의 책임을 지지 않는다는 것을 마지막 문장에서 확인하고 있다.

⑤ 종업원에 관한 규정

Key Employees

Seller acknowledges and understands that as of the Closing, Buyer intends to employ certain key personnel who are required by Buyer in order to keep maintaining and continuing the operation of the B Business Division (such key personnel being hereinafter referred to as the "Key Employees"), provided that such Key Employees shall be decided by Buyer in consultation with Seller and the intended Key Employees and the terms and conditions of such employment can be mutually agreed upon.

승계한 B사업의 영업을 원활히 계속하기 위하여는 여기에 관련된 종업원을 계속해서 고용할 것이 요구된다. 그러나 경우에 따라서는 선별적으로 고용할 필요가 있으므로 클로징에 앞서 필요한 종업원을 특정하여 계속 고용될 것임을 관계 당사자 사이에 확인해 두는 것이 필요하다.

이를 위하여 매도기업의 동의를 얻는 일과 당해 종업원과의 고용 조건을 포함하는 사전협의를 해 두는 것이 필요하다. 그러나 국가에 따라서는 이 같은 사업 양도일 경우 종업원을 선별적으로 고용하는 것이 불가능한 경우도 있으므로, 사전에 관계 법률을 조사하여 이것을 준수할 것이 요구되는 경우도 있으므로 유의하여야 할 것이다.

⑥ Due Diligence

Commencing from the date of this Agreement until the Closing, Buyer shall be permitted to perform such due diligence related to or concerning the transactions contemplated by this Agreement as Buyer deems necessary and appropriate in its sole discretion, including with regard to Seller, the B Business Division, the books and records, past performance and reliabilities of Seller and the B Business Division, Seller's rights in and to the Assets, and all documents related to or concerning intellectual property, including employment agreements, confidentiality agreements, trademark registrations or applications, license agreements, issued patents and patent application. Notwithstanding the foregoing, Buyer shall be entitled to rely upon Seller's representations and warranties made in this Agreement.

During the course of Due Diligence:

(i) Seller shall promptly provide to Buyer all such information concerning or relating to the B Business Division and their Assets and Liabilities as Buyer may reasonably request;

(ii) Reasonably promptly upon Buyer's request, Seller shall make available for inspection by Buyer at the Seller's principal offices its books and records concerning and relating to the B Business Division; and

(iii) Buyer shall have the right but not the obligation to

inspect the Assets, including the inventory of the B Business Division as and where located in the Territory or elsewhere. Upon Buyer's request, Seller shall arrange for Buyers to have access to any of its facilities or those of its agents, representatives, or subcontractors for the purpose of inspecting the B Business Division and their Assets and Liabilities as provided herein.

In the event that any adjustment or revision of the Purchase Price is necessary based upon Buyer's investigation of the B Business Division and their Assets and Liabilities, the Purchase Price shall be adjusted by mutually acceptable formula.

Due Diligence란 기업매수 등의 경우에 행해지는 것으로, 대상기업의 내용, 기업의 경영환경 조사 등을 통하여 매수가격을 산정하기 위하여 또는 매수 후 기업경영을 위하여 하는 사전조사 혹은 기업정밀실사를 의미한다. 사전조사 등을 충분히 행함으로써 매수한 자산의 내용에 관하여 예상하지 못한 문제나 승계한 부채 이외에도 부외채무 등이 존재하는가를 확인할 수 있으므로 대단히 중요한 사항이다.

통상은 매수 계약 체결 전에 매수가격 등을 결정하기 위하여 행하는 due diligence와 매수 계약 후에 매도기업이 진술한 자산내용의 설명 등이 정확한가를 확인하기 위한 due diligence의 2단계로 기업의 정밀실사 및 조사가 이어지는 경우가 많다.

상세한 조사결과 당초의 매수가격 합의 시 전제조건과 다른 경우, 또는 가격 결정의 기초에 차이가 있는 경우의 매수가격의 조정 등을 위하여서도 due diligence는 중요한 역할을 하고 있으므로, 이를 위하여 가격조정의 규정이 최후에 기재되어 있다. 이러한 Due Diligence 는 어떠한 경우에도 매도기업의 협력이 없으면 충분한 조사가 불가능하므로, 매도기업에 의한 정보제공 등을 계약상 의무로서 규정하게 되는 것이다.

⑦ 진술·보증

Representations and Warranty

Seller represents and warrants that:

(a) It is a corporation duly organized, validly existing and in good standing under the laws of the state in which it is incorporated:

(b) It (i) has the corporate power and authority and the legal right to enter into this Agreement and to perform its obligations hereunder, and (ii) has taken all necessary corporate action on its part to authorize the execution and delivery of this Agreement and the performance of its obligations hereunder;

(c) This Agreement has been duly executed and delivered on behalf of it, and constitutes a legal, valid, binding obligation, enforceable against it in accordance with its terms.

Without limiting such additional representations and warranties as may also be contained in this Agreement, Seller shall make the following representations and warranties which shall survive the closing and continue effective for the period of two (2) years of the Closing:

(a) Seller is the sole owner of the Assets and has not assigned, transferred or conveyed any interest therein to any other party, except as otherwise disclosed hereunder;

(b) There has been no material adverse change in the financial condition, liabilities, assets, business, operations, customer relations, relations with any governmental entities except as otherwise disclosed hereunder;

(c) The Assets are not subject to lien, charge, encumbrance, or any security interest;

(d) Exhibit [ ] to this Agreement contains a true and complete schedule of the Assets of Sellers related or concerning the B Business Division;

(e) Exhibit [ ] to this Agreement contains a true and complete schedule of all liabilities and obligations of Seller related to or concerning the B Business Division other than contractual liabilities disclosed in Schedule [ ] of Exhibit A. Seller's B Business Division has no debts, liabilities, or obligations of any nature, whether accrued, absolute, contingent, or otherwise, and due or to become due, that are not set forth in Exhibit [ ];

(f) Exhibit [ ] to this Agreement is a complete and accurate schedule of the accounts receivable of Seller as of the date of this Agreement.

기업매수 등 중요한 국제 계약에서는 계약서의 서명 및 계약서상 의무이행의 전제로서 당사자의 법적 지위(legal status)에 위법성이 없고, 계약 체결에 필요한 인허가 등 절차를 경료하였고, 계약서 체결에 필요한 서명자는 법적으로 정당한 권한을 부여받고 있다고 하는 등 계약 체결에 필요한 조건을 충족할 것이 요구되므로, 이러한 것을 증명하기 위하여 당사자가 계약서상에 이에 대한 확인을 하는 경우가 많다.

이 같은 증명은 계약 체결에 관한 형식적인 것뿐만이 아니고, 개시된 정보, 자산, 부채 등에 관한 내용의 정확성을 담보하기 위하여서도 이용되는 경우가 많다. 이같은 증명을 이른바 제3자로부터에 증명서 등으로 처리하는 것은 아니고, 당사자가 그 내용이 진실하다는 취지로 선언하고, 타방 당사자는 이러한 선언에 신뢰를 주는 것이고, 이 같이 상대방의 일방적인 선언에 신뢰를 준다고 하는 사고는 서양에서는 자주 이용되는 것이다. 일단 선언을 하면 그 선언과 다른 주장을 나중에 하는 것은 불가능하다고 하는 일종의 금반언 원칙으로 된다.

또한, 영업 양도의 경우 매수금액의 계산 근거 등이 상대방이 제공한 재무자료에 근거하고 있거나 계약 체결이나 실행의 전제로서 상대방의 설명의 정확성 등에 신뢰를 주는 경우가 있지만, 만약 이러한 정보의 정확성에 문제가 있는 경우에는 상대방에게 계약상 책임을 추급하거나 손해배상 청구에 의하여 대응하는 경우가 많다. 계약 체결상의 설명의무의 위반 등이라고 하는 이론에 의한 것이다.

이 진술·보증 조항은 모든 영문계약서 있어서 규정되어 있는 것은 아니지만, 본건과 같은 기업매수는 당연한 것이고, 그 이외에도 융자계약 등 중요한 계약 있어서는 특히 필요한 조항이다.

## ⑧ 경업피지의무

Restrictive Covenants

Without limiting the transfer to Buyer of all of Seller's right and title and interest in and to the Assets, Seller acknowledges and agrees that from and after the Closing, Seller shall not directly or indirectly engage in any marketing, or sales of any products similar to the Products bearing the B Business Marks or similar marks to any existing customers of the B Business Division as of the date of the Closing.

이 조항은 이른바 매수 실행 후 경업금지 규정이고, 매수 후에 매도기업이 기존의 사업과 경합하는 사업을 직접 혹은 간접으로 행하는 것을 금지하는 것이다 .여기서 금지하는 경합 사업을 매도인이 행하는 것을 허락하면, 매수기업으로서는 인계받은 사업에 중대한 영향을 받을 것이므로, 이 같은 경업피지(競業避止) 의무를 매도인에게 지우는 것은 일반적으로 있는 일이다. 또한 매수가격의 산정의 경우에도, 장래 사업내용에 제한을 가져오는 것이므로 이러한 조항이 고려되게 된다.

⑨ 보상

Indemnification

Seller shall indemnify, defend and hold Buyer harmless from and against any and all claims, liabilities, damages, costs and expenses, including, without limitation, attorney's fees arising from related to any of the following:

(a) The breach by Seller of any representation, warranty, covenant or provision made by Seller or contained in the Agreement;

(b) Facts or circumstances occurred prior to the Closing and arising from or related to Seller and /or the B Business Division; or

(c) Without limiting the Paragraph concerned, the manufacture, sale or marketing of the Products by Seller or bearing any of the B Business Marks at any time prior to the Closing, including without limitation of any products liabilities.

여기서 보상이란, 앞에서 적은 진술보증 조항 등에 기초한 매도인의 위반이나 계약 체결 후 매도인 및 양도대상 사업과 관련하여 발생한 상황, 또한 양도 실행 시까지 발생한 제조물 책임 등으로 발생하는 손해가 있으면 매도인이 그 손해를 보전한다는 취지로 이에 대한 확인을 사전에 받기 위하여 마련된 조항이다.

일반적으로는 진술보증 책임위반 등을 이유로 하여 손해배상을 청구하는 것이 가능하다고 생각되지만, 나라에 따라서는 이러한 진술보증 책임에 관하여 불법행위 책임이라고 하는 경우도 많기 때문에 당사자간 계약서에서 일체의 손해를 끼치지 않겠다고 하는 형태로 보전의무를 과하는 것이 의미가 있으므로 규정하게 된다.

## ⑩ 인도전제(引渡前提) 조건

Conditions Precedent

The obligations of Buyer to purchase the B Business Division under this Agreement are subject to the satisfaction, on or before the Closing all the conditions set out below in the Section [ ]. Buyer may waive any or all of these conditions in whole or in part without prior notice; provided, however, that no such waiver of a condition shall constitute a waiver by Buyer of any of its other rights or remedies, at law or in equity, if Seller shall be in default of any of its representations, warranties, or covenants under this Agreement.

(a) Except as otherwise permitted by this Agreement, all of Seller's representations and warranties in this Agreement, of in any written statement delivered, or to be delivered, to Buyer under this Agreement, shall be true on and as of the Closing Date as though made at that time.

(b) Seller shall have performed, satisfied and complied with all covenants, agreements, and conditions required by this Agreement to be performed or complied with by Seller on or before the Closing Date.

(c) During the period from ? [date of most recent Financial Statement]- to the Closing Date, there shall not have been any material adverse change in the financial condition or the results of operations of Seller, and Seller shall not have sustained any material loss or damage to the Assets and Liabilities of the B Business Division, whether or not insured, that may materially affects its ability to conduct or continue the B Business Division,

(d) The form and substance of all certificates, instruments, and other documents delivered to Buyer under this Agreement, including, without limitation, all assignments, novation, and the like shall be satisfactory in all respects to Buyer and its counsel and approved by Buyer and its counsel in writing on or before the Closing Date.

(e) Buyer's approval in Buyer's sole descriptions of Buyer's due diligence pursuant to Section [ ] hereof.

(f) All permits and approvals from any governmental or regulatory body required to be obtained by Seller and/or by Buyer for the lawful consummation of the Closing, the transactions contemplated by this Agreement, and Buyer's proposed use of the Assets of the B Business Division, shall have been obtained.

(g) All consents, permits and approvals from parties to

contracts or other agreements with Seller to be assumed by Buyer, and any other material consent, permit or approval, that may be required in connection with the performance by Seller of its obligations under this Agreement or the consummation of the transactions contemplated by this Agreement or the continuance of such contracts or other agreements after the closing shall have been obtained.

기업매수 등의 경우, 매수 계약 체결과 동시에 대상기업이나 그 사업의 일부를 바로 매수인에게 양도, 이전하는 경우는 거의 없고, 통상은 사업을 계속하면서 일정기간 경과 후 필요한 인허가의 이행, 대상사업의 자산, 부채 이관절차를 거쳐, 대상기업이나 사업을 매수인에게 이관한다. 대상기업이나 사업의 이관을 받을 때 전술한 Due Diligence 결과 발견된 사실과 내용 등에 관하여 계약 체결시 사실이나 내용과의 사이에 상이한 점이 있는 경우에는 그것을 어떻게 처리할 것인지에 관하여 사전에 합의해 두지 않으면 당사자간에 이와 관련한 협의가 필요하다. 이를 위하여서 이 같은 이행기간을 설정하는 경우가 많은데, 그 이행기간 내 매도인 및 매수인이 각각 행하지 않으면 안 되는 절차 등과 관련하여 그것을 사업양도 실행의 전제조건으로서 명기하여야 한다.

본 사례에서는 각 당사자가 본 건 사업 양도 실행시에 하여야 할 절차 등에 관하여 상세한 점은 생략하고 있지만, 매수인으로서는 사업양수 실행시에 매도인이 양도 실행일까지 이행기간 내에 모든 필요한 절차 등을 처리하여야 할 것을 규정하고, 만약 그렇지 못할 경우에는 매수인으로서는 양도실행일에 사업을 이관받을 수 없다는 점 등 양도

실행을 위한 전제조건을 규정하고 있다.

이 전제조건 중에는 전술한 진술보증의 내용이 필요한 사내 절차 등은 당연한 것으로 하고, 양도 실행일에도 정확하다고 하는 것, 인허가 등의 계속 등 양도 실행 후에도 사업 계속에 영향을 미쳐서는 아니 된다는 점 등도 포함되어 있고, 매수인이 계속하여 사업수행을 할 수 없게 되면 당연히 사업 양도는 실행되지 않게 된다.

이상 기업매수계약, 특히 여기서는 일정한 사업부문의 매수를 전제로 한 계약 조항에 기본적인 예를 들어서 검토하였지만, 극히 기본적인 부분만을 서술한 것이므로 이것만으로는 충분하지 않다. 각각 기업매수의 경우마다 당사자간에 사전합의를 하여 두어야 할 사항도 있고, 매수 대상 기업이 소재하는 국가의 규제나 특수한 사정도 고려하여야만 하는 것은 지극히 당연하다.

# XIV. 해외 M&A에서의 주요협상 포인트

## 1. 들어가며

우리 기업의 해외 M&A에 대한 의욕은 시장의 글로벌화, 국내시장의 저성장을 계기로 하는 해외 성장전략의 채택 등 여러 요인이 계속 일어나고 있다. 그중에서도 한국 기업의 미국 기업 매수의 경우, 개개 사례에 따라 사정은 좀 다르지만 세계 경제 중심인 미국으로의 진출은 글로벌화의 촉진, 미국 기업이 갖는 선진적 기술에의 접근, 이에 더하여 향후 경제 발전이 기대되는 중남미 시장 진출의 교두보 확보라는 배경이 있다.

그러나 막상 이러한 M&A 협상의 책임자로 임명되었더라도, 많은 경우는 M&A경험이 처음인 경우도 있고 설령 몇 번 경험이 있다고 하여도, 어느 항목이 구체적으로 어떤 점에서 문제가 되는 것인지 또는 얼마나 중요한 것인지에 대한 안목을 갖기가 쉽지 않다.

아래에서는 American Bar Association(ABA)가 발행한 Deal Point Study 2015(Deal Point Study)**[123]**의 데이터를 중심으로 최근 미국 M&A에

---

**123** Private Target Mergers&Acquisitions, Deal Points Study, M&A Market Trends Subcommittee, Mergers & Acquisitions Committee, American Bar Association. 吉田敏之, 米國 M&Aに關わる 法的 問題の 最近の 傾向, 國際商事法務, vol. 45. No. 3. (2017), P. 321 이하 참조

관한 중요사항의 시장현황을 보기로 한다. 이 스터디에서는 회수 대상 회사를 상장회사와 비상장회사로 나누어서 데이터를 분석하고 있다. 상장회사의 경우에는 매수 대상 회사의 이사회의 일반 주주에 대한 fiduciary duty가 중요한 사항으로 되기 때문에 이점에 관한 데이터가 많이 포함되어 있다. 매수 대상 회사의 이사회에서는 주주가치의 극대화와 연관되는 거래임을 담보하기 위하여 여러 가지 법적 대책을 강구한 주식매매계약서를 체결할 필요성이 있기 때문이다.

아래서는 비상장회사를 대상으로 한 데이터에 기초하며, 분석 대상이 되는 딜 매수가격은 50~500만 달러이며 샘플 수는 117건이다.

중요 교섭사항은 다음과 같다.

① Representations and warranties, ② Indemnification,

③ Covenant prior to closing, ④ Conditions to Closing,

⑤ Termination, ⑥ Disputes Resolution

## 2. 주요협상 포인트

### 1) Representations and Warranties(진술보증)[124]

(1) Fundamental Representations

진술보증은 General Representations와 Fundamental Representations 의 두 종류로 나누어진다. 이 중 후자는, 진술보증 중에서도 딜(Deal)의 근간에 관련된 특히 중요한 항목이고, 보상기간의 연장과 보상금액의

---

**124** 진술보증이라는 용어 대신 진술보증이라는 용어도 많이 사용된다. 자세한 내용은 이 책 앞부분 진술보증/진술보증 참조.

상한을 인상하는 추가보상제공으로 차등화한 것이다.

매도인에 따라서는 양자를 구분하지 않고 일률적으로 General Representations로서 제안하여 오는 경우도 있다. 그러한 경우 매수인으로서는 몇 가지 중요한 항목으로 한정해서 Fundamental Representations 설정을 구하는 것이 유익하다.

Deal Point Study에서는 Fundamental Representations에 포함된 항목을 열거하는 데이터는 존재하지 않고, 대신에 진술보증 중에서도 특히 보상기간 연장이 인정된 데이터가 기재되어 있는데, 여기에 의하면 아래와 같은 것이다.

주식 매매계약의 취지에 비추어 매수인의 입장에서 보면 due authority(매도인 및 매수 대상 회사의 주식 매매 계약 체결 권한), due organization(매수 회사가 적법하게 설립된 존재라는 것) 및 capitalization(매수 대상 회사의 자본 구성)에 관한 매도인의 보상은 장기간 보장되도록 하는 것이 바람직하다. 이런 항목에 관하여서는 보상기간에 제한을 두지 말도록 요구해도 과도한 것이 아니다. Taxes에 관하여서는 보상기간이 종료한 후에 세금이 추진될 리스크를 피하기 위하여 적용되는 세법상 부과제척기간에 6개월을 더한 기간까지 연장한다.

이에 더하여 금전적 영향이 큰 항목으로서 broker's free/finder's fee와 environmental이 열거된다. 전자는 61%의 딜에서 보상기간의 연장이 인정되어 있고, 매도인의 입장에서도 비교적 허용가능한 것이라고 여겨진다. 이것은 매도인이 스스로 통제가능한 리스크라고 생각하기 때문이다.

한편, environmental에 관하여서는 25%의 딜에서 보상기간 연장이 인정되어 있는 데 지나지 않는다. 주식 매도 후에 드러난 과거의 오퍼레이션에 기인하는 환경문제는 매도인에 있어서 머리아픈 문제이고, 보상기간 연장은 적극 피하고 싶은 의향이 보여진다.

다른 한편, 매수인 입장에서는 이 같은 환경문제는 서프라이즈이고 무엇을 해서라도 매도인에게 전가하고 싶은 리스크이기 때문에, 가능한 한 장기의 보상기간을 확보하도록 협상한다. 환경 문제에 관한 매도인의 진술보증의 허용 정도는 대상 사업의 종류, 과거 오염의 유무 등에 의하여 크게 달라지므로, 일률적으로 매수인의 보호를 위한 최상의 방법이 당장 눈에 띄지 않지만, 매도인이 보상기간의 연장을 인정하지 않는 경우 타협안으로서 due diligence에서 발견된 과거의 특정 환경문제로 인하여 매수 후에 발견된 새로운 손해, 장래 환경문제 발생의 염려가 완전히 불식되지 않는 개별적 환경문제에 한하여, 보상기간의 연장이나 보상 상한금액의 인상을 교섭하는 것이 효과적이다.

보상 금액의 상한에 관하여는, 후술하는 indemnification의 항목에서 상세히 설명하겠지만, Deal Points Study 데이터에서는 주식 취득 가격의 25% 이하로 설정해 있는 것이 전체의 92%에 이르고, 그 안에도 주식 취득가액 10% 이하로 설정되어 있는 것이 전체의 50%이다. 그러나 이 데이터는 general representations와 Fundamental Representations 구별하지 않고 일률적으로 보상금액을 분석한 것이므로, 매수인으로서는 Fundamental Representations에 관하여는 어느 정도 상한을 인상하는 것이 좋은 것인가는 위의 데이터만으로는 판단하기 어렵다. 이 점과 관련하여 Fundamental Representations에 관하여는 주식 취득가액의 50%에서 최대 100%까지 상한을 인상하는 경우도 있을 수 있다.

(2) No Undisclosed Liabilities

이는 매수 대상 회사의 Financial Statements에 모든 부채(Liabilities)가 빠짐없이 기재되어 있다는 것을 진술보증하는 것이다. 이것은 매수인에게 있어서 대단히 중요하다. Deal Point Study에서는 93%의 Deal에서 No Undisclosed Liabilities가 포함되어 있다.

비상장회사를 매수하는 경우, 매도인이 이같은 진술 보증을 거절하는 경우에는, 매수 대상 회사에 Financial Statements가 실체를 정확히 반영하고 있다는 점에 관하여 의문이 있을 수 있다.

또한 매수인이 이 진술보증을 받은 경우에도 예외사항이 포함되어 있지 않은가에 주의할 필요가 있다. 이에 대한 대표적인 예외사항은 Knowledge Qualifier과 GAAP Qualifier이다. 전자는 Liability 존재의 인식을 특정 개인의 Knowledge에 한정한다는 것으로, 이같은 진술보증이 포함된 딜의 3%에 이것이 설정되어 있다.

매수인 입장에서 볼 때 보다 주의를 요하는 것은 GAAP Qualifier이다. No Undisclosed Liabilities의 진술보증이 포함되어 있는 Deal의 41%가 이 예외를 두고 있다. 이는 GAAP에서 요구하는 기준에 비추어 개시해야 될 Liability가 존재하지 않는다는 의미로, GAAP기준에 관한 해석의 여지가 생기기 때문에, 매도인이 Undisclosed Liability의 예외를 주장할 근거로 될 수 있는 조항이다. 매수인으로서는 Undisclosed Liability가 일체 존재하지 않는다는 것을 명기하는 문언, 즉 GAAP Qualifier가 포함되지 않는 문언이 바람직하다. 매도인이 수락하지 않는 경우는 별도 우발채무 등이 존재하지 않는다는 확인을 구하는 개별 진술 보증을 부치는 것으로 보호를 받아야 할 것이다.

(3) Compliance with Law

이는 매수 대상 회사의 사업이 전부 적용법규에 따라 행해지고 있다는 것을 담보하는 항목이다. Deal Point Study에서는 98%의 Deal에서 이 진술보증이 포함되어 있다. 매도인이 '전부'라고 하는 문구의 삭제를 요구한 경우에는 매수인으로서는 "일상의 오퍼레이션에 영향이 없는 미미한 위반을 제외한 전체 적용 법규"로서 역제안하는 방법이 있다. 또한 이 진술보증의 예외로서 Knowledge Qualifier를 설정하는 경우가 4% 있다.

여기서 매수인으로서 유의할 점은, 주식 매수 시점에 있어서 보증뿐만 아니고 과거에도 법규위반이 없었다고 하는 것을 보증시키는 것이다. 본 진술보증을 설정하고 있는 Deal의 37%에서 과거에도 법령위반이 없었다고 하는 보증이 포함되어 있으므로, 매수인으로서는 교섭 가능한 항목이다. 매도인이 난색을 표시하는 경우에는 타협책으로 무제한의 과거가 아닌 적어도 '매도인이 주주로 된 시점 또는 경영 관여를 개시한 시점'부터의 보증을 제안함으로써 일정한 효과를 확보하는 방법이 있을 수 있다. 또한 본 진술보증이 설정된 Deal의 77%에 있어서 관할 정부 당국으로부터 법령위반 통지(notice of violation)를 받지 않았다고 하는 것이 포함되어 있으므로 이런 점도 매수인으로서는 명시적으로 요구해야 될 보증항목이다.

## 2. Indemnification 보상조항

### (1) 보상조항 개관

진술보증 및 클로징까지 약속 조항 Covenants Prior to Closing의

위반에 관하여는 미리 설정된 보상조항에 따라 손해가 보전되는 것이 일반적이다. 매수인으로서는 계약위반 breach of contract 등을 사유로 하는 손해의 입증 및 손해배상 절차를 거치지 아니하고, 간편하게 손해배상청구가 가능하므로 메리트가 있는 반면, 보상조항의 약정에 따라 손해배상금액의 상한이나 deductible 등의 제한이 적용되므로, 이러한 제한을 매수인이 납득할 수 있는 수준으로 설정하는 교섭이 필요하다. 또한 보상조항은 진술보증 위반 및 클로징까지 약속 조항 위반에는 배타적으로 적용되고 재판을 배제하는 규정이 포함되는 것이 일반적이라는 점에 유의할 필요가 있다 .

보상금액의 상한에 관하여는 Deal Point Study에서는 다음과 같은 데이터가 있다.

보상금액 상한이 ;

주식 취득가액 10% 이하 : 50%

주식 취득가액 10% : 9%

주식 취득가액의 10~15% : 22%

주식 취득가액에 15~25% : 11%

주식 취득가액에 25~50% : 5%

주식 취득가액에 50~100% : 3%

매수인의 보호책으로서 보상금액의 상한을 어디까지 인상하는 교섭을 할 것인가는 주식 취득가액이나 due diligence에서 발견된 리스크 정도에 따라 다르므로 일률적으로 말할 수는 없지만, 위 데이터를 참고하여 주식 취득가액 10~25%를 목표로 교섭하고, 적어도 10%는 확보하는 것이 좋을 것이다 .

　보상금액 상한의 타당성은 다음에 설명하는 보상금액의 바스켓 조항의 적용유무에 따라서도 좌우되기 때문에 양자를 아울러 종합적으로 판단할 필요가 있다.

## (2) 바스켓 조항

　보상조항의 부수하는 조건으로 바스켓 조항이 설정되는 것이 일반적이다. 바스켓 조항에는 다음과 같은 형태가 있다.

Deductible : Seller shall not be required to indemnify buyer for Losses until the aggregate amount of all such Losses exceeds $300,000 (the "Deductible")in which event Seller shall be responsible only for Losses exceeding the Deductible.

First Dollar: Seller shall not be required to indemnify Buyers for Losses until the aggregate amount of such losses exceeds $500,000(the "Threshold") in which event Sellers shall be responsible for the aggregate amount of all Losses, regardless of the Threshold.

Combination; Seller not be required to indemnify Buyer for Losses until the aggregate amount of Losses exceeds $500,000 (the "Threshold") in which event Sellers shall be responsible only for Losses in excess of $300,000(the "Deductible")

　Deductible는 손해액이 일정 기준금액 (deductible) 넘은 경우에 넘은 금액만을 보상하는 것이다. First Dollar 방식은 손해액이 일정 금액 (threshold 금액)을 넘으면 전액을 보상하는 것이다. Combination은 위 양자를 결합한 것이다. Deal Point Study에 의하면 다음과 같은 데이터가 있다.

Deductible 65%

First Dollar 26%

combination 7%

no basket 2%


구체적인 Deductible 금액 및 Threshold 금액(합쳐서 바스켓 금액)의 설정 레벨에 따라 다르지만, 일반적으로는 Deductible은 매도인에게 유리하다. 매도인이 Deductible를 제안해 온 경우, 매수인은 역제안으로 Deductible 금액을 낮게 설정하든가 Deductible 금액과 같은 금액을 Threshold 금액으로 하여 First Dollar로 한다. 양자를 합쳐서 매수인에게 유리한 조건을 제안하여 매도인과 합의점을 찾는 방법이 생각될 될 수 있다. 구체적인 제안에 관하여는 바스켓 금액에 관한 아래와 같은 데이터가 있다.

바스켓 금액의 주식 취득가액에 대한 비율 ;

2% 이상 : 1%

1%~2% : 9%

0.5%~1% : 38%

0.5% 이하 : 52%

## 3) 공개목록(Disclosure Schedule : Disclosure Letter)의 업데이트 문제

진술보증과 관련하여 주식 매매 계약서에 매도인 작성의 공개목록 Disclosure Schedule(공개서한, Disclosure Letter이라고도 한다)이 첨부되는 것이 보통이다. disclosure schedule에서 개시된 사항은 진술보증의 예외로 되기 때문에 매수인으로서는 개시된 내용이 due diligence의 결과와 일치하는가를 확인하는 것이 대단히 중요하다. 여기서 주식 매매 계약서에 있어서, 계약 체결시로부터 클로징까지 일정한 기간이 설정되어 있는 경우에는 그 사이에 매도인의 의한 disclosure schedule 의 업데이트를 인정할 것인가 말 것인가 하는 것이 쟁점이 될 수 있다.

업데이트를 인정하는 경우에는, 추가로 진술보증의 예외사항이 생기기 때문에 매수인으로서는 주의하여야 한다. 한편, 기업활동은 살아 있는 생물과 같아서 매일매일 업무내용이 변화하는 것이기 때문에, 일체의 업데이트를 인정하지 않은 경우는 매도인에게 진술보증 위반 리스크가 생긴다. 이러한 점과 관련하여, Deal Point Study에서는 다음과 같은 데이터가 있다.

Update prohibited 15%

Update permitted or required 42%

Silent 43%


업데이트를 인정하는 경우에도 54%는 계약 체결 후에 생긴 사유에 국한하여 업데이트를 인정하고 있다. 나머지 43%는 계약 체결 전후를 포함한 사유의 업데이트를 인정하고 있다. 매수인으로서는 계약 체결 후에 생긴 사유만을 업데이트 허용 사유로 하는 것이 유리하다. 계약 체결 전에 생긴 사유의 업데이트를 인정하게 되면, 매도인은 due diligence시에 불안전한 정보 개시를 계약 체결 후 클로징까지 사이에 추가로 개시함으로써 진술보증의 예외로 할 수 있기 때문이다.

이 점에 관한 매수인 주장의 근거로는, 계약 체결 전 사유의 업데이트를 인정 하지 않음으로써 due diligence 과정에서 매도인의 정보 개시의 정확성을 높이고, 결과적으로 사후의 트러블을 피하기 위한 것으로 연결 되기 때문에 매도인·매수인 쌍방에 있어서 메리트가 있다고 하는 점이다. 또한 어떠한 형태로든지 업데이트를 인정하는 경우라도 후술하는 Sandbagging 조항과 관련하여 매수인의 Indemnification 권리가 유보되는 경우가 있을 수 있기 때문에 동 조항도 고려한 위에 매수인으로서 현실적인 보호책을 두는 것이 효과적이다.

ʻ업데이트에 의하여 새로운 문제가 개시된 경우의 대처방법으로는 보통 다음과 같은 조항 또는 그 조합에 의하여 매수인의 보호를 도모한다.

① 매수인에 의한 계약의 Termination 권리 유보, ② 매수인이 waiver를 할 것인가 또는 매수인이 만족할 정도로 문제가 수복될 때까지 클로징하지 않는 권리의 유보, ③ 대상으로 되는 진술 위반 항목에 관하여 Material Adverse Effect(MAE)가 생기지 않는 한 매수인은 클로징 의무가 발생하지만, 매수인은 이같은 항목에 관하여 클로징 후의 indemnification의 권리를 유보, ④ Pro-Sandbagging 조항에 의한 구제

이하 위에 대한 내용을 구체적으로 보자.

먼저, 계약의 termination의 권리 유보는 매수인에게 있어서 가장 강력한 보호책이다.

다음으로 매수인이 만족할 정도로 문제가 수복될 때까지 클로징하지

않는 권리를 유보한 경우, 매수인은 문제의 중요도와 심각성 및 그 수복의 정도를 충분히 고려한 위에 클로징 할 것인가 판단을 할 수 있다.

　Drop Dead Date 조항(클로징의 최종기한)이 설정되어 있는 경우, 기한까지도 문제가 해결되지 않는 경우에는 매수인에 의한 계약 종료도 가능하다. 다음으로 MAE가 생기지 않는 한 매수인에게 클로징 의무가 발생하지만 클로징 후에 매수인이 Indemnification의 권리를 유보한 경우에 매수인은 일정 조건 아래서 손해배상 청구는 가능하지만 주식 매매 계약서는 용이하게 철회할 수 없다는 점에 유의할 필요가 있다. 이 경우 매수인에 의한 계약의 Termination을 인정할 것인가는 MAE가 발생하고 있는 것인가 하는 사실인정과 관련되기 때문에 후술하는 MAE의 정의에 관하여 보다 세심한 주의가 필요하다. Pro-Sandbagging 조항에 의한 구제는 다음 항에서 보자.

## 4) Pro/Anti-sandbagging 조항

　Disclosure schedule의 업데이트를 인정하는 경우, 클로징 직전에 매도인이 disclosure schedule를 업데이트하여 불측의 Liability 등이 드러난 경우의 취급을 사전에 정하여 둘 필요가 있다. pro-sandbagging 조항이란 매도인의 disclosure에 의하여 매수인에게 knowledge가 생긴 경우라도 매수인은 indemnification의 권리를 잃지 않는다는 것을 규정하는 매수인에게 유리한 조항이다. 구체적인 문언은 여러 형태가 있다.

The right to an indemnification, payment, reimbursement, or other remedy based upon any representation, warranty, covenant, or obligation will not be affected by any investigation conducted or any knowledge acquired at any time, whether before or after the execution and delivery of this Agreement or the Closing Date, with respect to the accuracy or inaccuracy of, or compliance with, such representation, warranty, covenant, or obligation.

Anti-sandbagging 조항은 거꾸로 매수인에게 knowledge가 생긴 경우 매수인의 indemnification 권리가 소멸해 버리는 매도인에게 유리한 조항이다. 이 점에 관한 Deal Point Study data에서는, Pro-sandbagging가 포함된 것이 35%, Anti-sandbagging가 포함된 것이 9%, Silent가 56%로 나타나고 있다.

매수인으로서는 Anti-sandbagging는 마켓에서는 없다고 하는 이유로 거부했다고 하더라도 매도인이 명시적인 Pro-sandbagging를 인정하지 않는 경우도 있을 것이다. 어쩔 수 없이 Silent를 선택한 경우, 매수인이 knowledge를 얻음에 따라 매도인의 indemnification 의무가 좌우될 것인가 하는 점에 관하여 다툼이 생길 때는 그 가부는 당해 주식 매매 계약서에 관할법에 따른 판단에 맡겨지게 된다.

### 5) 손해배상(Damages)

Indemnification의 목적은 진술보증이나 클로징까지 약속 조항 위반 등에 의한 손실(damages)의 보전에 있다. 따라서 damages의 정의가 중요한 교섭사항으로 된다. 이런 점에서 진술보증이나 클로징까지 약속 조항 위반에 의하여 직접 생긴 손해(direct damages)가 보상대상으로 되

는 것에 관하여는 의문이 없을 것이다. 그러나 이에 대해 미국에서 일
반적으로 사용되는 손실개념으로 부수적 손해 (incidental damages), 간접
적 손해(consequential damages), 징벌적 손해(punitive damages) 등이 거론되
는데 이를 어떻게 할 것인가가 문제이다.

Deal Point Study에는 다음과 같은 데이터가 있다.

Incidental damages : 명시적으로 제외한 것 22%, 명시적으로 포함
한 것 4%, Silent 74%.

Consequential damages : 명시적으로 제외한 것 49%, 명시적으로
포함한 것 7%, Silent 44%.

punitive damages : 명시적으로 제외한 것 78%, 명시적으로 포함한
것 1%, Silent 21%.

여기서 열거하는 damages가 구체적으로 어떤 손해를 포함하는 것
인가는 해석의 문제이고, 빈번하게 다툼의 대상이 되고 있으므로 매수
인의 입장으로서는 안이하게 이러한 용어의 일반적 정의에 의거하여
판단하지 말고, 주식매매계약서 중에 보다 구체적인 보상 대상으로 되
는 damages의 내용을 망라하여 정의해 두어야 할 것이다.

① Punitive Damages

해석상 비교적 다툼이 적은 punitive damages부터 보자. punitive
damages의 정의는 일반적으로는 다음과 같이 되어 있다.

Punitive Damages are those given in addition to compensation
for a loss sustained, in order to punish and make an example
of, the wrongdoer.

또한 실무상의 정의로서는 다음과 같은 것이 있다.

> "Also, known as exemplary damages. The amount of money awarded to the claimant in civil litigation to punish the wrongdoer and to deter the wrongdoer and others from engaging in unlawful conduct in the future. Punitive damages must bear a reasonable relationship to the harm caused by the wrongdoer's actions, and are reserved only for situations in which the wrongdoer acted intentionally, recklessly, or with gross negligence in causing the claimant's harm. Courts award punitive damages to a claimant in addition to compensatory damages. A party generally may not recover punitive damages for a breach of contract." [125]

이같이 punitive damages는 본질적으로 계약 위반에 대하여 부과되어야 할 종류의 damages가 아니므로, 특수한 상황을 제외하고 M&A 상황에서 주식 매매계약에 보상 §대상으로서 포함되는 것은 타당하지 않다. Deal Point Study 데이터에서 보면 punitive damage가 보상으로부터 제외되어 있는 것이 마켓 현실이라고 말할 수 있다. 문제가 되는 것은 incidental damages와 consequential damages이다.

② 부수적 손해(Incidental Damages)

일반적 정의는 다음과 같다.

"Losses reasonably associated with or related to actual damages." [126]

보다 구체적으로는 Uniform Commercial Code U.C.C. §2에 다음과 같이 정의되어 있다.

"Incidental damages resulting from the seller's breach include expenses reasonably incurred in inspection, receipt, transportation and care and custody of goods rightfully rejected, any commercially reasonable charges, expenses or commissions in connection with effecting cover and any other reasonable expense incident to the delay or other breach." [127]

U.C.C. § 2는 물품의 판매에 관한 규정이기 때문에 M&A의 주식매매계약에 맞추어 적용하면, 상대측의 진술보증 위반 때문에 합리적인 출연을 부득이하게 한 비용 전반이 될 것이다.

이에 관하여 Deal Point Study에 있어서는 Silent가 74%에 이르고

**126** Black's Law Dictionary
**127** U.C.C. §2-715 (1) (2002)

있음을 보면, M&A 상황에서 Incidental Damages의 정의를 미리 매도인과 매수인 간에 합의하는 것이 곤란하다는 것을 알 수 있다. 도리어 Silent로 하여 두고 다툼이 생길 때에 관련법에 따른 판단에 맡기는 것을 선택하는 경향이라고 말할 수 있다.

③ 간접적 손해(Consequential Damages)

해석상 가장 다툼이 많은 항목이다. 매도인으로서는 극력 보상 대상에서 제외하고 싶은 항목이고, 따라서 Deal Point Study에 있어서도 명시적으로 제외된 것이 49%에 이르른 것을 보면 거의 반수 이상의 매도인이 보상대상에서 제외하는 데에 성공하고 있다. 한편 매수인으로서는 대상으로 되는 손해는 매수가격의 경제계산의 전제로 되는 중요한 사항에 관한 경우도 있기 때문에, 어떻게든지 보상 대상에 집어넣고 싶어 하는 항목이다.

Consequential Damages는 다음과 같이 정의되어 있다.

"Consequential damages are such as are not produced without the concurrence of some other event attributable to the same origin or cause. They are such damages as do not flow directly and immediately from the act of the party but only from the consequences or results of such act; they arise from the intervention of special circumstances not ordinarily predictable."[128] 이다. U.C.C. §2에서는 "Consequential damages resulting from the seller's breach include (a) any loss resulting from general or particular requirements and needs of which the seller at the time of contracting had reason to know and which could not reasonably be prevented by cover or otherwise; and (b) injury to a person or property proximately resulting from any breach of warranty"

일반적으로 M&A 계약에서 consequential damages로서 논의의 대상이 되는 것은 아래와 같은 손해이다.

① Lost profits, ② Diminution in Value/Multiple of Earnings

먼저, Lost profits는 진술보증 위반이 되는 매수 대상 회사의 잘못으로 조업에 지장이 생기고(예를 들면 조업에 필요한 라이선스의 실효 등), 기대 이익의 일부 또는 전부가 상실된 경우이다.

다음으로, Diminution in Value 및 Multiple of Earnings는 매수 대상 회사의 기업가치의 감액에 연결되는 진술보증 위반이다. 예를 들면 진술보증에 포함되어 있는 거래처와의 중요한 장기계약이 실제로는 매수 대상 회사의 계약위반이나 실수 등에 의하여 상대방이 계약 해제를 해버림으로써 장래의 이익이 줄어들어 기업가치가 감소한 경우이다.

매수 대상 회사의 valuation에 있어서 Earnings Before Interest, Tax, Depreciation and Amortization(EBITDA) 등의 지표를 기준으로 하여 그 몇 배인가의 가격으로 매수가격을 설정한 경우에는 Lost Profits 로서 계산하는 것보다 손해액이 크게 될 가능성도 있다.

**128** Corpus Juris Secundum 2012, Volume 25, "Damages" §4

Deal Points Study에서는 Consequential Damages가 보상 대상에 포함될 것인가에 관하여 하나의 수치에 모아 데이터를 집계하고 있지만, 실제로는 Consequential Damages 개념은 애매한 것이고, 그 범위는 사례에 따라서는 예상외로 광범위하다는 점에 유의해야 된다. 매수인으로서는 적어도 Direct Damages가 보상 대상에 포함되어 있으면 충분하다고 생각하여 Consequential Damages를 보상 대상에서 제외하는 것에 동의한 경우라도, Direct Damages의 발생 상황에 따라서는 당해 손실이 Consequential Damages로 해석되어 보상이 인정되지 않을 가능성도 있기 때문이다 .

예를 들면, 전술한 Lost Profits의 예에서 조업에 필요한 라이선스를 갱신하기 위한 비용은 Direct Damages로서 인정된다 하더라도, 라이선스를 갱신할 때까지 조업정지 기간 동안의 기대이익의 손실은 Direct Damages인가? 라이선스 갱신 후 당해 상품 납품거래처의 신용을 잃어 그 이후 중요 고객을 잃어버린 경우, 당해 고객과의 거래에서 기대된 장래의 이익은 Direct Damages인가, Consequential Damages인가 의문이 있는 부분이다. 또는 상품 납품처 고객이 나아가 자신이 다시 납품하는 업체의 고객으로부터 상품 납품이 지연되어 지연손해배상청구를 받아 이번에는 매수 대상 회사에 손해배상청구를 한 경우는 어떤가? 매수인으로서는 이러한 손실은 전부 하나의 원인, 즉 라이선스의 실효에서 생긴 것이고 Direct Damages라고 주장했다고 하더라도, 매도인의 주장으로서는 Direct Damages는 조업에 필요한 라이선스를 갱신하기 위한 비용에 한정되고, 기타 손실은 Consequential Damages이라고 하여 보상을 거부할 것이다.

이 같은 경우 손해의 성질의 인정기준이 되는 것은 계약 체결시의 관련 사상(事象)의 예견 가능성이지만, 재판에서 어떻게 하여 인정받을 것인가는 재판관의 판단에 따르게 되므로 예상하기가 곤란하다. 따라서 매도인이 Consequential Damages를 보상에서 일률적으로 제외할 것을 강력하게 주장하는 경우 또는 Consequential Damages로서 보상에서 제외되는 손해의 종류의 예시가 불합리하게 광범위한 경우에는, 매수인은 이에 갈음하는 문언으로서 Remote Damages, Speculative Damages 혹은 Indirect Damages의 제외를 제안함으로써 제외되는 손해의 범위를 한정하는 방안을 생각할 수 있다.

## 3. Material Adverse Effect(MAE)

### 1) MAE의 정의(definition)

Conditions to Closing(클로징 조건), Termination(계약 종료 사유) 및 진술 보상 요건으로서 종종 Material Adverse Effect 정의가 문제로 된다.

즉 매수인의 클로징의 조건으로서 매수 대상 회사의 비즈니스에 관하여 MAE가 발생하고 있지 않을 것, 매수인측 계약 종료사유로서 매수 대상 회사의 비즈니스에 관하여 MAE가 발생하고 있는 것, 또는 진술 보상의 대상이 되는 손해에 관하여 손해 정도가 MAE에 이를 것 등이다. 매수인으로서 이러한 권리행사에 관한 조건을 유리하게 유보하여 두기 위하여는 Material Adverse Effect의 정의에 세심한 주의가 필요하다. MAE 범위를 가능한 한 폭넓게 설정해 두는 것이 이러한 권리행사를 함에 있어서 매수인에게 유리하게 작용하기 때문이다. 더욱이 진술보증에 관한 MAE의 취급으로서는, 아예 보상 조항에 있어서는 Materiality를 고려하지 않는 것을 교섭하는 방법도 있다(아래

materiality scrape 조항 참조).

한 예로서 매수인에게 유리한 Material Adverse Effect 정의는 다음
과 같은 것이다.

Material Adverse Effect means any event, occurrence, fact, condition or change that is, or could reasonably be expected to become, individually or in the aggregate, materially adverse to (a) the business , results of operations, condition (financial or otherwise )or assets of the Company, or (b) the ability of Seller to consummate the transactions completed hereby on a timely basis [: provided, however, that "Material Adverse Effect "shall not include any event, occurrence, fact, condition or change, directly or indirectly, arising out of or attributable: (i) general economic or political conditions; (ii) conditions generally affecting the industries in which the Company operates; (iii) any changes in financial or securities markets in general ; (iv) acts of war (whether or not declared), armed hostilities, or terrorism ,or escalation or worsening thereof;(v) any action required or permitted by this Agreement, except pursuant to Section 3.05 and Section 5.08 : (vi) any changes in applicable Laws or accounting rules, including GAAP; or (vii) the public announcement, pendency or completion of the transactions contemplated by this Agreement; provided further, however, that any event, occurrence, fact, condition or change referred to in clauses (i) through (iv) immediately above shall be taken into account in determining whether a Material Adverse Effect has occurred or could reasonably be expected to occur to the extent that such event, occurrence, fact, condition or change has a disproportionate effect on the Company compared to other participants in the industries in which the Company conducts its businesses.]

M&A 계약에 관한 MAE 해석에 관한 지침으로 되는 "Hexion Specialty Chemicals v. Huntsman Corporation" (Delaware Chancery Court 2008) 사건에서 판시되어 있는 바 대로, 매수인이 MAE 발생을 증명하는 것은 지극히 곤란한 작업이다. 증명의 가능성을 높이기 위하여는 어떤 형태로든지 MAE가 발생한 것이 인정 가능한 객관적 지표 또는 문언을 포함하는 것이 효과적이다.[129]

## 2) Materiality Scrape

진술보증 위반에 관한 보상조항에서 근래에 매도인·매수인 간에 빈번하게 교섭되는 사항으로서 materiality scrape 문제가 있다. materiality scrape란 보상조항의 적용과 관련하여 진술보증에서의 materiality 요건은 일체 고려하지 않는 것으로 하든가, 또는 보상 조항에 기초한 손해보상 금액을 산정할 때는 진술보증에 있어서의 materiality 요건은

---

**129** 구체적인 문언 작성에는 Practical Law Stock Purchase Agreement(Pro-Buyer Long Form)의 MAE 정의에 관한 주석이 참고가 된다.

고려하지 않는다(즉 진술보증 위반의 인정에 관하여는 materiality가 고려되지만 일단 위반이 인정되면 당해 손해배상 금액의 산정에 있어서는 materiality는 고려하지 않는다)라고 하는 매수인에게 유리한 조항이다. 매수인의 주장의 근거로는 보상 조항에 바스켓 금액이 설정되어 있는 경우 materiality 개념은 이미 바스켓 금액에 반영되어 있으므로, 보상조항에 다시 materiality를 적용하면 materiality의 이중공제로 되고 매수인에게 과도하게 리스크 분담을 요구하는 결과로 된다고 하는 것이다.

Deal Points Study에서 "Double Materiality" Scrape(materiality qualification in reps disregarded)(Subset : Deals with baskets)으로서 다음과 같은 데이터가 있다 .

"Double Materiality" Scrape를

포함한 것 70%

포함하지 않은 것 30%

또한 Double Materiality Scrap을 포함하는 Deal의 내역은 다음과 같다 .

손해 금액 산정 목적에 한정하는 것 43%

위와 같은 한정이 없는 것 57%


## 4. Dispute resolution 분쟁 해결

Deal Points Study에 다음과 같은 데이터가 기재되어 있다.

Waiver of Jury Trial가

포함된 것 81%

포함되지 않는 것 9%

Alternative Dispute Resolution(ADR)가

포함된 것 15%

포함되지 않는 것 85% 이고,


ADR이 포함된 것 중 내역은

Mediation 22%

Mediation then Binding Arbitration 6%

Binding Arbitration 72%이다.


매도인이 미국 기업 미국인 경우 재판에 의한 jury trial을 선호하는 경향이 있다 .

한편, 한국 기업에 관한 통계는 구할 수 없지만, 일본 기업으로서는 ADR에 의한 Binding Arbitration을 주장하는 경우도 많다. ADR은 Jury Trial에 의한 미국 기업의 홈 어드밴티지를 피하기 위한 것과 재판과정에서의 상업적 정보의 일반에의 유출을 방지하기 위한 장점이 있다. 매도인이 재판에 의한 분쟁해결을 강력하게 주장하는 경우에는 적어도 Jury Trial의 Waiver 얻어내는 것이 대체로 외국기업에 있어서는 유리하게 작용한다고 생각된다. 또한 Jury Trial의 Waiver 문언 작성에 있어서는, Waiver는 계약 위반에 관한 다툼뿐만 아니라 불법행위에 기한 청구에 관하여도 적용된다는 것을 명기해 두어야 한다.

# 국제영문계약의 전략적 이해
Strategic Understanding of International Contracts

| | |
|---|---|
| 펴낸날 | 초판 1쇄 2017년 6월 10일 |
| | 초판 2쇄 2018년 5월 30일 |

지은이　최선집
펴낸이　서용순
펴낸곳　이지출판

출판등록　1997년 9월 10일 제300-2005-156호
주　소　03131 서울시 종로구 율곡로6길 36 월드오피스텔 903호
대표전화　02-743-7661　팩스　02-743-7621
이메일　easy7661@naver.com
디자인　박성현
인　쇄　(주)꽃피는청춘

ⓒ 2017 최선집

값 35,000원

ISBN 979-11-5555-069-4　93360

※ 잘못 만들어진 책은 바꿔 드립니다.

이 도서의 국립중앙도서관 출판시도서목록(CIP)은 서지정보유통지원시스템 홈페이지
(http://seoji.nl.go.kr)와 국가자료공동목록시스템(http://www.nl.go.kr/kolisnet)에서
이용하실 수 있습니다.(CIP제어번호: CIP2017013140)

국제영문계약의 전략적 이해

Strategic Understanding of
International Contracts